Ensemble

Ensemble

Lyrik   Prosa   Essay

2

R. Oldenbourg Verlag

Im Auftrag der Bayerischen Akademie der Schönen Künste,
herausgegeben von Clemens Graf Podewils und Heinz Piontek

Entwurf des Einbands: Eugen O. Sporer

Gesamtherstellung: R. Oldenbourg, Graphische Betriebe GmbH, München.
Printed in Western-Germany 1971.
ISBN 3-486-0 **808** 1-4

Inhalt

Alexander Solschenizyn
Szenen aus »Hirsch und Hure«

Die in diesen Szenen auftretenden Personen

Häftlinge:
RODION NEMOW, Offizier, noch vor kurzem an der Front
LJUBA NEGNEWITZKAJA
GRANJA (AGRAFENA) SYBINA
BORIS CHOMITSCH
TIMOFEJ MERESCHTSCHUN, Lagerarzt
NIKOLAJ JACHIMTSCHUK ⎫
                      ⎬ Gießer
GRISCHA TSCHEGENJOW ⎭
DIMKA, ein vierzehnjähriger Junge
TSCHMUTA, Brigadier der Weißbinder
KOSTJA, Einsatzleiter
POSOSCHKOW, Lagerältester
SALOMON, Oberbuchhalter
DOROFEJEW, Normenberechner
SINA, Stenotypistin, ›Lagerfrau‹ Pososchkows
CAMILLE GONTOIR, ein Belgier
SCHUROTSCHKA SOJMINA
GOLDZAHN, Krimineller
AGA-MIRZA, Heilgehilfe
ENGEL, Ordonnanz der Arbeits- und Planungsabteilung
Bademeister
Lagerkoch
›Abkratzer‹

>*Freie*<:
GURWITSCH, Bauführer

Wachmannschaften:
Leutnant OBTSCHUCHOW, Lagerkommandant
Sergeant KOLODEJ, Oberaufseher

Arbeiter. Brigadiere. >Drohnen<. Aufseher. Wachsoldaten.
Posten auf den Wachtürmen. Konvojsoldaten.

Zeit der Handlung: Herbst 1945

*Die Zuschauer kommen aus dem hell erleuchteten Foyer in den halb-
dunklen Zuschauerraum, wo nur entlang der Brüstung des Orchesters
schwache Glühbirnen unter Blechschirmen brennen, die am oberen
Ende von Holzpfosten befestigt sind. Die Pfosten dürfen nicht zu hoch
sein, damit sie die Sicht auf die Bühne nicht beeinträchtigen. Zwischen
den Pfosten ist Stacheldraht gespannt. Am mittleren Pfosten ein Mar-
kierungsschild. Es bezeichnet die Mitte des Beobachtungsfeldes zwischen den beiden Wachtürmen, die rechts und links an der Rampe
aufragen und während des ganzen Stückes mit Posten besetzt sind.
Der Vorhang, ein gewöhnlicher Theatervorhang, geht auf. Er bleibt
bis zum Ende des Stückes offen. Hinter dem ersten Vorhang ein
zweiter aus derbem Stoff, darauf grobe, plakatähnliche Malereien:
eine Industrielandschaft, Männer und Frauen, muskulös, rotbackig,
vergnügt. Sie arbeiten ohne jede Anstrengung. In einer Ecke des Vorhangs ein Zug fröhlicher Menschen, mit Blumen, Kindern und einem
Stalinbild. Zu Beginn des Stückes erklingt aus einem Lautsprecher
Harmonikamusik, der Marsch aus dem Film >Lustige Gesellen<. Beim
Öffnen des Vorhangs wird diese Melodie von einem Harmonikaspieler fortgesetzt, der im Hintergrund der Bühne am Lagertor sitzt.
Hinter dem Vorhang wird mit einer Eisenstange mehrmals gegen
ein Stück Eisenbahnschiene geschlagen.
Die Lampen am Orchester erlöschen. Sie werden erst in der Schluß-
szene wieder eingeschaltet.*

Morgen, kurz vor Sonnenaufgang. Auf den Dächern der Baracken schimmert Rauhreif.

Im Vordergrund ein Teil der Lagerzone, dahinter zwei Stacheldrahtzäune. Im vorderen Zaun ein hohes Tor, im hinteren ein niedriges. Rechts am Tor eine Bretterbude – die Wache. Jenseits des zweiten Zaunes die ›Arbeitszone‹. Dort ein hohes, noch unvollendetes Backsteingebäude, über dem ein Kran aufragt, und einige Malergerüste. Außerdem sieht man dort eine Schmiede, eine Gießerei mit rauchender Esse und andere Werkstätten.

Zahlreiche Häftlinge, Männer und Frauen in schmutzigen, zerissenen Jacken, sind angetreten und marschieren von links diagonal über die Bühne zur Wache. Einige Frauen tragen Röcke über wattierten Männerhosen. An der einen Seite des Tors steht ein Posten, an der anderen Kostja, der Einsatzleiter, ein rotbackiger Bursche, der wie ein Boxer aussieht. Die beiden lassen die Häftlinge in Fünferreihen passieren und schlagen den Außengehenden mit einem Holzbrettchen, das sie zum Zählen benutzen, auf den Rücken. Der Ausmarsch gleicht fast einem militärischen Appell. Kostja ruft die Brigadiere auf, sie melden Nummer und Stärke ihrer Brigade. Vor dem Lagertor lösen sich die Fünferreihen auf, Durcheinander, Stimmengewirr. Flaue Stimmung, alle sind bedrückt, nur Tschegenjow balgt sich mit Dimka. Ein Häftling bindet sich die Schuhe zu, ein anderer ißt den Rest seiner Brotration, ein dritter krümmt sich vor Kälte zusammen. Am Schluß des Zuges einige ›Drohnen‹. Sie stechen von den übrigen Häftlingen ab, weil sie etwas besser gekleidet sind. Unter den ›Drohnen‹ die schick angezogene Stenotypistin Sina und der Normenberechner Dorofejew, ein kleiner Dicker. Am Tor sitzt der Harmonikaspieler auf einem Hocker. Er spielt träge und mit Unterbrechungen den Marsch aus dem Film ›Lustige Gesellen‹. An der einen Seite der Häftlingskolonne steht der braunhäutige Heilgehilfe Aga-Mirza in weißem Kittel. Vor ihm sitzt der Erste ›Abkratzer‹ auf der Erde.

Rechts auf der Bühne eine Ecke einer Lagerbaracke, deren Langseite in den Kulissen verschwindet. Vor der Baracke ein Pfosten, an dem ein Stück Eisenbahnschiene hängt. Neben dem Pfosten stehen der stämmige Sergeant Kolodej und der hochgewachsene Nemow. Er trägt einen langen, noch neuen Offiziersmantel ohne Rangabzeichen und Schaftstiefel. Die beiden beobachten den Ausmarsch.

Links auf der Bühne eine zweite Baracke, halb in den Kulissen verschwindend. An der Vorderseite der Baracke eine kleine Tür und ein paar Stufen in Richtung des Zuschauerraums. Ganz im Vordergrund eine sorgfältig gestrichene Kiste mit Deckel und der Aufschrift ›Abfälle‹.

An den Wänden der Baracken und auf Schildern an verschiedenen Stellen der ›Wohnzone‹ Plakate: »Arbeit adelt den Menschen.« »Die Arbeit ist aus einer schmählichen Bürde, die sie unter dem Kapitalismus war, zu einer Sache der Ehre, des Ruhms, des Heldenmuts und des Heroismus geworden. Stalin.« »Wer nicht arbeitet, soll nicht essen.« *Man sieht, wie die Brigaden sich in der Arbeitszone auflösen. Gegen Ende der Szene beginnen sie zu arbeiten.*

POSTEN: Unterfassen! *Er zählt die Fünferreihen* Eins, zwei, drei.

KOSTJA *laut:* He, fünfte Baracke! Wird's bald? Oder wollt ihr eine Abreibung?
Weitere Häftlinge eilen auf die Bühne.

JACHIMTSCHUK *ruft von der Wache her:* Tschegenjow! Alter Gauner!

TSCHEGENJOW *die Mütze auf einem Ohr, wie ein Gauner:* Zu Befehl! *Er holt seine Brigade ein.*

JACHIMTSCHUK: Dimka! He, du Bengel!

DIMKA: Hier! *Holt die anderen ein.*

DOROFEJEW *tritt aus dem Glied und geht auf Nemow zu:* Rodion Pawlytsch, ich habe eine Frage.

KOLODEJ: Warst du in der Armee?

DOROFEJEW: Bürger Sergeant, hier sind wir doch nicht in der Armee …

KOLODEJ: Halt's Maul! Hier ist Kommiß hoch zwei! Mütze ab!

DOROFEJEW *entblößt seinen kahlen Kopf:* Bürger Oberaufseher, Sergeant Kolodej! Bitte um Erlaubnis, mit dem Arbeitsleiter Häftling Nemow sprechen zu dürfen.

KOLODEJ: Das klingt schon besser. Merk dir's fürs nächste Mal! Keine Erlaubnis!

Dorofejew geht weiter, Nemow folgt ihm zu der Häftlingskolonne und spricht dort mit ihm.

AGA-MIRZA *zu dem ›Abkratzer‹:* Her mit dem Thermometer!

ERSTER ›ABKRATZER‹: Doktor, man muß doch zehn Minuten messen!

AGA-MIRZA: Aha, du kennst deine Rechte! *Zieht ihm das Thermometer aus der Achselhöhle.* Normal. Ab zur Arbeit!

ERSTER ›ABKRATZER‹ *bleibt auf der Erde sitzen:* Hussein Bairamowitsch, ich habe die ganze Nacht auf der Latrine gesessen.

AGA-MIRZA: Und vorher hast du in der Küche gearbeitet, was? Denkst du, du könntest mich weich machen? Sauhund! *Holt zum Schlag aus. Der Häftling steht eilig auf.* Bürger Sergeant! Ein Drückeberger! Was soll ich mit ihm machen?

KOLODEJ: In den Bunker! Was denn sonst?

Aga-Mirza tritt dem ›Abkratzer‹ in den Hintern. Der Häftling humpelt hinter seiner Brigade her. Ein Posten ruft Kolodej nach rechts. Kolodej ab. Am Lagertor träge Seufzer der Harmonika. In den Reihen der Häftlinge einzelne Stimmen:

STIMME: Die Sina hat einen neuen Rock an. Diese Hure!

STIMME: Der Rock hat Marusja gehört. Pososchkow hat ihn ihr abgenommen, als sie in ein anderes Lager gekommen ist.

STIMME: Ein Verhältnis mit dem Chef, das ist das Richtige! *Sie singt:*
    Ich liebte einen Brigadier
    und manches andre hohe Tier.
    Ich stieg ins Bett mit Aktivisten,
    so wurde ich Stachanowistin.

STIMME: Das ist unsere ganze Tagesration!

STIMME: Dabei kann man verrecken. Der Brigadier hat für sich und seine Schickse zwei Kilo Brot von unserer Ration abgezwackt.

STIMME: He, Brigadier! Meine Schuhe sind hin. Da, sieh mal, ganz kaputt! So kann ich nicht auf Arbeit gehen.

STIMME: Morgen kriegst du neue Gummilatschen, aus prima Autoreifen!

Der Ausmarsch ist fast beendet. Mereschtschun, stattlich, wohlgenährt, erscheint halbangezogen auf den Stufen der rechten Baracke und reckt sich. Aga-Mirza geht auf ihn zu.

AGA-MIRZA: Guten Morgen, Doktor.

MERESCHTSCHUN: Ach, weiß der Teufel, warum ich heute so früh aufgewacht bin. Ohne Weib kann ich einfach nicht schlafen.

AGA-MIRZA: Sie haben sie ja selber weggejagt.

MERESCHTSCHUN: Ich hatte genug von dem Luder. Gibt's was Neues im Revier? Habt ihr die Fußböden aufgewischt?

AGA-MIRZA: Wir haben die ganze Nacht geschrubbt, und wie!

MERESCHTSCHUN: Nimm dich in acht! Wenn ich in den Nachttischen auch nur einen Krümel finde, kannst du was erleben!

AGA-MIRZA: Ich glaube, Valka stirbt heute.

MERESCHTSCHUN: Und Matweew?

AGA-MIRZA: Abgekratzt. Liegt schon im Leichenhaus.

MERESCHTSCHUN: Kein Wunder, wenn man aus einer solchen Höhe herunterfällt . . . Sorg dafür, daß die Betten ordentlich gemacht werden. Ich kann's nicht ausstehen, wenn die Laken nicht eingeschlagen sind. *Er blickt nach rechts.* Was ist denn da los? Ein neuer Transport?

Hinter ihnen schleicht sich der >Abkratzer< mit dem Kochgeschirr< an die Abfallkiste heran. Seine Jacke ist aus einem alten Soldatenmantel genäht und wird von einem Strick zusammengehalten, an dem hinten ein deutsches Wehrmachtskochgeschirr ohne Deckel hängt. Der >Abkratzer< öffnet den Müllkasten, wühlt darin, holt Essensreste heraus und stopft sie in sein Kochgeschirr.

Der Ausmarsch zur Arbeit ist beendet, das Lagertor geschlossen. Auf den oberen Teil des Backsteinbaues in der Arbeitszone fallen die ersten Strahlen der Morgensonne. Der Einsatzleiter Kostja und der Wachposten überprüfen ihre Rechnung, jeder nach seinem Zählbrett, Kostja erklärt dem Posten etwas. Von rechts kommt Kolodej, Papiere in der Hand. Hinter ihm Geräusche eines näherkommenden Lastautos.

KOLODEJ: He, wo seid ihr denn? Nemow, komm mal her! *Zu irgendjemand.* Holt den Lagerältesten und den Bademeister! *Der Häftling, den er angeredet hat, rennt davon.* Da, lies! *Er reicht Nemow die Papiere.* Ein neuer Transport.

NEMOW: Viele? *Er liest.*

KOLODEJ: Vier Lastwagen voll. Das ist der erste.

Von rechts fährt ein Dreitonner mit hohen Bordwänden im Rückwärtsgang auf die Bühne. Er scheint leer zu sein, nur im vorderen Teil stehen hinter einem Gitter zwei Soldaten mit Maschinenpistolen. Sie springen aus dem LKW und gehen weg.

NEMOW: Hier ist ihr Verpflegungsschein. Sie haben bis zum Achtzehnten einschließlich Verpflegung bekommen.

KOLODEJ: Das ist heute. Gut, dann brauchen wir sie nicht zu füttern. Sonst noch was?

NEMOW: Wir könnten ihnen ein bißchen Suppe geben.

KOLODEJ: Wa-as? Suppe kostet Geld! Führ sie zur Arbeit.

12

NEMOW: Heute?

KOLDEJ: Vielleicht morgen? Die sollen uns ruhig ein paar Prozente einbringen.

Der Fahrer klappt die hintere Bordwand des LKW herunter. Aus dem Führerhaus steigt der Sergeant des Konvois, die Papiere der Häftlinge in der Hand.

NEMOW: Bürger Chef! Wir müssen sie doch nach Berufen einteilen und sie den Brigaden zuweisen. Und wir müssen eine Liste aufstellen.

KOLODEJ: Idiot! Heute morgen sind sie bei uns, aber heute abend sind sie vielleicht schon beim Holzfällerkommando. Sie sollen hier was arbeiten, und zwar sofort! Ich bin nicht wie die anderen Aufseher, bei mir gibt's keine Bummelei. Nimm dir zwanzig Mann und einen Brigadier — und marsch! Sonst kriegst du einen Mordsanschiß, wenn der Kommandant wiederkommt. *Er geht zu dem Lastwagen.* Alles raus! *Die Häftlinge, die bisher auf dem Boden des Wagenkastens saßen und von den hohen Bordwänden verdeckt wurden, stehen auf, springen mit ihren Bündeln aus dem Wagen und gehen hin und her, um sich die steifgewordenen Beine zu vertreten.*

KOLODEJ: Nicht herumgehen! Hinsetzen!

Schurotschka, ein junges Mädchen mit schickem, hellem Hut, setzt sich nicht auf die Erde wie die anderen Häftlinge, sondern auf ihren Koffer. Kolodej rennt plötzlich auf sie zu und tritt ein Loch in den Koffer.

KOLODEJ: Hinsetzen!!

Schurotschka setzt sich auf die Erde. Der Bademeister erscheint von links. Er ist ein fetter Kerl mit rotem Gesicht.

BADEMEISTER: Bürger Sergeant, der Bademeister wie befohlen zur Stelle!

KOLODEJ: Hör mal, ich glaube, wir haben keine Unterwäsche. Oder?

BADEMEISTER: Unterwäsche? Woher denn?

KOLODEJ: Und Seife?

BADEMEISTER: Ist keine gebracht worden.

KOLODEJ: Aber Wasser ist doch da?

BADEMEISTER: Wo denn? Abgestellt ...

KOLODEJ: Hm ...

AGA-MIRZA: Um so besser, Bürger Sergeant, dann geht's mit dem Waschen schneller.

KOLODEJ: Das stimmt! Heizt die Entlausungsbaracke! *Zu Mereschtschun.* Doktor, es macht doch nichts, daß kein Wasser da ist?

MERESCHTSCHUN: Nein. *Zu den Häftlingen.* Wieviele Tage seid ihr unterwegs?

EINE STIMME: Fast zwei Wochen.

MERESCHTSCHUN *zu Kolodej:* In Ordnung.

Der Bademeister eilt davon: Nun sind etwa dreißig Häftlinge auf der Bühne. Der LKW, in dem sie saßen, verschwindet nach rechts.

NEMOW *sieht sich die neuangekommenen Häftlinge aufmerksam an:* Wie heißen Sie?

CHOMITSCH *springt auf. Er trägt einen hellroten Pullover:* Ingenieur Chomitsch.

NEMOW: Ingenieur. Das habe ich mir gedacht. Sie übernehmen die Männerbrigade. Machen Sie eine Namenliste und geben Sie sie mir.

CHOMITSCH: Zu Befehl! *Setzt sich.*

NEMOW *die Frauen musternd:* Wie heißen Sie?

GRANJA *richtet sich auf:* Zybina.

NEMOW: Sie übernehmen die Frauen. *Gemurmel unter den Frauen.* Was ist denn?

ERSTE FRAU: Der hat Ròntgenaugen!

ZWEITE FRAU: Sie war auch im alten Lager Brigadier.

NEMOW: Kommen Sie alle aus demselben Lager?

CHOMITSCH: Ja, es ist ganz nahe bei Moskau. Dort sitzen jetzt deutsche Kriegsgefangene, deshalb wurden wir verlegt.

Kostja und der Posten sind fertig mit dem Zählen. Kostja geht auf die Häftlinge zu. Hinter der Baracke kommt Pososchkow hervor. Er ist klein und sehr beweglich, trägt eine große Mütze.

POSOSCHKOW *zu den Häftlingen:* Ich bin Pososchkow. Klein — aber oho!

KOLODEJ *lachend:* Willst du den Weibern imponieren . . . ? Wir machen's so: Ich rufe sie auf, und du und Kostja könnt sie filzen. Ich hab Vertrauen zu euch. Aber filzt sie bloß richtig!

POSOSCHKOW *brüllt:* Alle Frauen — ausziehen! Von der Taille an abwärts! *Die Häftlinge lachen.*

SERGEANT DES KONVOIS: Da, lies die Namen!

KOLODEJ: Ich kann nicht so gut lesen, mach du's.

Mereschtschun beobachtet alles von der Tür seiner Baracke aus. Pososchkow und Kostja stehen mit dem Rücken zu ihm, vor den Häftlingen. Hinter ihnen allen wühlt der ›Abkratzer‹ mit dem Kochgeschirr‹ immer noch in der Abfallkiste. Nemow steht neben Kolodej, der Ser-

geant des Konvois ruft die Häftlinge auf. Sie werden gefilzt und stellen sich dann links auf.

SERGEANT DES KONVOIS: Ne . . . Nege . . .

LJUBA: Negnewitzkaja?

SERGEANT DES KONVOIS: So ein verrückter Name!

LJUBA: Negnewitzkaja, Ljubow Stepanowna, geboren 1923, Artikel 58, Paragraph 10, acht Jahre.

KOLODEJ *feindselig:* Antisowjetische Agitation?

LJUBA *zu Pososchkow, der sie bei der Filzung an der Brust faßt:* Pfoten weg! Ich bin nicht zu haben.

SERGEANT: Sojkina!

SCHUROTSCHKA: Sojmina, Alexandra Pawlowna, geboren 1917. Artikel 58, Paragraph 12, zehn Jahre.

KOLODEJ *grimmig:* Volksfeinde nicht denunziert!

SERGEANT: Zybina!

GRANJA: Zybina, Agrafena Michalna, 1920 geboren, Artikel 136, zehn Jahre.

KOLODEJ *nickt:* Mord.

SERGEANT: Chom . . . Chomatsch!

CHOMITSCH: Chomitsch, Boris Alexandrowitsch, geboren 1920, Sondergesetz 7 Strich 8, zehn Jahre.

KOLODEJ *mit breitem Grinsen:* Wieviel hast du dehn verschoben?

CHOMITSCH *der schon gefilzt ist:* Für Pakete von zu Hause reicht's bestimmt, Bürger Sergeant!

KOLODEJ *anerkennend:* Alle Achtung!

POSOSCHKOW *faßt Granja an der Brust:* Was hast du da versteckt? *Granja stößt ihn mit dem Ellenbogen weg, daß er taumelt. Sie geht nach links. Die Filzung wird wortlos fortgesetzt.*

MERESCHTSCHUN *zu Ljuba:* He, Kleine!

LJUBA: Was?

MERESCHTSCHUN: Sitzt du schon lange?

LJUBA: Mir reicht's.

MERESCHTSCHUN: Wir wär's mit uns beiden?

LJUBA: Wozu diese Eile?

MERESCHTSCHUN: Warum Zeit verschwenden?

LJUBA: Ich bin kein billiges Mädchen.

MERESCHTSCHUN: Ich versuche nicht, dich billig zu bekommen. Hier wohne ich. Das ist meine eigene Baracke, damit du Bescheid weißt.

LJUBA: Das interessiert mich nicht.

MERESCHTSCHUN: Ich langweile mich.

LJUBA: Genügen Ihnen die Krankenschwestern nicht? *Sie dreht ihm den Rücken zu. Mereschtschun betrachtet sie eine Weile, dann bemerkt er Chomitsch.*

SERGEANT *versucht, einen Namen zu entziffern:* Verdammt nochmal! So heißt doch kein Mensch! Gop . . . Gop . . .

GONTOIR *ein breitschultriger alter Mann mit kurzgeschnittenem weißen Haar:* Gontoir, Camille Leopoldowitsch, geboren 1890, Artikel 58, Paragraph 1a, Strich 19, zehn Jahre.

MERESCHTSCHUN *zu Chomitsch:* Sie haben einen schönen Pullover an. Die Farbe gefällt mir.

CHOMITSCH *er hat nach der Filzung seine Sachen noch nicht zurückbekommen:* Ja, und sie bleicht nicht aus. Können Sie sich das vorstellen? Prima Material – fühlen Sie mal! *Mereschtschun befühlt den Pullover.* Ausländisch! Wissen Sie, wer ihn getragen hat? Der Sohn eines schwedischen Millionärs!

MERESCHTSCHUN: Was?

CHOMITSCH: Stellen Sie sich vor, so eine interessante Geschichte: Wir saßen im Durchgangslager in Kujbyschew, brüllende Hitze und hundert Mann in einer Zelle. Ich hatte nur eine Turnhose an und er einen Pullover und eine wollene Hose. »Ich komme um«, sagt er. »Wo in der Sowjetunion kann ich eine Turnhose bekommen?« Ich sage zu ihm: »Für einen Millionärssohn habe ich eine. Gibst du mir deinen Pullover dafür?« Na, und wir haben getauscht. Probieren Sie ihn mal an. Er ist ganz weich und warm.

MERESCHTSCHUN: Gut, ich ziehe ihn mal an. Interessant, ein Millionärssohn . . . *Er zieht den Pullover an.*

SERGEANT: Semenow! *Schweigen.* Semenow!

GOLDZAHN *bunt und geckenhaft gekleidet, ohne Gepäck, steht auf und schlendert auf den Sergeanten zu:* Meinen Sie mich?

SERGEANT: Alias?

GOLDZAHN: Makarow.

SERGEANT: Alias?

GOLDZAHN: Baltruschaitis.

SERGEANT: Alias?

GOLDZAHN: Pribylenko.

SERGEANT: Artikel?

GOLDZAHN: 162, 165, 136 und 59 Strich 3.

SERGEANT: Frist?

GOLDZAHN: Fünf Jahre.

KOLODEJ: Wirst du arbeiten?

GOLDZAHN *gedehnt:* Ich hab nichts gegen Arbeit in der Paketausgabe. Du weißt ja selber, Chef, daß wir samstags nicht arbeiten, und für uns ist jeder Tag Samstag.

NEMOW *im Kommandoton:* Keine Sorge, er wird arbeiten! Was bleibt ihm anders übrig?

Goldzahn dreht sich nach Nemow um, mustert ihn schweigend und geht zu Kostja.

POSOSCHKOW *kippt den Inhalt von Gontoirs Koffer auf die Erde:* Bürger Sergeant, sieh dir das mal an! Ein Haufen Bücher und Papiere. Haben sie den zur Arbeit hergeschickt oder zu was sonst?

Kolodej und Pososchkow schauen sich die Bücher an.

GOLDZAHN *zu Kostja, der ihn filzen will:* Was bist du für einer? Ein Spitzel?

KOSTJA: Und du? Ein Professioneller?

Er filzt ihn nicht, sondern gibt ihm ein Zeichen, weiterzugehen.

CHOMITSCH *zu Mereschtschun:* Dieser Millionärssohn war im Durchgangsgefängnis ziemlich übel dran. Wirklich eine interessante Geschichte: sie wollten ihn umerziehen, er sollte sich von der westlichen Welt im allgemeinen und von seinem Vater, diesem Blutsauger, im besonderen distanzieren . . .

KOLODEJ *ein Buch durchblätternd:* Lauter ausländische Buchstaben. Bist du ein Spion?

GONTOIR: Ich bin Kriegsinvalide, ich habe zwei Weltkriege mitgemacht.

KOLODEJ: Deutscher?

GONTOIR: Ich?? Das Wort ›Deutschland‹ existiert für mich nicht. Ich nenne sie ›boches‹. Sie haben meine Heimatstadt niedergebrannt!

KOLODEJ *er hat nur halb zugehört:* Wer? Unsere? Wenn sie deine Heimatstadt angesteckt haben, hatten sie bestimmt Grund dazu . . . *Er versinkt in Nachdenken.*

CHOMITSCH *zu Mereschtschun:* Nein, nein, ziehen Sie den Pullover nicht aus, behalten Sie ihn. Ich habe genug Klamotten.

KOLODEJ *zu Gontoir:* Warum hast du gesagt, daß du ein Invalide bist? Weil du nicht arbeiten willst? Ich war mal im Spaskij-Lager, dort haben wir vier Einarmige ausgesucht, zwei mit einem rechten Arm und zwei mit einem linken, und haben sie Steine tragen lassen. Das hat prima funktioniert!

MERESCHTSCHUN: Danke, der Pullover ist wirklich gut. Wie war Ihr Name?

CHOMITSCH: Boris Chomitsch.

MERESCHTSCHUN: Kommen Sie heute abend zu mir, ich besorge Ihnen einen guten Posten.

CHOMITSCH: Vielen Dank. Wissen Sie, für mich ist das Lager keine Tragödie. Ein tüchtiger Mensch geht nirgendwo unter!

GOLDZAHN *zu dem ›Abkratzer‹ mit dem Kochgeschirr:* He! *Der ›Abkratzer‹ wühlt im Abfallkasten.* He, du! *Der andere reagiert nicht.* Hallo! *Der ›Abkratzer‹ dreht sich um.* Wer ist denn der Kerl mit dem langen Mantel? Der gibt ja an wie ein General.

›ABKRATZER‹: Ein Neuer, vor einer Woche gekommen.

GOLDZAHN: Ein Freier?

›ABKRATZER‹: Ach wo, ein Häftling! *Er wühlt wieder in den Abfällen.*

GOLDZAHN *Nemow ansehend:* Ein Häftling, soso. *Droht ihm mit der Faust. Nemow sieht es.* Verdammter Faschist! Ich schlag dir die Fresse ein!

TSCHMUTA *ruft aus der Arbeitszone herüber:* Nemow! Wir haben keine Arbeit! Die Leute sitzen schon wieder rum!

Nemow eilt in die Arbeitszone.

BADEMEISTER *von links kommend, versetzt dem ›Abkratzer‹ einen Fußtritt:* Wühlst du schon wieder in den Abfällen? Sauhund! *Der ›Abkratzer‹ fällt hin, dann humpelt er davon.* Die Genossen Diebe und die Herren Faschisten zur Entlausung — marsch!

Die Häftlinge mit ihren Koffern und Bündeln ab nach links.

GONTOIR: Wen stören denn meine Bücher? Bücher sind nicht verboten.

KOLODEJ: Wa-as, nicht verboten? Wer hat dir gesagt, daß Bücher nicht verboten sind?!

Der bemalte Vorhang fällt.

Der Lagerkommandant

Das geräumige Arbeitszimmer des Lagerkommandanten. Die Mitte des Zimmers ist leer – dort liegt nur ein roter Läufer. Entlang der linken Wand stehen zehn Stühle, etwas weiter hinten eine Tür. Noch weiter hinten, in der Ecke, eine Stalinbüste auf einem Piedestal. Im Hintergrund eine hölzerne Zwischenwand, darin eine Türöffnung mit offenem Vorhang, durch die man ein Bett sieht. Rechts zwei Fenster, durch die trübes Licht herein fällt – die einzige Beleuchtung. Ebenfalls rechts ein Schreibtisch, darauf ein hohes Tintenfaß, das die Form eines der Kremltürme hat, eine Etagere, auf dem ein Radioapparat steht, und ein Sofa.

In der Stille ist das Trommeln des Regens in der Dachrinne deutlich zu hören.

Hinter der Zwischenwand lautes Ächzen, dann senken sich zwei Beine in Schaftstiefeln vom Bett auf den Fußboden. Die Uniformjacke in der Hand, tritt Leutnant Obtschuchow aus dem Nebenraum und geht auf und ab.

OBTSCHUCHOW: Wo habe ich nur ...? Wo? Verdammt! ... Warum zum Teufel geben sie uns die Dinger überhaupt? Wir sind doch nicht an der Front. Ich habe sie schon drei Jahre nicht mehr gereinigt ... Wenn ich's melde, bin ich erledigt, wenn nicht, erst recht. *Am Fenster.* Es gießt ja immer noch. Schon zwei Tage. Wie soll man da arbeiten! *Am Schreibtisch stehend, in Papieren blätternd.* Sieh mal an! Vor ein paar Stunden war ich noch bei der Hauptverwaltung und der Brief ist schon da. Wird die Post von Flugzeugen abgeworfen, oder was sonst? Na, in der Hauptverwaltung haben sie ja hundert Sekretärinnen, die müssen ihre Existenzberechtigung beweisen. *Er knipst die Tischlampe an und öffnet den Brief.* Da haben wir's! Beschluß der Stabskonferenz, Punkt 34: »Den Genossen Leutnant Obtschuchow warnen, daß er in ein Lager im hohen Norden versetzt wird, wenn es ihm nicht gelingt, die Arbeitsproduktivität bedeutend zu steigern.« Das bedeutet Verbannung, irgendwohin an die Kolyma. Verflucht, jetzt sitze ich in der Klemme. *Setzt sich an den Schreibtisch.* Es gibt nur einen Ausweg: ich muß Meldung machen, daß ich meine Dienstpistole verloren habe. Dann schmeißen sie mich raus. Meinetwegen, ich finde schon eine

Arbeit. Aber keine, für die ich ein paar Tausend im Monat und Verpflegung aus dem Magazin bekomme ... Oder sie stellen mich vor Gericht ... Ach was, sie schmeißen mich schon nicht raus, ich bekomme nur einen Mordsanpfiff. *Er schwingt die Tischglocke. An der Tür erscheint Engel.*

ENGEL: Willkommen, Bürger Kommandant! Befehlen Sie das Frühstück?

OBTSCHUCHOW: Ja, und hol den Arbeitsleiter.

ENGEL: Er ist in der Bauzone, Bürger Kommandant.

OBTSCHUCHOW: Egal, ruf ihn her.

ENGEL: Zu Befehl! *Ab.*

Obtschuchow sitzt am Schreibtisch, den Kopf in die Hand gestützt. Es klopft.

OBTSCHUCHOW: Herein!

Salomon tritt ein. Er sieht sehr korrekt aus.

SALOMON: Gestatten Sie? Willkommen, Bürger Kommandant! *Obtschuchow murmelt etwas.* Bürger Kommandant, eine Kleinigkeit zum Frühstück. *Er stellt eine Halbliterflasche Schnaps neben die Tischlampe.*

OBTSCHUCHOW: Wo kriegst du den Schnaps bloß her, Salomon?

SALOMON: Wir tun, was wir können, Bürger Kommandant.

OBTSCHUCHOW *zeigt auf den Nebenraum:* Dort ist ein Glas, schenk ein. *Salomon geht in den Nebenraum.* Mach das Licht an. *Helles Licht. Es klopft. Der Chefkoch, ganz in Weiß, bringt ein großes, mit einem Stück Gaze zugedecktes Tablett herein und schließt die Tür geschickt mit dem Fuß.*

KOCH *das Tablett auf den Schreibtisch stellend:* Willkommen, Bürger Kommandant!

OBTSCHUCHOW: Zum Teufel mit euch! Ihr sagt alle dasselbe! Habt ihr euch verabredet?

KOCH *zieht das Tuch weg:* Boeuf Stroganow, Bürger Kommandant.

OBTSCHUCHOW: Und das?

KOCH: Risoletten, Sauce plume.

OBTSCHUCHOW: Plume – das klingt nicht schlecht. Du bist wirklich ein guter Koch. Sonst hätte ich dich längst auf Außenarbeit geschickt.

KOCH: Warum denn, Bürger Kommandant?

OBTSCHUCHOW: Das weißt du selber. Verschwinde! *Koch ab. Salomon reicht dem Kommandanten devot ein Glas. Obtschuchow leert es und beginnt zu frühstücken.* Gutes Fleisch! Wirklich aus der Lagerküche? Wir füttern euch viel zu gut. Wie groß ist die Fleischration?

SALOMON: 50 Gramm Grundration. Aber wenn es Fleisch dritter Sorte gibt – Lunge, Schlund, Ochsenschwanz –, bekommen die Häftlinge mehr. Oft ersetzen wir das Fleisch auch durch Fisch oder Erbsen.

OBTSCHUCHOW: Das Fleisch ist wirklich ausgezeichnet! Schenk mir noch mal ein. *Salomon reicht ihm das Glas.* Was gibt's Neues? Wie ist der neue Arbeitsleiter? Kommt er zurecht? Warum grinst du?

SALOMON: Sie haben ihn selber ausgesucht, Bürger Kommandant, also ist er gut.

OBTSCHUCHOW: Natürlich – ich habe ihn ja ernannt. Ich bin ein guter Menschenkenner. *Pause.* Sonst noch was?

SALOMON: Bürger Kommandant, er benimmt sich, als wäre er der Herrgott persönlich. Er tut, als wäre er Ihr Stellvertreter.

OBTSCHUCHOW: Das ist er auch. Ich habe ihn dazu ernannt, bevor ich weggefahren bin.

SALOMON: Selbstverständlich, aber er hat kein Recht, gegen Ihren Willen und gegen Ihre Befehle zu handeln.

OBTSCHUCHOW: Was?!

SALOMON: Vor ein paar Tagen hat er die Extrarationen anders verteilt. Er hat sich überhaupt eine ganze Menge herausgenommen. Den Dentisten hat er auf Außenarbeit geschickt und die Leute von der Verwaltung unter Druck gesetzt...

OBTSCHUCHOW: Die muß man nicht nur unter Druck setzen – ich werde sie alle auf Außenarbeit schicken! Die Produktion sinkt! Ich hab genug davon! Du bleibst in der Buchhaltung – als einziger! Der Koch bleibt auch, aber sämtliche Magazinverwalter, Friseure und Lagerältesten müssen zur Arbeit raus! Ich hab keine Lust, wegen euch in den Norden zu kommen!

SALOMON: Bürger Kommandant, wenn Sie zu mir sagen: »Salomon, tags arbeitest du in der Buchhaltung und nachts buddelst du Löcher!« greife ich sofort zur Spitzhacke. Aber der? Noch etwas: in Ihrer Abwesenheit hat er eigenmächtig Stiefel ausgegeben.

OBTSCHUCHOW: Das hätte er nicht tun sollen.

SALOMON: Ich habe ihm gesagt, er sollte warten, bis Sie zurückkommen. Außerdem hat er sich von dem neuen Transport schmieren lassen – ein paar Leute durften hierbleiben, die andern hat er ins Holzfällerkommando gesteckt.

OBTSCHUCHOW: Er hat ganz recht, daß er sich schmieren läßt. Er wäre ein Narr, wenn er nichts nähme.

SALOMON: Selbstverständlich. Aber er ist nicht der richtige Mann für Sie, Bürger Kommandant. Wir brauchen einen, der die Arbeitsproduktivität steigert. In dem neuen Transport ist ein Ingenieur, sehr talentiert und energisch, er könnte ...

OBTSCHUCHOW *fällt ihm ins Wort:* Was heißt »talentiert«? Was ist er denn? Opernsänger? Deine talentierten Leute werde ich samt und sonders ... *Es klopft.* Herein! *Nemow tritt ein. Sein Mantel ist durchnäßt.*

NEMOW: Bürger Kommandant! Arbeitsleiter Nemow wie befohlen zur Stelle.

OBTSCHUCHOW: Man sieht gleich, daß er Soldat war! Warum beschwerst du dich eigentlich, Salomon? Was hat er denn falsch gemacht?

SALOMON: Ich beschwere mich ja gar nicht, Bürger Kommandant.

OBTSCHUCHOW: Dann geh! *Salomon ab.* Na, was hast du in meiner Abwesenheit hier gemacht? Die Leute herumkommandiert?

NEMOW *deutlich:* Ich habe strikt nach Ihren Instruktionen gehandelt: die Arbeitsproduktivität ist unbedingt zu steigern.

OBTSCHUCHOW: Na, wieviel Prozent ist sie denn gestiegen?

NEMOW: In den letzten zehn Tagen ist die Arbeitsproduktivität um acht Prozent gestiegen.

OBTSCHUCHOW: Phantastisch! Wie hast du das geschafft?

NEMOW: Erstens dadurch, daß ich die Normberechnung überprüft habe. Ich habe festgestellt, daß die Produktionsabteilung uns betrügt: die Arbeitsbescheinigungen werden unvollständig ausgefüllt oder die Normen werden gefälscht.

OBTSCHUCHOW: Warum hat Dorofejew nicht aufgepaßt? Dieser grindige Glatzkopf! Ich jage ihn auf Außenarbeit! Er ist einer von unseren Leuten und hat sich für das Lager einzusetzen, nicht für die Produktionsabteilung!

NEMOW: Bürger Kommandant, Dorofejew ist völlig machtlos, er arbeitet doch für Gurwitsch! Wenn er sich für uns einsetzt, wirft Gurwitsch ihn hinaus — und davon haben wir nichts!

OBTSCHUCHOW: Ich hab schon längst geahnt, daß die Produktionsabteilung mich anschmiert. Um wieviel hast du die Produktivität erhöht?

NEMOW: Um acht Prozent.

OBTSCHUCHOW: Viel zu wenig! Wir müssen auf achtundfünfzig kom-

men! . . . Nein, nicht achtundfünfzig, das bedeutet ja was anderes . . .
sechzig! Ich sag dir, wie man das macht. Du hast noch keine Erfahrung, deswegen fängst du's verkehrt an. *Jede Silbe betonend.* Man muß
die Häftlinge zur Arbeit zwingen!! Heute regnet's — warst du draußen
und hast sie kontrolliert? Ich wette, sie haben sich alle verkrochen!
Geh hin und treib sie raus! Sie müssen mit Leib und Seele bei der
Arbeit sein! Häftlinge sind faule Schweine, sie würden lieber auf ihre
Brotrationen verzichten und vor Hunger krepieren als etwas tun.
Bring sie auf Trab! Hau ihnen meinetwegen ins Genick, ich hab nichts
dagegen. *Nemow schweigt. Obtschuchow nimmt ein Blatt Papier vom
Schreibtisch und wirft es Nemow hin.* Was soll das? Warum jammerst
du Gurwitsch den Kopf voll? Lauter Blödsinn, und außerdem geht
dich der Arbeitsschutz nichts an! *Pause.* Hast du von dem neuen Transport ein paar gute Sachen eingesammelt?
NEMOW: Ich verstehe nicht.
OBTSCHUCHOW: Na, Pullover, Ledermäntel, seidene Röcke . . . Oder
willst du nichts herausrücken?
NEMOW: Erlauben Sie, wie käme ich dazu, etwas zu nehmen, das anderen gehört?
OBTSCHUCHOW: Um zu leben, du Idiot! »Verreck du heute, ich verreck
erst morgen!« — das ist das oberste Gesetz im Lager. Im Krieg hast
du ja auch Beute gemacht, oder?
NEMOW *verwirrt:* Ja . . .
OBTSCHUCHOW: Das ist genau dasselbe, du Trottel. Entschuldige, ich
will dich nicht beleidigen, aber so kannst du im Lager nicht überleben.
Bestimmt nicht. Du hättest zu mir kommen und sagen müssen: »Hier
ist etwas für Ihre Frau«, ein Rock oder sonst etwas. Und ich wäre dir
dankbar gewesen.
NEMOW *deprimiert:* Bürger Kommandant, als wir uns kennenlernten,
habe ich Ihnen gesagt, daß ich Offizier an der Front war, Erfahrung
im Umgang mit Menschen habe und daß ich mich um unsere Produktion bemühen wolle. Mehr habe ich Ihnen nicht versprochen.
OBTSCHUCHOW: Na gut. Sorg dafür, daß die Arbeitsproduktivität um
sechzig Prozent steigt, dann bin ich mit dir zufrieden. Mach Dampf
dahinter, ich unterstütze dich.
NEMOW: Zu Befehl, Bürger Kommandant! Darf ich Ihnen einen Vorschlag machen? Wir sollten das Verwaltungspersonal auf die Hälfte
reduzieren und alle diese Schmarotzer rauswerfen. In der Zone sitzen

viel zu viele Leute herum — in der Buchhaltung und in der Küche. Wir haben zwei Leute in der Brotausgabe, drei Bademeister, obwohl die Badebaracke nicht benutzt werden kann, einen Haufen sogenannte Ordonnanzen, einen Dentisten, der noch niemand eine Krone gemacht hat, und diese Schwestern im Krankenrevier ...

Es klopft und Mereschtschun tritt unaufgefordert ein. Er sieht frisch und gepflegt aus, ist glatt rasiert. Unter seinem weißen Kittel trägt er den roten Pullover Chomitschs.

MERESCHTSCHUN: Guten Tag, Bürger Kommandant. *Er setzt sich vor Obtschuchows Schreibtisch. Nemow bleibt stehen, wie zuvor.*

OBTSCHUCHOW: Guten Tag, Doktor. Der Arbeitsleiter sagt, du hättest zu viele Krankenschwestern, du müßtest ein paar wegschicken.

MERESCHTSCHUN: Ist er neidisch? Er braucht doch nur zu mir zu kommen und zu sagen, welche er will, die Manja oder die Klara. Ich gebe sie ihm gern. *Obtschuchow lacht schallend.* Ich habe nur zwei Schwestern, die eine macht am Tag Dienst, die andere nachts. Die übrigen sechs gehen mich nichts an, sie werden als Patienten geführt. Das sollte der Arbeitsleiter zur Kenntnis nehmen.

NEMOW: Mit anderen Worten: statt dieser sechs Schwestern gehen jeden Tag sechs Kranke, die im Revier liegen müßten, auf Außenarbeit.

OBTSCHUCHOW *winkt ab:* Hör auf! Der Staat verliert doch nichts, wenn ein paar Leute mehr auf Arbeit gehen. *Zu Mereschtschun:* Aber er ist trotzdem mein Mann. Wenn er die Produktivität erhöht. *Zu Nemow:* Also los, drück ordentlich drauf! Von mir bekommst du immer Unterstützung. *Nemow macht eine Kehrtwendung und geht hinaus.* Du hast einen schönen roten Pullover an.

MERESCHTSCHUN: Chef, mir scheint, Sie sind mir einen Gefallen schuldig, nicht umgekehrt. *Pause.* Ich glaube, Sie haben etwas verloren.

OBTSCHUCHOW *zusammenzuckend:* Was denn?

MERESCHTSCHUN: Haben Sie wirklich nichts verloren?

OBTSCHUCHOW: Hast du sie gefunden? *Mereschtschun zieht ein kleines Päckchen aus der Tasche. Obtschuchow öffnet es hastig, schwenkt die Pistole über dem Kopf und umarmt Mereschtschun.* Doktor! Du hast mich gerettet! Wo war sie denn?

MERESCHSCHUN *die Situation genießend:* Vor Ihrer Fahrt zur Hauptverwaltung sind Sie von der Wachstube zu mir gekommen. Erinnern Sie sich?

OBTSCHUCHOW: Richtig!

MERESCHTSCHUN: Sie haben etwas getrunken . . .

OBTSCHUCHOW: Eine Menge!

MERESCHTSCHUN: Und sind eingeschlafen.

OBTSCHUCHOW: Stimmt!

MERESCHTSCHUN: Wann sind Sie aufgestanden? Ich habe es nicht gehört, ich habe noch geschlafen. Dann ging ich an Ihr Bett — und da lag sie.

OBTSCHUCHOW: Sie ist aus der Pistolentasche herausgefallen. *Er streichelt die Pistole.*

MERESCHTSCHUN: Ich in Ihr Büro, auf die Wache — aber Sie waren schon fort.

OBTSCHUCHOW: Und ich habe das Ding wie eine Stecknadel gesucht! Den ganzen Heimweg habe ich auf die Erde geschaut.

MERESCHTSCHUN: Ich bin fast gestorben vor Angst! Vor dem Jahrestag der Oktoberrevolution ist doch immer eine große Razzia, also konnte ich sie nicht in meiner Baracke lassen. Ich habe sie in einen Lappen gewickelt und unter der Türschwelle versteckt.

OBTSCHUCHOW: Großartig, Mereschtschun! Danke! Ich dachte schon, sie würden mich aus der Sicherheitspolizei rausschmeißen und hatte mir vorgenommen, die Sache erst am nächsten Zahltag zu melden. Wünsch dir was, du kannst alles von mir haben! Aber du brauchst ja nichts. Hier geht's dir besser als draußen. Über den Fraß aus der Lagerküche rümpfst du die Nase, Weiber hast du genug, Schnaps muß sogar ich mir bei dir holen. Was kann ich für dich tun? Willst du eine Woche in die Stadt? Ohne Bewachung! Das ist doch was — du bist schließlich ein Achtundfünfziger.

MERESCHTSCHUN: In die Stadt? Das wäre eine Möglichkeit.

OBTSCHUCHOW: Eine Möglichkeit! Das ist absolut unmöglich! Aber ich, ich mache es trotzdem! Ich weiß ja, daß du zurückkommst, weil du ein besseres Paradies nirgends findest. Willst du noch etwas?

MERESCHTSCHUN: Danke Chef, vorerst nicht. Nur eine Kleinigkeit: ich möchte Ihnen helfen . . .

OBTSCHUCHOW: Na red schon!

MERESCHTSCHUN: Warum mußten Sie zur Hauptverwaltung? Haben die Ihnen wegen der Produktivität eingeheizt?

OBTSCHUCHOW: Eingeheizt? Sie haben mir die Pistole auf die Brust gesetzt! »Wir werden Sie in den Polarkreis versetzen müssen«, haben sie gesagt. Ich habe hier eine Wohnung und meine Familie, ich baue

mir ein Haus . . . Ein Glück, daß sich wenigstens meine Pistole wieder-
gefunden hat.

MERESCHTSCHUN: Wenn Sie die Arbeitsproduktivität erhöhen wollen —
ich habe einen ausgezeichneten Mann für Sie! Der würde seinen eigenen Vater zum Holzfällen schicken.

OBTSCHUCHOW: Wirklich? Das ist der richtige Mann für mich! Wo
hast du ihn entdeckt?

MERESCHTSCHUN *schwingt die Tischglocke. Engel eilt herein:* Ingenieur
Chomitsch! Er ist in der Zone. Krankheitshalber. *Engel läuft hinaus.*
Er ist tüchtig, streng und kennt die Produktion in- und auswendig.
Der bringt den Laden in Schwung!

OBTSCHUCHOW: Hmm . . . dann müßte ich den anderen absetzen.

MERESCHTSCHUN: Wen? Den General? Die Kriminellen haben ihn so
getauft.

OBTSCHUCHOW *lacht laut:* Hahaha . . . General! Das ist gut . . .

MERESCHTSCHUN: Ich war auch Offizier. Wissen Sie, in der Armee war
er vielleicht gut, aber hier kann man solche Leute nicht gebrauchen.
Man muß die Seele der Häftlinge verstehen. Für 500 Gramm Brot pro
Tag haben sie den Weißmeerkanal erbaut.

Es klopft.

OBTSCHUCHOW: Die Seele . . . Ja, das stimmt. Herein!

CHOMITSCH: Ingenieur Chomitsch zur Stelle!

OBTSCHUCHOW: Was für ein Ingenieur? Bauingenieur?

CHOMITSCH: Jawoll!

OBTSCHUCHOW: Verstehen Sie auch was von Mechanisierung?

CHOMITSCH: Jawoll!

OBTSCHUCHOW: Und Elektrotechnik?

CHOMITSCH: Auf diesem Gebiet habe ich drei Jahre gearbeitet.

OBTSCHUCHOW: Sanitäre Anlagen?

CHOMITSCH: Da kenne ich mich ebenfalls aus.

OBTSCHUCHOW *zu Mereschtschun:* Der Mann ist Gold wert!

MERESCHTSCHUN: Er hat Ihnen noch nicht alles gesagt — er ist auch ein
Seeleningenieur.

OBTSCHUCHOW: Das werden wir gleich sehen. Wenn ich dich zum Pro-
duktionschef ernenne und zu dir sage: »Du mußt die Produktion
erhöhen«, wo fängst du dann an?

CHOMITSCH: Beim Brot! Ich würde die Mindestration nicht für hundert,
sondern für hundertundein Prozent Normerfüllung ausgeben. Dann

würden alle, die jetzt noch für Stundenlohn arbeiten, Akkordarbeit machen. Das wäre ein Vorteil für uns. Dann würde ich die Normen der Bestarbeiter erhöhen ...

OBTSCHUCHOW: Halt! Die Hauptverwaltung hat die Normen festgesetzt. Wir können sie nicht ...

CHOMITSCH: Doch, wir können! Keine Sorge, uns passiert dabei gar nichts. Ich habe das in einem anderen Lager ausprobiert, wo ich Arbeitsleiter war. Glänzende Ergebnisse!

OBTSCHUCHOW: Eine gute Idee!

CHOMITSCH: Zweitens: wir müssen die Breirationen ändern. Wer Brei essen will, muß sein Soll übererfüllen.

OBTSCHUCHOW: Darauf sind wir selber gekommen. Wenn wir die Normen noch einmal erhöhen, gehen uns die Leute ein.

MERESCHTSCHUN: Nein! Ich als Arzt sage Ihnen: sie gehen nicht ein.

CHOMITSCH: Drittens: Besuche sind nur bei einer Normerfüllung von 150 Prozent erlaubt. Eine Nacht mit der Frau nur für 201 Prozent, zwei Nächte für 250. Viertens: an Häftlinge, die weniger als 120 Prozent schaffen, werden keine Lebensmittelpakete ausgehändigt.

OBTSCHUCHOW: Aber dazu sind wir doch nicht berechtigt.

CHOMITSCH: Hören Sie mal, bis die Angehörigen dahinterkommen, Beschwerden schreiben, sie nach Moskau schicken und Moskau sie an uns schickt, vergehen mindestens drei Monate. In dieser Zeit können wir alle an der Gurgel packen, die von ihren Lebensmittelpaketen leben und das Lageressen nicht brauchen. Dann merken sie schon, was los ist: entweder schuften wie ein Ochse oder krepieren! Das ist sehr wichtig! Fünftens: die Normenberechnung. Na, das mache ich selbst... Sechstens ...

OBTSCHUCHOW: Ja, das stimmt alles, ist vollkommen richtig. Noch mehr Maßnahmen?

CHOMITSCH: Ja, insgesamt fünfzehn.

OBTSCHUCHOW: Und was ist die sechzehnte?

CHOMITSCH: Nummer sechzehn? Da die Produktivität insgesamt gestiegen ist, können wir eine Baubrigade abkommandieren, die Ihr Haus bis zu den Feiertagen fertigstellen wird.

OBTSCHUCHOW: Großartig! In meinem Haus sind noch Schreiner- und Malerarbeiten zu machen.

CHOMITSCH: Ja, ich weiß.

MERESCHTSCHUN: Alles in allem sechzehn Punkte.

OBTSCHUCHOW *zu Chomitsch:* Du bist wirklich tüchtig und hast Erfahrung. *Er läutet. Salomon erscheint, die Hände auf dem Rücken.* Woher weißt du, daß ich dich rufen wollte?

SALOMON: Engel mußte einen Augenblick weg, Bürger Kommandant. Deswegen bin ich gekommen, damit Sie nicht warten müssen.

OBTSCHUCHOW: Hol das Befehlsbuch!

SALOMON *reicht ihm das Buch, das er mitgebracht hat:* Bitte.

OBTSCHUCHOW *verblüfft:* Du bist wirklich ein Salomo! Woher hast du gewußt, daß ich das Befehlsbuch haben will?

SALOMON: Es ist meine Pflicht, Ihre Gedanken zu erraten.

OBTSCHUCHOW: So gute Mitarbeiter findet man selten! Na, ich habe mir auch die richtigen Leute ausgesucht. Da sieht man's mal wieder. Der Genosse Stalin hat sehr richtig gesagt: »Die Kader entscheiden alles. Menschen sind unser wertvollstes Kapital.« Hängt diese Losung draußen im Hof?

SALOMON: Nein, in der Kantine, Bürger Chef.

OBTSCHUCHOW: Diese Idioten von der Kulturabteilung! In der Bauzone Holz auflesen — das ist alles, was die können. »Wer nicht arbeitet, soll nicht essen« wird in der Kantine aufgehängt und das ›Wertvollste Kapital‹ im Hof! Ich habe ganz vergessen, ihnen das zu sagen.

SALOMON: Ich werde es ihnen sagen, Bürger Kommandant.

OBTSCHUCHOW: Setz dich und schreib. *Salomon setzt sich und setzt die Brille auf.* Befehl Nummer . . . wieviel?

SALOMON: Zweihundertsechsunddreißig.

OBTSCHUCHOW: Ach, ja! Paragraph eins: der Häftling . . . wie heißt er gleich?

MERESCHTSCHUN: Nemow.

OBTSCHUCHOW: Der Häftling Nemow wird seines Postens als Arbeitsleiter enthoben, da er es versäumte, für ein steiles Ansteigen der Arbeitsproduktivität zu sorgen.

SALOMON: Sollten wir nicht sagen: da er die Produktivität senkte?

OBTSCHUCHOW: Gut, schreib: da er die Produktivität . . .

MERESCHTSCHUN: Stark senkte. Das klingt noch besser.

OBTSCHUCHOW: Da er die Produktivität stark senkte. Paragraph zwei: Zum Arbeitsleiter ernenne ich hiermit . . .

MERESCHTSCHUN: Den Häftling Ingenieur Chomitsch!

Der bemalte Vorhang fällt.

János Pilinszky
Apokryph

I

Denn alle werden dann verlassen sein.

Es kommt die Stille des Himmels, die sich getrennt hat auf ewig
vom Schweigen der leeren Felder am Ende der Welt
und von der stummen Angst in den Käfigen.
Durch die Luft fliehende Vogelschwärme.
Und wir sehen die Sonne heraufkommen
stumm wie eine irre Pupille
und reglos, ein lauschendes Tier.

Doch wachend, hellwach in meiner Verbannung,
kann ich nicht schlafen in jener Nacht.
Ich werfe mich hin und her, ruhlos
mit tausend Blättern rede ich wie zur Nachtzeit der Baum.

Kennt ihr die Jahre, der Jahre Dahinziehen
über zerpflügte Felder?
Die Furche der Vergänglichkeit?
Den mürb gewordenen Rücken meiner Hand?
Und wißt den Namen des Verwaistseins?
Und welch ein Schmerz hier über die ewige Finsternis hinwegstampft
mit gespaltenem Huf, mit Schwimmhautfüßen?
Die Nacht, den Frost, die Grube, ihr kennt sie?
Den zur Seite gewandten Kopf des Sträflings,
die Starre des ausgeschaufelten Grabes?
Und wißt um die Tiefenqualen der Welt?

Aufgegangen die Sonne. Dunkles Gezweig
vor eines Himmels zornigem Infrarot.
So breche ich auf. Seinem Untergang entgegen
schreitet lautlos ein Mensch.
Nichts hat er, nur einen Schatten
und einen Stock und seine Sträflingskluft.

2

Dazu habe ich gehen gelernt
um dieser späten, bitteren Schritte willen.

Bald wird es Abend. Zu Stein ringsum mit ihrem Schlamm
gerinnt die Nacht. Meine geschlossenen Lider
hüten den Marsch, die Kolonne, die fiebernden Bäume,
die Zweige, Blatt für Blatt, des durchglühten Wäldchens.
Im Halbschlaf lebt neu der Schmerz auf,
seinen ungeheuren Bäumen lausche ich.

Nachhause wollte ich, endlich nachhause,
heim kommen wie der in der Bibel.
Mein schrecklicher Schatten fällt über den Hof.
Gebrochen die Stille. Die alten Eltern im Haus.
Schon höre ich sie rufen, schon kommen sie angelaufen,
stolpernd, in meine Arme.
Es nimmt mich auf die uralte Ordnung.
Meinen Ellenbogen stütze ich auf Sterne im Wind.

Reden mit dir, nur dieses eine Mal!
Ich habe dich geliebt, Jahr für Jahr,
nicht müde werdend mir einzureden
– was ein Kind in die Bettritze weint –
die fast schon erstickte Hoffnung:
daß ich ankomme, daß ich dich finden werde.
In meinem Hals der Puls deiner Nähe.
Scheu bin ich geworden wie ein Tier im Walde.

Deine Worte, die Sprache der Menschen
rede ich nicht. Es leben Vögel,
die jetzt fliehen mit zerrissenem Herzen
unter dem Himmel, dem Himmel in Glut.
Einsame Stangen, in glimmernde Felder gesteckt,
und die Käfige, starrend in Flammen.
Ich verstehe die menschliche Rede nicht,
ich spreche nicht deine Sprache.
Kein Wort ist so heimatlos wie das meine.
Ich habe kein Wort.

                              Unsagbare Last
gleitet die Luft herab.
Eines Turmes Körper wird tönend.

Nirgends bist du zu finden. Die Welt ist leer.
Ein Gartenstuhl, eine vergessene Liege draußen.
Zwischen scharfen Steinen klirrt mein Schatten.
Ich bin müde. Ich rage aus der Erde.

3

Gott sieht mich in der Sonne stehen,
meinen Schatten auf Stein und Zaun.
Ohne Atem sieht er mich stehen,
meinen Schatten, gepreßt im luftleeren Raum.

Und ich bin nur noch wie ein Stein,
von toten Furchen gezeichnet und tausend Kerben.
Nur noch eine Hand voll Schutt
ist dann das Gesicht der Geschöpfe.

Auf den Gesichtern Furchen statt Tränen,
und es rinnt, rinnt hinunter der leere Graben.

Agnes Nemes Nagy
Und dennoch sehen

Nur sehen, sehen, sprach er, trotz allem, wenn sich
der Rauchvorhang lichtet, wenn ein Minutenspalt
entsteht, im Rauch, Schlamm, in der Lauge, zwischen zwei Angriffen,
nur sehen, weißt du, wie einen Tisch auf einem kubistischen Bild:
Platte und Profil zugleich sehen.

Und handeln, handeln, du weißt, ich bin pausenlos tätig,
Geschichte wirkt mein Körper und Biologie,
und denken, du weißt, mein Kopf ist so seltsam-unvollendbar,
ich weiß gar nicht, warum die Kugelform mir schon immer so lieb
gewesen,
Augapfel, Schädel, Erdkugel, in sich gekehrte Unendlichkeiten dieser
Art,
doch wie sind sie zerrupft, die Kugeln, wie Kokosnüsse,
mit sterblichen Haaren zerzauster Fasern umsäumt.

Und sehen, von oben, von unten, in allen möglichen Winkeln,
den Gegenstand abtasten mit mehreren Augen,
die Kontur aushauen, reinigen, stürzen, mit Augen,
die sich öffnen, schließen, öffnen, in ungleichmäßigem Gang der
                                              Wellen,
und auch die vielen Blicke, langsam, aus den Gegenständen heraus,
der Höhlungen mächtige Blicke, nicht wahrnehmbar,
in den reglosen Teichen und Felsen,
Pfeile emporschnellender Lichtsplitter,

wenn es auch nicht hilft: diese hunderttausend Augen, zerstreut,
wenn es auch nicht hilft: das rauschende Wimpernbündel der
                                       Biosphäre um mich,
und Laub, der Zedern rauhe Zweige,
der wiederkehrenden Jahreszeit Stahlstiche
                              Nacht und Tag,
sich erhebend, stürzend über mir,
wenn es auch nicht hilft, nur sehen, sehen –

sehen, weißt du,
wie die vernarbte Wunde sieht – sprach er – am Baum.

Karl Dedecius
Neueste slawische Lyrik

Es gibt Sammler, die mit Vorliebe das aufspüren, was auf ihrem eigenen Wege liegt, was sie selbst bestätigt. Eine solche Kollektion hat Vorteile: sie ergibt meist einmütige Ensembles, geschlossene Gesellschaften, synchrone Folgerungen.

Mich passioniert ein anderes. Ich glaube, daß die Widersprüche aus dem Menschen nicht vertrieben werden können. Sei es, man vertriebe sie zusammen mit ihm – aus dem Leben. Leben heißt widersprechen, dann aber: Widersprüchliches durch Bildung (Bilder, Bildhaftigkeit, Vorbilder) mildern und zusammenführen, damit es größere Einheiten bilde. Es gibt nichts Monolithisches von Dauer. Sogar der Tod ist Wandlungen unterzogen.

Lebendiges muß Für und Wider, Licht und Schatten dulden. In diesem Sinne sträube ich mich gegen jede Unterdrückung des Andersartigen. Salz ist dazu da, damit wir uns des Geschmacks der Süße (natürlich, des fraglichen) bewußt werden. Salz widerspricht dem Zucker, aber es hebt auch dessen Wirkung. Bejahung ist produktiv und anzustreben. Aber eine restlos optimistische Welt ohne die Prise Salz der Verneinung wäre ungenießbar (abgesehen davon undenkbar, also unwirklich). Reine Formen stellen sich in Ermangelung einer Gegenwirkung schließlich selber auf den Kopf und werden somit von selbst zu ihren eigenen Gegenteilen. Stehengelassene Süßmilch wird sauer, Frischobst verdorrt oder fault, Wasser verdunstet, Stein verwittert zu Flugsand. Die Gefahren der Inzucht sind – auf die Dauer – immer größer als die Gefahren der Mesalliance.

Die beiden sowjetrussischen Lyriker – Ajgi und Brodskij – entsprechen nicht der offiziellen Vorstellung von der Lyrik ihres Landes. Und trotzdem – auch wenn sich andere Parallelen anbieten – wurzeln sie tief im Eigenständigen, nur Verdrängten: Brodskijs Metaphysik, so gänzlich ahistorisch, und Ajgis, des Tschuwaschen, dessen Großvater in dem Dorf im hohen Norden noch heidnischer Priester war, selbstvergessene Religiosität. Beide Phänomene könnte man als untypische Erscheinungen abtun und verschweigen. Meine störrische Neigung drängt mich aber, daß amtlich bescheinigte ›Unwerte‹ oder inoffiziell ›Gemiedene‹ aufzuspüren und in die Küche zu tragen: damit dem süßen Brei die Prise Salz nicht fehle.

Ausnahmen sind von Natur bescheiden. Sie wollen gar nicht zur Regel werden. Aber sie bestätigen die Regel. So oder anders – das hängt ab vom Verhältnis der Regel zu ihnen.

Mit Wisława Szymborska, der Polin, wird das Bild von der Gegenwartsdichtung dieses Landes, das wir schon besitzen, vervollständigt. Sie steht den bei uns bereits sehr gut bekannten Lyrikern Różewicz und Herbert zur Seite und spricht den weiblichen Part.

Gennadij Ajgi
Ort: Bierstube

A. W.

du trinkst – das heißt: du schläfst! –

in dir – wie in dem stoff des schlafs:
in deiner hitzigkeit: du – schläfst den
          zweiten schlaf:

/ es gibt davon – wir wissen – drei
dann . . . kommt der – *dritte* /:

du – schläfst – den selbsterwählten schlaf! –

wie tief er ist! er ist sogar – wo platz ist –
          ohne erinnerung:

und wie er dauert!
dunkel und vielschichtig! –

o dieser wind! – der vor der welt verbergende:

vorübereilend – wie vernachlässigte kinder

Morgenrot: Dornrose in der Blüte

K. E.

im leid-dickicht
rege ich mich:

höre das langgezogene
«le dieu *a* été»:

das kierkegaardsche*:

einem echo vergleichbare! –

o wie es steigt! . . . und:

nicht einmal blutrot:
sein geist – der des blutrots

gleichsam in allem – was schmerz bereitet
wie ein behälter der welt
der denkbar möglichen:

färbt es farblos doch schneidend grell

in der verwandlung – ungewiß vielfach! –

nicht einmal des blutrots
sondern seines geistes:

reinigung! –

und das un-menschliche:

* Zitat aus Kierkegaards »Philosophiske smuler«: »Gud *har* været«
(Anmerkung des Autors)

«le dieu *a* été»:

(†):

stille . . . – als ob
im leid-dickicht

immer und immer

– – :

/ach! zwei letzte silben:

spielte die flöte doch

mein freund für dich!/

Nacht auf den Frühling zu

finster im flur
die kleider haben etwas beängstigendes
vom baum oder vom wild
wie feuerinseln schwimmt
was den verstand gefährdet

der hahnenschrei verkündet den erdrutsch
des entlegenen klümpchens erde
und die dunkelheit hüllt ihre pfosten und mulden
die fremdes feuer vom weiten heranzieht

um weißen feldern raum zu lassen
den saum der lichtung zu beschatten

38

Jossif Brodskij
Der Rappe

Der schwarze Horizont war heller als
das Schwarz von seinen Fesseln, seinem Hals.

Wir sahen damals abends dieses Roß
als unser Lagerfeuer Funken schoß.
Nichts war so sonderbar wie gerade er –
selbst seine Zähne waren schwarz wie Teer,
er war ganz dunkel, wie die Nacht, das Nichts,
vom Schweif zur Mähne jenseits jeden Lichts,
obwohl ganz anders dunkel als genug
sein Rücken schwärzte, der nie Sättel trug.

Er stand bewegungslos. Als wenn er schlief.
Das Schwarz der Hufe ängstigte uns tief.

Er war ganz schwarz, nahm keinen Schatten wahr.
Bis auf das äußerste verdunkelt – fast ein Mahr.
So schwarz wie Nebel in der Finsternis,
so schwarz wie eine Nadel innen ist,
so schwarz wie ferne Bäume, dunkelgrell,
wie in der Brust das schwarze Rippenfell,
so wie die Saat in ihrem Ackerloch.
Ich denk', wir seien innen schwarz, jedoch
er dunkelte noch dunkler in die Flur.

Es war erst Mitternacht auf meiner Uhr.
Von seinen Lenden strömte weit und breit
die bodenlose schwarze Dunkelheit.

Sein Rücken war bereits vor Schwärze weg,
es gab bei ihm nicht einen hellen Fleck.
Das Weiß im Auge glühte schwarz heraus,
noch schrecklicher sah seine Iris aus.
Als wär er irgendwessen Negativ!

Warum nur stand er so als wenn er schlief,
ohne Bewegung bis zum Morgengraun
am Lagerfeuer, damit wir ihn schaun,
warum nur atmete er schwarzen Staub
und raschelte mit dem zertretenen Laub,
warum vergoß sein Auge schwarzen Dunst?
– Er suchte seinen Reiter unter uns!

Etüde

Ich nahm die Schultern in den Arm und sah
dahinter, denn dort hob sich eine Stimme,
und merkte, daß der Ausziehtisch beinah
mit der erhellten Wand zusammenschwimme.
Das Licht des Lämpchens flackerte und troff,
entlarvte der verwohnten Möbel Narben,
und deshalb leuchtete der Teppichstoff
auch in der Ecke gelb statt kupferfarben.
Der Tisch war leer, fahl glänzte das Parkett,
der Ofen dunkelte, der Landschaft fehlte
das Leben auf dem Bild – mir war, als hätt
nur das Büffet etwas, was es beseelte:
es löste meinen starren Blick im Zimmer.
Und hätt hier je ein Hirngespinst gewohnt,
jetzt floh es aus dem Haus, es floh für immer.

Denkmal für Puschkin

». . . Und Puschkin fällt in den bläulichen stechenden Schnee . . .«
Eduard Bagrizkij

. . . Und Stille.
Und kein Wort mehr.
Und das Echo.
Und noch die Müdigkeit.
. . . Seine Gedichte
hat er mit Blut vollbracht.
Sie sanken dumpf
hinab zur Erde.
Dann sahen sie
sich um, sehr sanft und groß.
Sie froren, wild
und eigenartig.
Es neigten über ihnen hoffnungslos
die grauen Ärzte sich und Sekundanten.
Die Sterne, bebend,
sangen über ihnen,
die Winde stocken
über ihnen . . .

              . . . Die öde Straße.

Und der Schneesturm heult.
Die öde Straße.
Denkmal für den Dichter.

Die öde Straße.
Und der Schneesturm heult.
Der müde Kopf
ist ihm hinab gefallen.
. . . In solcher Nacht
ist's angenehmer
sich im Bett zu wälzen,

            als dazustehn

auf Piedestalen.

Wislawa Szymborska
Monolog für Kassandra

Ich bins, Kassandra.
Und dort ist meine Stadt unter der Asche.
Und das hier ist mein Stock und meine Seherbänder.
Und das hier ist mein Schädel voller Zweifel.

Das stimmt, ich triumphiere.
Mein Recht, der Feuerschein, schlug in den Himmel.
Nur unglaubwürdige Propheten
Genießen diese Aussicht.
Nur die, die falsch ans Werk gegangen,
wo alles hätte sich so schnell erfüllen können,
als wären sie nicht da.

Ich erinnere mich genau,
wie Menschen bei meinem Anblick mitten im Wort
    verstummten.
Gelächter brach schallend aus.
Hände flochten sich los.
Kinder liefen zu ihren Müttern.
Ich hatte nicht einmal ihre unbeständigen Namen gewußt.
Und dieses Liedchen, das vom grünen Blatt –
in meiner Gegenwart beendete es niemand.

Ich liebte sie.
Aber ich liebte sie von oben.
Von oberhalb des Lebens.
Wie aus der Zukunft. Dort wo es immer leer ist
und wo nichts einfacher als in den Tod zu sehen.

Es tut mir leid, daß meine Stimme hart war.
Seht von den Sternen auf euch – rief ich –
seht von den Sternen.
Sie hörten es und senkten ihre Blicke.

So lebten sie im Leben.
Windig.
In Vorurteilen.
In Abschiedskörpern seit Geburt.
Doch eine feuchte Hoffnung war in ihnen,
ein Flämmchen, das vom eignen Flackern sich ernährte.
Sie wußten, was ein Augenblick bedeutet,
ach, wär's nur einer, irgendeiner
bevor –

Es kam so, wie ich sagte.
Nur daß daraus nichts folgt.
Und das hier ist mein Kleid, versengt vom Feuer.
Und das ist mein Prophetentand.
Und das Verzerrte mein Gesicht.
Gesicht, das nicht gewußt, wie schön es hätte können sein.

Kurzfassung

Hiob, an Leib und Gut erfahren, verwünschte das Schicksal der Menschen. Große Poesie. Nun kommen die Freunde, zerreißen ihre Kleider und befinden über Hiobs Schuld vor dem Herrn. Hiob schreit, er sei gerecht gewesen. Hiob weiß nicht, wieso ihn der Herr ereilt hat. Hiob will mit ihnen reden. Hiob will mit dem Herrn reden. Der Herr läßt sich herab in einem Wagen aus Wind. Vor Hiob, der bis auf die Knochen entblößt ist, rühmt er sein Werk: den Himmel, die Meere, die Erde, die Tiere. Und vor allem Behemoth, und besonders Leviathan, Bestien, die Ehrfurcht gebieten. Große Poesie. Hiob hört zu – der Herr spricht nicht zum Thema, denn der Herr wünscht nicht zum Thema zu sprechen. Also demütigt er sich eilfertig vor dem Herrn. Nun folgen die Ereignisse rasch. Hiob gewinnt die Maultiere und die Kamele zurück, die Ochsen und die Schafe bekommt er doppelt. Haut bewächst den bleckenden Totenschädel. Und Hiob läßt es gut sein. Hiob ist bereit. Hiob will das Meisterwerk nicht mehr stören.

Wolfgang Koeppen
Thanatalogie / für Max Tau

Es fällt, stürzt aus der Hand, gleitet weg, es wird dir genommen, du bist müde, ja, aber es ist nicht Müdigkeit, nicht der Schlaf wenn der Sandmann kommt, du täuschst dich nicht, nicht so billig, ein Hammerschlag gegen die Stirn, ein Schlächter werkt, sie sehen zu, stehen auf seiner Seite, natürlich das Gesetz und die sturen Hunde der Exekutive, du bist allein, du bist schon von allen verlassen, du bist wehrlos, deine Nachbarn sind feige, sie sind es nicht, sie schämen sich nur ihrer Hilflosigkeit, sie blicken zu Boden oder spenden gar Beifall deinem Henker, deine Finger sterben ab, sie erbleichen, du kannst dich an nichts mehr klammern du krallst dich nie mehr fest, du läßt los, schlimmer noch, du willigst ein. Das Buch fliegt auf das Zudeck, kein Vogel in sein Nest, Watte die auf Watte stößt, und Watte dein Leib in diesem Bett aus Watte. Die Seiten blättern zu, schließen sich für immer, du magst den Arm nicht ausstrecken, die Hand nicht rühren, du willst es nicht, die Schrift versteint. Der Stein wird eine Mauer, die Mauer zerfällt, Geröll rollt, Schutt haldet, die Halde wird eingeebnet, ein graues Feld, ein Staub ohne Farbe, es ist kein Wind der ihn in die Luft wirbelt, es ist auch keine Luft die ihn trägt, es wird schwarz vor deinen Augen, verteilt sich schwarz in einer feinsten Zermahlung wie ein linder Abend, die entsetzliche Schwermut des Frühlings, die drückende Düsternis des Sommers, nein, du willigst nicht ein. Du läßt es nur geschehen, wie du alles geschehen ließest. Es lag bei dir, daß es geschah. Du warst es, der nichts geschehen ließ. Alles kam zu dir, alles gehörte dir, wartete auf dein Wort der du schwiegst, war dir in die Hand gegeben. Dies war dein, du packtest nicht zu, erkanntest dein Eigentum nicht, warst närrisch vor Hochmut, es dir entgehen zu lassen, nanntest dich fahrend und unbeschwert, hattest von den Tollkirschen gegessen, taumeltest schon. Sitzen Dämonen am Rande der Welt wie Zuschauer um die Manege im Zirkus. Du bist der Clown. Befrei dich von Größenwahn. Keine Dämonen, kein Zirkus, kein Clown. Zum Narziß fehlt dir der Brunnen. Dein Spiegel ist das blinde Blech der Schmiere. Du entbehrst nicht der Tragik. Du könntest rühren. Es ist ein böser Zauber. Möchtest dich reinwaschen. Im Fernsehbild der Mond. Das hast du geschafft. Kein Ende abzusehen. Uranus, Pluto erweisen Reverenz deinem Schwedensessel. Spiralnebel über deinem Schlummerpunsch. Striptease der Milchstraßenferne. Selbstbefriedigung der Professoren vor den modernen Spiegelteleskopen. Optimistische Techniker beehren sich das Ballett der Satelliten vorzuführen. Nichts wird sein, aber du wirst sein, das Nichts im Nichts, überzeugt, dich schrecklich zu träumen, in Stein verwandelt, wie Stein empfindend, doch das wäre Gnade, verdammt zu fühlen wie ein Mensch der Stein wurde. Nichts wird sein. Dies wird sein. Es zwingt die Augen zu. Das Licht leuchtet für sich. Es braucht dich nicht. Der Glühfaden hat seine Zeit. Die Sonne hat ihre Zeit. Himmelsglut, Wasserkraft, Feuer um dein Bett und der brenzlige Geruch der Werkhallen und die Stille der Automaten. Der Bernstein der Griechen. Sklaven? Sklaven sind alle. Götter? Ja, auch Götter. Wer träumt das? Uralte Manufaktur von Köpfen. Wenige Formen, ein Dutzend Modelle. In die Schädel die graue Masse gestopft. Rege dich. Denke, du bist. Lauter Hirngespinste. Es gibt nichts anderes, mehr ist nicht erreichbar. Dein Bett ist befleckt. Du verschüttetest Wein, erbrachst Nahrung, verspritztest Blut. Versteifung wo du dich paartest oder daran dachtest. Wolltest weitergeben Dein Sein, deine Angst, deine Gebrechen, deine Verschlagenheit, die dir nicht zum Vorwurf gerät, denn wer hülfe dir sonst! O ja, auch deine Güte, die frommen Gedanken die du betetest, die Ideale die du hattest, die Philosophie, die Mär von der Schönheit. Freue dich, es wurde nichts draus. Du erspartest dir was. Sink hin, sink ein in diese grindigen, stinkenden Pfühle, ätzend, sauer von deinem kranken Schweiß. Du hast drei Ärzte, sie wissen nicht voneinander, und jeder sagt zu dir, nehmen sie Librium fünf vor dem Einschlafen, doch nicht Ruhe kam, kein Friede, du bliebst im Räderwerk, Rohstoff der Mühle, über dich gebeugt das Versäumnis. Spuk der Hölle. Wie lächerlich vergangen das gemütliche alte Fegefeuer der grand-mère mit seinem rührenden Ungeheuer, den lieben Bocksbeinen, den niedlichen Rattenschwänzen, dem gebogenen Horn. Die Funken stieben Schuld, Verrat, Gemeinheit, Armut, Lüge, Notdurft, Zwang, du wußtest es, du wolltest es nicht, es geschah eben, es war dein Leben, das sagst du, das sagten alle. Die Millionäre ehrten den Pfennig, die Priester priesen den Gehorsam, die Soldaten verteidigten den Staat. Zinsen wurden gezahlt, rostige Nägel ins Fleisch getrieben, den goldenen Prothesen gelang das gewinnende Lächeln. Das war nicht das Leben, das wenigstens fühlst du jetzt, Mörder kamen, Schinderknechte, Zellenschließer, die Jäger bauten die Fallen, die Geldleute machten die Rechnung, die Netze waren ausgeworfen, man demütigte dich, gegen deinesgleichen zu kämpfen, weine über dich, du warst das Wild, und es geschah alles in deinem Auftrag. Nichts wird sein. Keine glühenden Zangen. Keine Pfanne mit rauchendem Öl, dich zu sieden. Eine Einbildung war die freundliche Schlange, die dich schlingt und ausspeit. Nichts wird sein, nur ewig wird es sein, das wird es geben, kein Aufhören des Nichtseins, das Unwiderrufliche. Du erstickst in den weichen Kissen. Die Augen starren blind. Du stirbst. Am Morgen werden sie dich finden, die dir fern und gleichgültig sind, und werden in ihrer Dummheit sagen, er hat es überstanden. Du in der Leichenkälte weißt, es fängt an, jetzt fängt es an, das Nichts, das bloße körperlose seelenlose Ich, kein Schmerz, keine Angst, nur ein unbeschreibliches Entsetzen, augenlos in der finstersten Unendlichkeit, keinen Durst, keinen Hunger, du schleppst dich hin, tastest dich voran ohne je etwas zu fassen, taumelst sternenweit oder im engsten Kreis, bist am Ende ohne Ende, bist allein, wenn auch vielleicht unter den Milliarden die lebten, nun allein wie du, Atome, lichtfern, preßnah, ohne Berührung, ohne Laut. Keine Engel. Keine Teufel. Nichts. Nur daß du es weißt. Da hast du deinen Lohn.

Günter Kunert
Suchen und Nichtfinden

Stirbt wer ohne Erben oder weigern sich Erben ihre Erbschaft anzutreten, verwandelt sie sich sogleich sprachlich ins Bezugsärmere, Verlorene, indem sie zum Nachlaß wird; für diesen zuständig ist der Nachlaßpfleger, namentliches Produkt der hl. Euphemia, denn er pflegt nicht, sondern verschleudert, sobald die Wohnung des Verstorbenen vom Arzt und, eventuell von der Polizei, freigegeben, was nicht niet- und nagelfest ist. Nur was Nachbarn und zufällige Passanten nicht mögen, läßt der ›Pfleger‹ durch seine Gehilfen, gelangweilt von der allzuoft wiederholten Prozedur, auf einen Pferdewagen laden und zum Nachlaßlager abtransportieren: Stadtmitte, Fabrikgebäude, Hinterhof, erstes Stockwerk, das zur Gänze mit den Erdenresten Abgeschiedener vollgestopft ist. Auch hier: keine Rede von Pflege der Bleibsel, bloß billiges Losschlagen. Einmal in der Woche öffnet sich bargeldloseren Bevölkerungskreisen die verrostete Pforte aus Eisenblech wegen Feuersgefahr: Studenten auf der Jagd nach einem halbgeschenkten Tisch erscheinen, Typen aus dem Bereich von ›Künstlerkreisen‹, eine zur Heimgestaltungsmode erhobene Petroleumlampe aufzustöbern, ein unerkanntes Biedermeiermöbel, Gemälderahmen, aus denen Matterhorn wie Elfenreigen entfernt werden, um dem Zeitgeschmack näheren Sujets Platz zu machen.

Zwischen übermannshohen Spiegeln, das Glas von Aussatz befleckt, und für immer unbeweglichen Nähmaschinen der Fa. Singer, teils hand-, teils fußangetrieben, schlendert man umher, plötzlich vor einer Person anhaltend, die man schon einmal gesehen zu haben meint: das eigene Selbst, verfremdet und reflektiert von einer erblindenden Quecksilberschicht in eichenem Rahmen, dessen Türähnlichkeit konstantes Dämmerlicht verursacht.

Spazierstöcke aller Art, mit Malakkarohr-Griff, dick und bambusig, der unsterbliche Teil eines Generaldirektors; schlank und schwarz mit geprägter Alpakka-Krücke das dritte Bein einer verarmten Adligen, welche die Reputation zu wahren gesucht, wie es scheint; Wanderstöcke mit Stocknägeln: Es grüßet Euch vieltausendmal / Der Herr der Berge: Rübezahl. Gruß aus Schreiberhau, und durchaus wahrscheinlich, daß die knotenholzige Stütze noch Gerhart Hauptmann auf einem Spaziergang begegnet ist, deutsch und knorrig beide. Gewisse babylonische Fabelwesen auf Löwenklauen geben sich harmlos und strengen sich an, die Physiognomie von Schreibtischen beizubehalten, hinter dem Rücken des Besuchers jedoch sperren sie vermutlich gierig Rachen und Fächer auf, drohend und hungrig, denn ihr Inneres ist seit langem leer: seitdem sie Nachlaß sind. Regulatoren und Pendulen wirken, als seien sie in der Sterbestunde ihres Besitzers stehengeblieben; nun wollen auch sie nicht mehr weiter, das Räderwerk abgenutzt, die finstergebeizte Verkleidung vom Holzwurm durchlöchert: wer wagt es, sie durch einen Uhrmacher wieder zu akkustisch zermürbendem Leben erwecken zu lassen. Kredenzen und Anrichten mit abgesplitterten Schnitzereien und lädierten Butzenscheiben, Staubsauger aus den Anfängen der Technik, plump und zweckundienlich, auf robuste Dienstmädchen hin konstruiert, deren Arme vor dem Herrschaftsdienst durch Landarbeit gestählt gewesen sein mußten.

Zusammengewürfeltes Interieur, diskrepante Versammlung von Gegenständen, die einmal wöchentlich durch menschlichen Anhauch, durch Beaugenscheinigen und Betasten an ihre noch nicht gänzlich erloschene Nützlichkeit erinnert werden. Mitleiderregendes Gerümpel, an dem außer Schmutz und wer weiß was für Bakterien noch vieles von der Existenz ihrer Hinterlasser haftet, was kein Seifenwasser, kein Desinfektionsmittel, sondern einzig erneute Benutzung beseitigt.

Nicht, daß Stil oder Unstil, Wert oder Unwert des Materials Auskunft über die einstigen Eigentümer gäbe, über ihre soziale Stellung, Prestige-Denken, Armuts-Tarnung, auch die Spuren des Gebrauchs oder Mißbrauchs, sorgfältig repariert, oberflächlich kaschiert, schamlos dargeboten, erteilen ungefragt Auskunft, drängen sich auf wie ein manischer Denunziant, dem es nicht um Lohn, nur ums ständige Aufdecken und Entlarven geht. Im Nachlaßlager werden die Toten dekuvriert, noch einmal und noch einmal und immer wieder, solange ihre vergegenständlichte Seele Ausstellungsstück ist und den Käufer ersehnt, um endlich vom Pranger erlöst zu sein.

Fundgrube für Archäologen, die niemals sich hererirren, der Ahistorizität ihrer Gegenwart zu gewiß: was könnten sie hier für Studien treiben, ohne erst Tonnen von Erde, Lastzüge voll Schutt bewegen zu müssen: antrologe und soziale Indizien für einen Erkennungsdienst der Menschenkunde in überreichlicher Menge und billig abzugeben. Aber es wird nicht nur billig abgegeben, es wird aufgearbeitet, neu gepolstert, frisch gestrichen, und am Ende zeigt sich das Indiz als Indiz so wertlos wie eine Kalksteinplatte, von der man den Abdruck des Archäopteryx abgeschliffen, um sie als Pflasterstein zu verwenden.

Nach suchendem und ergebnislosem Umtrieb im Nachlaßlager, macht man sich auf zu neuem Nachforschen in gleichartigem Düster, im ewig letalen Kunstlicht von Speichern und Abstellkammern, Kellern und Kabuffs, um in Staub zu greifen und in undefinierbare Ablagerungen auf polierten Tischplatten, auf rohrgeflochtenen Sitzflächen und auf entfärbtem Plüsch, wo der Zeigefinger einer eingekurbelten Linie folgt, der verschlungenen Arabeske, einer Hieroglyphe, die nicht einmal mehr der Erbe oder auch nur der Vertreter des Erben zu entziffern versteht: Ein sehr gutes Stück, sehr gut erhalten! mehr weiß er nicht über den erbarmungswürdigen Veteranen fremden, entwichenen Daseins auszusagen. Riecht er nicht den animalischen Dunst, den stockigen widerwärtigen Geruch abgestandener körperlicher Absonderungen, atembeklemmend wie die Atmosphäre beim Tierausstopfer, vermischt mit dem fast verflogenen Odeur scharfer Essenzen, Mottenkugeln, Franzbranntwein, Rheumasan. Nun zieht er Schubfächer auf und preist das Holz, wirklich unbewohnt von Kleinlebewesen, aber was befand sich früher in den verschatteten Kästen? Aufklappen von Schranktüren: keine Riesenfledermaus, Reinkarnation des Erblassers, hängt darinnen, nur eine tiefgraue Gartenschürze mit breiten Bändern und abgerissenen, baumelnden Taschen, die nicht aufflattert und sich aus der Bodenluke schwingt, schwirrend das Weite zu suchen.

Was interessieren Sofa und Schrank den, der nicht sucht, um Sofas und Schränke zu finden. Die sind doch nur mittelbare Objekte, sozusagen temporäre Transportmittel, in denen sich die ersehnte Botschaft birgt, bergen kann und ergo auch einmal entbergen muß. Etwa aus einer schwarzeichenen Kommode, aus unterster Lade, zeitüberdauernd in Ölpapier und Wachstuch verpackt und versiegelt etwa der Entwurf für einen ganz einfach und kostensparend herzustellenden Flugkörper oder für ein leicht und unaufwendig herzustellendes besseres Leben, etwa sogar beides in einem Plan synthetisiert: Rausch und Glück, ein bisher verborgenes, über Epochen gerettetes Dädalisches Werk, diesmal bestimmt sturzsicher und jedenorts einsatzbereit.

Schürfen nach alten Büchern, alten Zeitschriften, welche höchst selten in Erbschaften und Nachlässen enthalten sind, weil doch einmal irgendwann Feuer im Ofen oder im Herd entfacht werden mußte, man kanns ja verstehen; weil umgezogen wurde und Überflüssiges einfach weggeworfen, man begreifts schon; weil Luftkriegsplanung das Entrümpeln von Böden und Kellern erzwang und die kommunikative Leere beförderte, man kapiert: was ein Krieg nicht erledigt, schafft das Davor und das Danach: Not lehrt vernichten.

Jedenfalls: auf der Pirsch nach Publikationen aus weniger perfekten Perioden, wie es die gerade währende stets ist, stößt der Suchende – falls sich ihm der Weltgeist Zufall geneigt zeigt – in einer sonst ausschließlich Spinnen vorbehaltenen Ecke auf feuchtigkeitsgewellte Blätter oder in einer brüchigen Kiste auf gebundene Jahrgänge eines Magazins: er kennt sie, er erkennt sie enttäuscht wieder: sie hat er nicht gesucht. Welche dann? Erwartet hat er einen heftigen Herzschlag lang, indessen die verdreckten Hände in der Kiste wühlten, das völlig Unbekannte, und auf einer der aufgeregt durchblätterten Seiten eine persönliche, nur ihn betreffende Nachricht, dazu die Gewißheit, das Druckerzeugnis sei überhaupt nur in diesem einzigen Exemplar für ihn angefertigt worden.

Vollkommene Seligkeit: in solchem Fund zu lesen. Mit den ersten Zeilen schon würde das eigene Schicksal aufgehoben sein: vor der Wahrheit des Textes erwiese es sich als düpierende Falschmeldung, spät, aber nicht zu spät dementiert. Korrektur der Vergangenheit hübe an: vom ersten bis zum letzten Satz, demzufolge man selber in Bedeutungslosigkeit zurücksinken und dabei an die vielnamige, aber fiktive Instanz den Auftrag zurückgeben dürfe, der so unerbeten wie unerfüllbar ist: durch Worte Wirklichkeit zu konstituieren oder zu korrigieren: alternativer Zwang, einer gegen alle geschichtliche Empirie, von persönlicher Erfahrung ausgelöst, die ungemacht sein müßte, eben jenen Zwang aufzulösen, den unfreiwillig betretenen Bannkreis verlassen zu können.

Suchen und Nichtfinden: Konsequenz irrealen Zieles, des Strebens nach einem Schein: Irrlicht und Elmsfeuer am Ende. Manchmal glänzt aus vergilbten Seiten, aus mäßig klischierten Fotos etwas auf von verwirklichter Identität, von Sichselberfinden in den Bildern der Geretteten von Schiffsuntergängen, der unterm Tempeldach hockenden tibetischen Mönche, der Badegäste auf Sylt (Allen Lesern des Magazins herzliche Grüße) oder der Orchestermitglieder, über deren geneigten Häuptern ein jugendlicher Dirigent, der noch nichts von seiner Komplizenschaft mit Massenmördern weiß, den Stab schwingt. So begegnet man sich selber im nachgelassenen Korbsessel (gut erhalten zehn Mark, beschädigt fünf); vernimmt von alten Schallplatten (Stück dreißig Pfennige) die eigene Stimme, der Winter mag scheiden, der Frühling vergehn, ich trage wo ich gehe stets eine Uhr bei mir, damit man weiß, woran man mit dem Element ist, das den menschlichen Lebensraum bildet: in der Nähe des Ausganges, durch den man seinen Vorgängern folgt, ergeben oder unter Protest, immer aber unter Zurücklassung einiger Gegenstände, denen man sich eingeprägt hat, wem auch sonst, und die alles Ungesagte, alles über die individuelle Befindlichkeit, das auszudrücken man unfähig war (obwohl es sehr wichtig geschienen, vielleicht sogar das Eigentliche des persönlichen Hierseins gewesen ist) den Nachkommen mitteilen werden, oder, falls man keine hat, zumindest den Kunden des Nachlaßlagers das ureigene, recht verwechselbare Wesen vermitteln mögen. Andere Unsterblichkeit als die durchgesessener Polster, abgeschlagener Zierrate, verkohlter Furniere, ramponierter Schlösser, zerkratzter und daher mißtönender Schellackscheiben, ist keinem gegeben.

Daraus wieder auferstehen an einem jüngsten späteren Tage als bedauernswerter Schemen, als Memento des Lebens, bedeutet die alleinige Chance, über den Schluß hinaus anwesend zu sein.

Gabriele Wohmann
Nette arme und gerechte Kreaturen

Cora serviert das Frühstück. Sie legt mir die Zeitung auf die Bettdecke. Das Verwöhnen haben wir gerecht auf uns beide verteilt. Ehen, in denen nur noch gemäkelt oder gegähnt wird, sollten durch Planung eine neue Lebensfähigkeit erhalten. Sorgen, die wir nicht kennen. Wir machen es uns trotzdem ganz durchschnittlich und nach außen hin unscheinbar. Höchstens ein Unverständiger könnte unsere tätige Tierliebe als Abweichung vom Alltag der Nachbarn denunzieren. Wir scheren uns aber nicht um den denkbaren Erkennungsfleck auf unserer Mimikry. Hauptsache, der Klatsch läßt Cora und mich in Ruhe – aber wir hören sowieso nicht hin. Cora klopft mein Frühstücksei auf. Für Hühner gibt's kein Frühstücksei. Hühner sollen Eier legen, sie aber nicht fressen. Jetzt im September hat der Kleintierhalter Zeit, sich um die Probleme seiner Stallungen zu kümmern. Das sind alles Zitate aus meinem Beitrag in *Dein Huhn – deine Freundin.* Für die Sicherheit der Eier haben wir uns eine Abrollvorrichtung zugelegt, endlich. Somit ereignet es sich nicht mehr, daß eine Henne mit der Gelegenheit konfrontiert wird, zerbrochene Eier zu probieren und womöglich auf den Geschmack zu kommen. Wir haben das früher erlebt. Diese asoziale Henne wurde geradezu süchtig und wartete nicht auf Eierunfälle, sondern führte sie selber mit dem Schnabel herbei und gab sich schließlich schon nicht mehr mit der eigenen Produktion zufrieden. Ich kehre die Zeile um und behaupte: Durch eines Ungehorsam werden viele Ungerechte. Wir mußten jedesmal die feuchtgewordene Nesteinstreu erneuern, damit sich die Leidenschaft für Eier nicht auf die übrigen Hühner übertrug. Mit Drahtabzäunungen und auch Strohballen, in die Ecken gestopft, nahmen wir den Hühnern die Freiheit zum Ungehorsam. Die Kreatur ist der Eitelkeit unterworfen.

Cora hat sich auch diesmal wieder genau an die verabredete Koch-
zeit gehalten, und ich verzehre das Ei nach meiner Technik, die auf
maximalen Lustgewinn ausgerichtet ist. Ich schaffe es immer besser,
rings um das Dotter vorerst kleine Glibber und festes Eiweiß auszu-
schaben; aber auch bei diesem Vorspiel halte ich mich, Langsamkeit,
Langsamkeit, im Genießen hin. Wir wissen inzwischen, daß wenige
oder falsch aufgestellte Tränken ebenfalls zum Eierpicken verleiten.
Die Vergangenheit ist nie vorbei. Immerhin haben wir Menschen
und das Huhn vor 280 Millionen Jahren gemeinsame Vorfahren gehabt.

Wir halten dann unsere kleine Andacht. Ich höre Coras Stimme
gern. »Wir waren schon zu tief gesunken / Der Abgrund schluckt uns
völlig ein«, singt sie. Ich löse sie ab: »Und dennoch konnt in solcher
Not / Uns keine Hand behilflich sein.« Aber wir denken eigentlich
ziemlich anders darüber.

Für schwierigere Mahlzeiten bin ich zuständig, und Cora verwöhnt
sich mit einem Besuch bei den Tauben, die in ihrem Reisemonat besonders viel Vitamin A brauchen, während ich mich an die Zuberei-
tung der letzten uns verbliebenen Jungpute mache. Es hat anschei-
nend im August zu viel geregnet, denn obwohl wir die Tiere recht-
zeitig in die Unterkunft gebracht haben, müssen sie doch bereits
feucht geworden sein; sie magerten ab, wurden appetitlos, schläfrig
und atmeten schwer, Nasenausfluß und heiseres Röcheln traten hinzu,
zahlreiche Abgänge alarmierten uns. Da war nichts mehr zu retten.
Wir hätten am besten beim 1. Symptom mit dem Ausmerzen begonnen, nur unsere Weichherzigkeit verhinderte dies. Nette arme
Kreaturen, mit denen wir uns umgeben. Ach, was sind wir für zwei
nette arme Kreaturen. Wir sind alle mehr oder weniger miteinander
und mit der Backhefe verwandt.

Alle Kreatur sehnt sich mit uns. Die Ehe war immer unser Wunsch-
traum. Welche Schwierigkeiten haben wir überwunden. Die Geheim-
nistuerei vieler Jahre hat uns reichlich zermürbt. Das hängt uns natürlich noch nach. Cora war in besseren Zeiten weniger passiv und kaum
weinerlich. Ich selber bin manchmal etwas aufbrausend. Doch den
Mangel an Leben haben wir abgeschafft. Wir sind viel extremer zusammen als die ehelich verbundenen Paare in der Nachbarschaft, und
neuerdings blöken auch noch Ziegen und Schafe um uns herum. Daß
Ziegen von Würmern befallen werden können, bedenkt der Ziegen-

halter nur selten. Wir passen auf, wir lesen überwiegend alles Einschlägige über die Gefahren, die unseren Lebensgefährten drohen, denn abgesehen vom selbstverständlichen Mitleid bei der Beobachtung von Schmerzen und Verenden – Vorgänge, die andererseits allerdings Erfahrung einbringen – und abgesehen auch von der Last mit der Beseitigung der Kadaver, möchten wir im Überleben unserer Kameraden bis zur natürlichen Schlachtreife doch den Lohn der Aufmerksamkeit, der Opfer und der Liebe erblicken, den Gewinn des ganzen Aufwands nun eben. Wie es von Anfang der Kreatur gewesen ist. Wer recht tut, der ist gerecht.

In diesem Monat wird geschlachtet. Zuvor prüfen wir die Entwicklung der Brustmuskulatur und die des Federkleides. Wir haben alle Tiere auf klangvolle Namen getauft. Ich hebe Lilianas schönen bunten Flügel an und kontrolliere dessen Ausbildung. Ich merke Liliana für den Speisefahrplan der nächsten Woche vor. Undine ist eine Nachzüglerin, auch was die bislang nur durchbrochene Hülse betrifft. Es erweist sich aber als Vorteil, daß unsere Tiere trotz Gleichaltrigkeit an Dauer unterschiedliche Reifeprozesse durchmachen, besonders wenn man nichts verschenken will. Warum uns die Kriminalisierung durch unsere Nachbarn nicht mehr stört? Nun, wir haben entdeckt, daß es sich nicht lohnt, *Menschen* zu sein, wenn *Menschen* andere vom Menschsein ausschließen. Meine Anzüge passen denen nicht, desgleichen mein Haarschnitt, die Krawatten, und den Neurologen, zu dem ich Cora einst aus Sorge über ihre depressiven Schübe schickte, habe ich auch überlistet, so daß Cora seine affige Privatklinik, in die er sie abschieben wollte, niemals von innen gesehen hat. Wir halten uns besser an die edel geschnittenen Gesichter unserer Angorakaninchen. Fast hätte es anfangs Streit gegeben wegen dieser ebenfalls getauften Tiere, denn jeder von uns wollte das Bürsten übernehmen. Nun haben wir das gerecht entschieden, nämlich nach Talent. Ich bürste besser. Der Gerechte gibt und versagt nicht. Cora, der ich schließlich die Tauben weitgehend überlasse, bekam das Fell nie ganz frei von Fremdkörpern. Unter meiner Bürste glätten sich verworrene Stellen. Des Gerechten Weg ist schlicht. Besonders sorgfältig pflege ich die Wolle im Genick, an der Brust, zwischen den Läufen und am Bauch, da also, wo sie sich am leichtesten verfilzt. Wir haben uns keine grobwolligen Häsinnen zugelegt, dankbar für die Information in *Deine Kleintiere*. Keine Kahlstellen – vielmehr machen unsere Zöglinge mit dichter Vliesbildung Furore, allerdings nur zu unser beider Freude, da wir ja nun einmal abgekapselt leben. So ist die Welt. Leute, die ihre Ehen in der Hoffnung angefangen haben, sich den größten Wunsch lebenslänglich zu erfüllen, stecken doch in Kürze in ihrer unbefriedigten betrogenen Trauer. Anders bei Cora und mir. Ach was sind wir für zwei nette arme und gerechte Kreaturen. Wir dürfen durchaus triumphieren, wenn auch nur entre nous, aber was heißt: *nur!* In unserem Daseinsareal begegnet man der Verwirklichung des Menschen und auch der des Tieres zu jeder Tages- und Nachtstunde.

Hilfe! Hilfe! höre ich Cora rufen. Ich muß wohl oder übel die Jungpute ungerupft liegenlassen, ich finde Cora unfähig, der Taube Suzanne ein Weizenkeimölpräparat zu verabreichen. In ihrer Verwirrung stößt sie überdies mit dem Ellenbogen gegen die Lebertranflasche. Ich habe ihr schon hundertmal gepredigt, stets auch zwischen Entnahme und Entnahme, von Gabe zu Gabe also, die Flasche zu verschließen. Ich kenne doch mein schußliges Liebchen. Wirklich ertappe ich Cora nicht gern bei ihren kleinen beschädigenden Schlampereien, aber ausgegossener Lebertran ist keine Augenweide, ist ein Verlust, ist ein Indiz. Bleibt mir nichts anderes, als Cora eine runterzuhauen. Keine Kreatur ist vor ihm unsichtbar. Die Kreatur wird frei werden von dem Dienst. Ich drohe den Entzug der Taubenpflege an.

Cora umarmt mich trotzdem. Sie ruft und weint meinen Namen in vielen Variationen: o Rita, Ritalein, Rita-Schatz. Ich gleite wie üblich von der Züchtigung in die Zärtlichkeit.

Auch in einer Ehe wie der unsrigen muß ja einer die verächtliche, nützliche Rolle des Mannes übernehmen. Richtet und streitet mit Gerechtigkeit.

Elias Canetti
Aufzeichnungen

Gulliver der Riese wird zu Gulliver dem Zwerg: die Umkehrung als Mittel der Satire.

Der Satiriker ändert die Natur der Strafe. Er bestellt sich selbst zum Richter, aber er hat kein Maß. Sein Gesetz ist Willkür und Übertreibung. Seine Peitsche ist endlos und reicht bis in die entlegensten Mäuselöcher. Da holt er heraus, was ihn nichts angeht, und peitscht, als hätte er sich für eigene Unbill zu rächen. Seine Wirkung liegt in seiner Bedenkenlosigkeit. Er prüft *sich* nie. Sobald er *sich* prüft, ist es um ihn geschehen, seine Arme werden schwach, ihnen entfällt die Peitsche.

Es wäre ganz verfehlt, beim Satiriker Gerechtigkeit zu suchen. Er weiß sehr wohl, was Gerechtigkeit ist, aber er findet sie nie bei anderen, und da er sie nicht findet, usurpiert er sie und handhabt ihre Mittel. Er ist immer ein Tyrann, er muß es sein, sonst degradiert er sich zum Höfling und Schmeichler. Als Tyrann ist er nach Zärtlichkeit ausgehungert und holt sie sich heimlich (Journal to Stella).

Der wahre Satiriker bleibt furchtbar über die Jahrhunderte. Aristophanes, Juvenal, Quevedo, Swift. Seine Funktion ist, die Grenzen des Menschlichen immer wieder zu bezeichnen, indem er sie erbarmungslos überschreitet. Der Schrecken, den er ihnen so einjagt, wirft die Menschen auf ihre Grenzen zurück.

Der Satiriker vergreift sich an Göttern. Wenn es zu gefährlich für ihn ist, den Gott seiner eigenen Gesellschaft zu attackieren, holt er sich andere, ältere Götter eigens zu diesem Zweck herbei. Auf diese schlägt er öffentlich los, aber jeder spürt, wem die Schläge eigentlich gelten.

Welcher Schrecken ist es, der den Satiriker treibt? Fürchtet er die Menschen, die er bessern will? Aber er glaubt nicht, daß er sie bessern kann, und selbst wenn er sich's einredet, wünscht er es nicht, denn ohne seine Peitsche mag er nicht leben.

Es heißt, daß der Satiriker sich haßt, aber das ist eine mißverständliche Meinung. Entscheidend für ihn ist, daß er von sich absieht, und das mag ihm durch körperliche Deformation erleichtert werden. Sein Blick ist auf andere konzentriert, seine Betätigung kommt ihm wie gerufen. Sie verrät eher Liebe als Haß für sich: die heftige Nötigung, nichts auf eigene Mängel kommen zu lassen, sie hinter den Enormitäten anderer besser zu verbergen.

Es ist ein furchtbarer Gedanke, daß vielleicht niemand besser ist als der andere und jeder Anspruch darauf Täuschung.

Der Feind sagt: ›Gut‹, und man hat eben noch ›Schlecht‹ gesagt. Große Verwirrung. Schaden. Beschämung.

Ein Dichter, der es weiß, aus lauter fremden Sätzen. Sein Hochmut die Summe des Hochmuts aller Bestohlenen. Seine Kraft, daß nichts von ihm ist. Sein Sündenfall, daß er sich plötzlich auf sich verläßt, weil er nichts mehr bei anderen findet.

Der Werbende spricht viel und wird dafür verachtet. Es vergessen die Zeugen, daß auch Homer und Dante für sich geworben haben, und wer waren die Zeugen, das spezifische Gewicht der Werbenden zu messen?

Mit dem Ungewöhnlichen beginnen; es nie erschöpfen; darin atmen, bis das Gewöhnliche selbst dazu geworden ist: alles ungewöhnlich.

Was im Geist nicht lang vorrätig war, was ihn nur heftig und rasch gestreift hat, hält sich am besten gegen die Zeit.

Doch muß es ein Geist sein, der die Mühe gekannt hat, sonst vermag ihn nichts heftig zu streifen.

Die Wortreichen veralten zuerst. Erst verwelken die Adjektive, dann die Verben.

Ein Dichter darf seine Ungerechtigkeiten hüten. Wenn er alles, was ihm zuwider war, immer wieder prüft und seine Abneigungen korrigiert, bleibt nichts mehr von ihm übrig.

Seine ›Moral‹ ist, was er ablehnt. Aber anregen darf ihn alles, solange seine ›Moral‹ intakt ist.

Was an Goethe oft langweilig wirkt: daß er immer *vollständig* ist. Er mißtraut mehr und mehr, je älter er wird, leidenschaftlichen Einseitigkeiten. Aber er ist natürlich so viel, daß er eine andere Balance braucht als andere Menschen. Es sind nicht Stelzen, auf denen er schreitet, sondern er beruht als eine ungeheure Weltkugel des Geistes immer rund auf sich, und man muß, um ihn zu begreifen, sich wie ein Möndchen um ihn drehen, eine demütigende Rolle, doch die einzige, die in seinem Fall angemessen ist.

Er gibt einem die Kraft nicht zur Kühnheit, sondern zur Dauer, und ich kenne keinen anderen großen Dichter, in dessen Nähe sich der Tod einem so lange verhüllt.

Neue unerfüllte Wünsche finden, bis in hohe Alter.

Überall, zwei Schritte von deinen täglichen Wegen, gibt es eine andere Luft, die dich zweifelnd erwartet.

Unaufhörlich müßte ein Dichter sein Leben erfinden können und wäre so der einzige, der *weiß*, wo er ist.

Mein Respekt vor Buddha gründet sich ausschließlich darauf, daß seine Lehre durch den Anblick eines Toten ausgelöst wurde.

Die größte Anstrengung des Lebens ist, sich nicht an den Tod zu gewöhnen.

Ein Philosoph wäre jemand, dem Menschen so wichtig bleiben wie Gedanken.

Alle Bücher, die nur zeigen, wie wir es zu unseren heutigen Ansichten gebracht haben, zu den herrschenden Ansichten über Tier, Mensch, Natur, Welt verursachen mir Mißbehagen. Wohin haben wir's denn schon gebracht? In den Werken vergangener Denker werden die Sätze zusammengesucht, die nach und nach zu unserer Weltansicht geführt haben. Der größere, irrige Teil ihrer Meinungen wird bedauert. Was kann es Sterileres geben als diese Art von Lektüre? Eben die ›irrigen‹ Meinungen früherer Denker sind es, was mich am meisten an ihnen interessiert. Sie könnten die Keime zu den Dingen enthalten, die wir am notwendigsten brauchen, die uns aus der furchtbaren Sackgasse unserer heutigen Weltansicht herausführen.

Leute, die als Denker gelten, weil sie sich mit unserer Schlechtigkeit brüsten.

Das Ausschließen der Welt, von Zeit zu Zeit so wichtig, ist nur erlaubt, wenn sie mit umso größerer Gewalt wieder zurückflutet.

Zweimal zumindest in der Geschichte der Philosophie waren Massenvorstellungen entscheidend für eine neue Weltauffassung. Das erste Mal bei Demokrit: die Vielzahl der Atome; das zweite Mal bei Giordano Bruno: die Vielzahl der Welten.

Gedanken wie Geröll. Gedanken wie Lava. Gedanken wie Regen.

Seit es sich durch Explosionen erlangen läßt, hat das Nichts seinen Glanz und seine Schönheit verloren.

Es scheint, daß die Menschen mehr Schuldgefühle über Erdbeben empfinden als über die Kriege, die sie selber anzetteln.

Der Vorrat an Gesichtern, den ein Mensch in sich hat, wenn er eine Weile gelebt hat.
   Wie groß ist dieser Vorrat und von wann ab vergrößert er sich nicht mehr? Einer operiert, sagen wir mit 500 Gesichtern, die ihm lebendig sind und bezieht alle andern, die er sieht, auf diese. Seine Menschenkenntnis wäre demnach geordnet, aber begrenzt. »Den kenn ich«, sagt er sich, wenn er einen Unbekannten sieht und legt ihn zu einem Bekannten beiseite. Der Neue mag in allem, außer dem Typus seiner Züge, anders sein, für den Menschenkenner ist er dasselbe.

Dies wäre also die tiefste Wurzel aller Fehleinschätzungen. Der Vorrat an Gesichtern ist in jedem Menschen verschieden groß. Wer sich sehr viele angeeignet hat, wirkt wie ein Weltmann und wird dafür gehalten. Er zeichnet sich aber nur durch ein Gedächtnis für Gesichter aus und kann eben daran besonders dumm werden.

Meine eigene Erfahrung ist, daß ich seit etwa zehn Jahren mehr und mehr dazu neige, neue Gesichter auf frühere zu beziehen. Früher gab es selten Gleichheiten, von denen ich unerwartet und plötzlich frappiert war. Ich habe sie nicht gesucht, sie suchten mich. Jetzt suche ich selber nach ihnen und erzwinge sie, wenn auch nicht immer ganz überzeugt. Es könnte sein, daß ich schon nicht mehr imstande bin, neue Gesichter als solche vollkommen aufzufassen.

Zwei Gründe für diese Reaktion wären möglich: Man ist nicht mehr heftig genug, Neues zu ergreifen. Die animalische Kraft der Sinne hat nachgelassen. Oder man ist schon zu sehr bevölkert, und es ist in der inneren Stadt oder Hölle, wie immer man es nennen mag, was man in sich trägt, kein Platz mehr für neue Insassen.

Eine dritte Möglichkeit ist aber nicht ganz auszuschließen: Man *fürchtet* sich nicht mehr so leicht vor neuen ›Tieren‹, man ist schlauer geworden und verläßt sich auf erprobte Abwehr-Reaktionen ohne genauere Prüfung.

Wären es wirklich ganz neue ›Tiere‹, man würde sie genug fürchten, um sie auch aufzufassen.

Ein sehr alter Mann, der keine Nahrung zu sich nimmt. Er lebt von seinen Jahren.

Solange man morgen sagt, meint man *immer*, darum sagt man so gern morgen.

Jede Gesinnung, wenn sie etwas sein darf, das andere ergreift, ist wie ein Werk, an dem man unaufhörlich weiterschreibt und das sich nie vollendet.

Einer sagt von sich: während meines ganzen Lebens ist kein einziger Mensch gestorben.

Dieser Eine ist es, dieser Einzige ist es, den ich von allen beneide.

Ach daß die Sammlungen so kostbar sind! So wird sie niemand verstören.

Man könnte sie wenigstens durcheinanderbringen, zusammenlegen, vermischen, tauschen, auseinandernehmen. Man könnte Spielregeln für sie finden und verschiedene Spiele.

Es ist zu viel Selbstzufriedenheit an den Sammlungen und Sicherheit der Hüter. Unbegreiflich, daß aus diesem Grunde allein nicht mehr aus ihnen gestohlen wird: bloß um sie zu verändern. Besondere Teufel sollte es geben, die ihrer Sicherheit Tag und Nacht entgegenarbeiten. Die an Bildern so lange fälschen, bis sie als unecht gelten. Die Millionenpreise über Nacht auf beinah nichts reduzieren. Die Namen und Perioden mit Glück vertauschen.

Aristophanes ist voll von Meuten, und das Schönste daran ist, daß sie gern als Tiere kommen. Sie sind Tiere und Menschen zugleich, Wespen, Vögel, sie *erscheinen* als diese und sprechen wie Menschen. So führen sie die ältesten Verwandlungen vor, das Verwandeln selbst. Die Komödie ist noch nicht auf ihre puren menschlichen Dimensionen reduziert, die Zeit ihrer Langweile und Einfallslosigkeit hat noch nicht begonnen.

Im Traum viel Treppen heruntergegangen, kam heraus auf dem Gipfel des Mont Ventoux.

Er predigt im Schlafe. Wach weiß er nichts davon.
    Über den Schlaf wird man noch so viel erfahren, daß niemand mehr Lust haben wird, wach zu sein.

Für jedes Wort eine Briefmarke. Sie lernten sich schweigend unterhalten.

Er erträgt Musik nicht mehr, er ist so voll von unausgenützten Geräuschen.

Es wäre zu beobachten, wieviel die Angst in einem ergreift, wohin sie sich verkriecht, nachdem der erste Angriff abgeschlagen ist.
    Es scheint, daß sie gern die alten Kanäle findet.
Schon das Mißtrauen ist eine Abwehr der Angst. Es nimmt das Schlimmste vorweg, als ob es die Angst beschämen möchte. Es postu-

liert eine Drohung, die die der Angst weit übersteigt. Es gibt einem auf diese Weise Mut, mehr ins Auge zu fassen, als die Angst gewagt hätte. So könnte einen das Mißtrauen stark machen, wenn es einfach, sozusagen bei der Sache bliebe. Das tut es aber nicht, es bezieht mehr und mehr ein und wird schließlich zu einem selbsttätigen Angst-Erzeuger.

Denn so kalt und hart es sich gibt, es wird von der gleichen feindlichen Macht gespeist, gegen die es einen schützen möchte. Zur Angst, die offen und frontal attackiert, kommt die geheime dazu, die sich ins Mißtrauen einschleicht. Der Leib des Mißtrauens hat seine besonderen Adern, das Blut, das in ihnen fließt, ist Angst.

Alle die Funktionen eines Lebens, die ausgefallen sind, und wie sie sich rächen. Der nie Vater war, zieht sich falsche Söhne. Der nie auf Erwerb aus war, berät andere in ihren Spekulationen. Der seine Bücher nie schrieb, erfindet sie für Fremde. Der kein Priester war, zimmert neue Religionen. – Jener Stolz des Sich-Versagens mag groß gewesen sein, aber jedes Versagte rächt sich. Gibt es keinen wirklichen Verzicht?

Ein guter Mensch könnte nur der sein, den man nirgends dafür hält. So kann einer, der schon als Kind immer hören wollte, daß er gut sei, es nie wirklich werden.

Es gibt keine Verkleidung zur Güte und sie erträgt keinen Applaus.

Erhart Kästner
Das gibt nie einen Lehrstuhl

Umwälzung. Bricht man den Satz ab, den man beenden wollte, übereilt nichts, legt das Buch hin, in welchem dieses Wort Umwälzung vorkam, fängt den Blick auf, mit dem es Einen auf einmal so anschaut, daß Einem vorkommt, man habe es nie vorher gesehen –, tut man das alles und stellt sich die Frage, wann man dieses Wort zum langlang vergangenen, allerersten Male gehört hat, so wird sich ein Bild einstellen, denn wir sind voll solcher Bilder. Eine Erinnerung; man verschlampte sie bloß, hielt sie für wertlos. Mit der Zeit verdorrte sie auch.

Umwälzung. Ich sehe eine Straßenwalze, eine Handwalze, altertümlich, aber dieser Umstand ist ohne Bedeutung, kommt nur davon her, daß der Gegenstand, den ich da sehe, und die staubige Straße, die ich mitsehe, und die Häuser und Bäume, in vergangene Jahre, in Kinderjahre zurückgehen. Es scheint, daß die Walze in ihrem Inneren zur Hälfte mit Sand und Schotter gefüllt war, denn man hörte, wenn sie geschoben wurde, und ich höre noch immer ein Schollern. Die Füllmasse geriet dann ins Rutschen, Kies lief dem Schwerpunkt nach, eins zog das andere mit sich. Auf diese Art blieb das Ding auch am Hang stehen, wo eben man wollte.

Umwälzung. Wann immer dieses Wort vorkommt, erscheint sie mir, meine Walze, dieser Oldtimer; ich sehe den komischen Umriß, ich höre das Rasseln, sehe den blauen Mann auch, seine Mundfalten. Ich wüßte auch noch die Straßenstelle zu finden.

Jedes Wort eine Bildzelle. Fast jedes markante Wort in einer Zimmerecke, vor einem Tapetenmuster, auf einem Stadtwall, in einem Abend, in einer Schulstunde eingepflanzt, auf einer genauen Stelle erwachsen. Jedes Wort hat Geschichte, nicht die nur, die man im

Wörterbuch nachschlägt, die gelehrte, beweisbare, die man die wissenschaftliche nennt, obschon die private, die ich meine, die schlummernde, halbbewußte, des Wissens nicht weniger wert ist, auch Wissenschaft also.

Jedes Wort eine Bildzelle. Jedes Wort eine Zelle, die mit Frühem gefüllt ist, mit Zellwasser, Duftwasser; man kann die Essenz durch die Zellwände sehen, sie sind durchsichtig. Diese Füllungen sind es, die das Köstliche der Sprache ausmachen. Duft der Welt, wohin verflog er? Er war doch.

Fast jedes einzelne Wort in Jedes Gedächtnis hat so seine Herkunft. Wir sind ein Archiv solcher Bilder. Warum lassen wir diese Bilder nicht kommen, die doch unser Eigentum sind, unser Reichtum? Wir besitzen sie; wie sollten die wichtigen ersten Momente, in denen wir ein Wort kennen lernten, in unseren Gedächtnissen nicht bewahrt sein? Wie sollte, wenn ein Wort aus dem Dunkeln, aus dem Unbekannten in unsere Kenntnis trat, wie sollte es nicht ein Teilchen Welt mitgerissen, uns mitgebracht haben? Etwas Welt, an der wir nun, welches Glück, welcher Zuwachs, teilhatten? Sollten wir den Tau solcher Augenblicke nicht retten?

Man kann das alles verleugnen, verstoßen, man kann es verspotten; man tut das. Man unterdrückt es. Man zieht Worte vor, die eine solche Vergangenheit nicht haben können, imponierende Worte, die zu kompliziert sind; die frühen Jahre konnten sie noch nicht aufnehmen. Augenlose, erwachsene Worte; doch der letzte Ausdruck führt irre, sie sind nicht erwachsen, denn sie sind nie Kind unter Kindern gewesen, also auch nicht erwachsen. Hergestellt, nicht erwachsen.

Weiß der Himmel, warum man auf solche Worte erpicht ist. Es wird wohl ein Teil der Lust sein, die nun so viele ergriff, sich zu plündern. Lust am Selbstraub. Aber wenn die Welt bilderlos sein wird, ist sie dann glücklich? Gab es je Glück ohne Bilder?

Sehen heißt, seine Blindheit loswerden, sagte *Max Ernst*. Das ist sein ganzes Werk, das ist sein Genius, das ist, was er bewirkt hat. Das ist seine Größe. Eine durchgeriebene Muschel, wie Kinder Pfennige durchreiben, auf die Kante einer durchgeriebenen Diele mit ihren Masern gesetzt, und du stehst in der Wüste. Am Horizont, zum

Heulen einsam, ein Fächerbaum, versteinert, versalzt, aus der Vorzeit. Du atmest, die Sterne. Nie hast du so das Grenzenlose empfunden. Du frierst, welche Kälte.

So viel also wußten die Dinge: ein Brett, eine Muschel.

So müßte ein *Max Ernst* für die Worte kommen, ein Philolog, ein Liebender der Worte, und jedes einzelne Wort um seine Erinnerungen befragen, um seine Bildfracht.

Per impossibile. Denn was er herausbrächte, kann nicht gedruckt, nicht aufgelegt werden, verhilft zu keinerlei Lehrstuhl. Das ergibt nichts zum Nachschlagen. Es mitzuteilen, scheint zwecklos. Denn was zu erfahren wäre, gilt immer bloß einmal für Einen. Jeder müßte sich so ein Wörterbuch für sich selbst machen.

Dennoch nicht sinnlos. Diese kleinen nutzlosen Frachten der Worte sind es, die den Duft der Welt halten, der sonst, mit den Jahren, verfliegt.

Clemens Podewils
Namen / Ein Vermächtnis Paul Celans

Ein Gespräch, das wenige Wochen vor seinem Tode geführt wurde, einige Sätze daraus, wollen diese Zeilen festhalten. Es war die erste Begegnung mit Paul Celan, und keine Vorahnung ließ den Gedanken aufkommen, es könnte auch die letzte, die einzige sein.

Zur Feier des zweihundertsten Geburtstages ihres Dichters hatte die Hölderlin-Gesellschaft am 20. März 1970 Celan zu einer Lesung nach Stuttgart eingeladen. Als er am späten Nachmittag – ein Vortrag war vorausgegangen – von seinem Platz in der ersten Reihe das Podium gewann, geschah es mit entschiedenen Schritten. In einer, wie mir vorkam, betonten Sicherheit stieg seine grazile Gestalt die paar Stufen zur Tribüne hinauf. Nur die Augen verrieten in einer Sekunde scheuen Umsichblickens, wie sehr sich hier ein Mensch, auf der Flucht vor seinesgleichen und vor der Öffentlichkeit, Gewalt antun mußte.

Dann begann er mit klarer, artikulierender Stimme zu lesen, doch in jener tonvollen, melodisch ausschwingenden Art, die keine Silben, Nachsilben fallen läßt und die man die altösterreichische nennen möchte. Sie ist, auch heute noch, den Deutschsprechenden eines Raumes gemeinsam, der von Wien über Prag und Budapest reicht, aber auch bis Belgrad und Bukarest ausstrahlt und die Bukowina, Celans Heimat, umschließt. So ließ er sich auf das Abenteuer ein, das Auditorium mit neuen, schwer zugänglichen Gedichten bekanntzumachen, Hörer also, denen es verwehrt ist, mitzulesen, und das heißt: mit dem Auge den Umriß der rhythmischen Gestalten im Zeilenbruch wahrzunehmen. In der Stimme war Überzeugungskraft. Ein heller, erhellender Verstand nahm die Lauschenden an die Hand auf dem Weg ins Schwierige. Die eigentliche Schwierigkeit? Sie liegt in den Worten, den nie zuvor gehörten Wortgebilden, die sich erst einem längeren und wiederholten Nachdenken erschließen. Aber das führt schon mitten in das Gespräch ....

Wir waren für den späten Abend verabredet, in der Halle seines Hotels. Diesmal erschien ein Celan, der keine Scheu in den Panzer der Haltung zu hüllen brauchte. Lässig, ein wenig gebeugt kam er. Gelöstheit. Und es floß etwas wie Wohlwollen ein. Ein Aufsatz über Sprachfragen hatte den Anlaß für die Zusammenkunft gegeben, zugleich auch den Grund für eine gewisse Übereinstimmung gelegt. Was Celan denkt und zu sagen hat, spricht er in den angemessenen, allereinfachsten Worten aus. Ansichten, Urteile, die einer Zusammenschau aller Dinge entspringen. So mußte in dem Partner der letzte Zweifel daran verschwinden, daß jede Zeile, ehe sie die endgültige Fassung gewinnt, eine strenge Überlegung durchlaufen hat; daß seine Gedichte erfüllt sind von Sinn: Sinn, der in Bildern spricht. Weitab liegen Spiele mit Assoziationen, mit Klängen um ihrer selbst willen, mit dem Zufall.

Mag einer Celan in dem Schatten sehen, den sein gewaltsamer, selbstgewählter Tod auf das Leben zurückwirft, mag ein anderer von Gemütsverfinsterung, von persönlichen Entfremdungen gehört haben, die sich an der Grenze des Verfolgungswahns ereignen, – wir werden gut tun, an die Gedichte selbst nicht mit derlei Maßstäben heranzutreten, sondern uns ihnen anzuvertrauen, und das heißt: sie so lange wirken zu lassen, bis wir selbst unter dem ›Lichtzwang‹ des kristallklaren Geistes stehen, der den Strahl der Wahrheit in Farben bricht.

Das Gespräch war auf die Frage nach den Metaphern, nach deren Notwendigkeit, gekommen, aber auch auf den Einwand, den Friedrich Georg Jünger einmal formuliert hat: »Ich möchte das *Eigentliche* sagen, unmittelbar sagen.« Fällt dieser vermeintliche Gegensatz aber nicht in sich zusammen, da dieses Eigentliche der Bilder bedarf, um im Gedicht zu erscheinen? Dem dienen Celans Wortfügungen, Wortzusammenführungen. »Man hat mir diese substantiva composita vorgehalten, zum Beispiel *Meermühle*. Sind aber Kiesel, Felsen, Klippen denn nicht vom Meer zu dem gemahlen worden, was sie sind?« (Und hat nicht lange vor Celan die Sprache, ob es der Volksmund oder die Erkenntnis eines Geologen war, in *Gletschermühle* ein gleiches getan?) »Meine Wortbildungen sind im Grunde nicht

Erfindungen. Sie gehören zum Allerältesten der Sprache. Worum es mir geht? Loszukommen von den Worten als bloßen Bezeichnungen. Ich möchte in den Worten wieder die *Namen* der Dinge vernehmen. Die Bezeichnung isoliert den vorgestellten Gegenstand. Im Namen aber spricht sich uns ein jegliches in seinem Zusammenhang mit der Welt zu.« (Heidegger nennt das Ding den Ort der Welt. Celan, in einem Gedicht, geht darüberhinaus: »Kein Wort, kein Ding / und beider einziger Name.«)

So ist der Dichter himmelweit von linguistischen Experimenten, von Gemächten entfernt, die das in seiner Vereinzelung fixierte Objekt gleichwie mit der Wurzel ausreißen. Viel eher kommt er, jedoch in der Welt, im Innerweltlichen verbleibend, dem nahe, was Plotinus in seinem Buch von den heiligen Namen und ihrer Kraft offenbart hat. Celans Composita reichen von den vorhandenen, geläufigen über anklingende bis zu jenen neu gefundenen Gebilden, die zunächst befremden. Das Gedicht *Todtnauberg* läßt diesen Weg verfolgen. Wir lesen *Augentrost* (die Blume), lesen *Waldwasen, Knüppelpfad,* aber auch *Sternwürfel.* (»Der Trunk aus dem Brunnen mit dem / Sternwürfel darauf«) Auf dem Weg vom Manuskript zum Buch ist durch einen Druckfehler der *Sternwürfel* zum *Steinwürfel* geschrumpft: als falle die Vision wie unter einem Schwergewicht zur Erde, ins Greifbare, Tatsächliche zurück. Was bleibt: der Anblick des gewohnten steinernen Brunnens; nichts mehr von der Macht, der fernen Last des nächtlichen Himmels.

Viele von Celans neuen *Namen* enthüllen ihren Sinn zunächst nur in dem Zusammenhang, in dem sie vorkommen, ehe sie, einmal verstanden und beherzigt, sich in unserer Sprache einbürgern. Statt vieler Beispiele nur das eine, schon gestreifte: *Lichtzwang*, das dem Gedichtband den Titel gegeben hat. Wer wüßte aufs erste, was gemeint ist? Jedoch:

Wir lagen
schon tief in der Macchia, als du
endlich herankrochst.
Doch konnten wir nicht
hinüberdunkeln zu dir:
es herrschte
Lichtzwang

Das Gespräch konnte nicht anders als auf Martin Heidegger kommen, dem sich Celan aus der Nachbarschaft seines denkenden Dichtens verbunden weiß. »Im Unterschied zu solchen, die sich an seiner Ausdrucksweise stoßen, sehe ich in Heidegger denjenigen, der der Sprache wieder ihre ›limpidité‹ zurückgewonnen hat.« Das Wort ist mit ›Klarheit‹, clarté, nicht ausgeschöpft. Geht es doch um Diaphanie, um das Durch- und Heraufscheinen des Grundes aus dem Wasser der Quelle.

Zum Schluß wandte sich der Blick nach Osten und jenem Europa zu, in dem Celan geboren ist und aus dessen Sprache, der russischen, er übersetzt hat: Mandelstamm, Block, Jessenin. Warum uns von dorther in Dichtung und Literatur heute so viel mehr an Leben und Gefühlskraft entgegenkommen als aus unserer westlichen Welt? Manches wäre zu sagen und zur Begründung anzuführen gewesen. Celan aber faßte alles in dem Zitat zusammen: »Schmerz – Vater der Kunst.« Schwermut war in den Augen, um den Mund aber spielte ein bitter-heiteres Lächeln.

Am nächsten Morgen kam man vor dem Alten Schloß zur Abfahrt nach Tübingen, zum Grabe Hölderlins, zusammen. Ich traf Celan wieder. Er stand in einer Gruppe, ging auf mich zu und drückte mir die vergessene Tabaksdose in die Hand. Ich fand in einem anderen Autobus Platz. Oder war es ein Zögern, das mich davon abhielt, seine Nähe zu suchen und die vollkommene Stunde vom Vorabend verlängern, wiederholen zu wollen? Im Verlaufe des Tagesausflugs fand er Gelegenheit, früher im Wagen abzufahren. Ich habe ihn nicht wiedergesehen.

Heinz Piontek
Totenlitanei für von der Vring

Hinter den Wasserfarben verregneter Gärten
hinter Kavaliershäusern Schuluhren Kanälen
hinter dem Heu und Stroh von Blumen
hinter Sommer und Herbst

hinter dem Wort Flandern
hinter den Lippen einer Schwäbin
hinter blauem Nebel und der Sage
eines an weißen Haaren ans Ufer gezogenen Körpers

hinter Starrsinn Wahn Liebe
hinter dem voll bezahlten Preis
hinter einem Wall an der Weser

werden dich auferwecken
die silberkehligen Hörner deiner Gedichte

Peter Huchel
Drei Gedichte

Die Reise

Eines Abends,
Im späten November flacher Seen,
Trat aus dem Regengeräusch ein Mann.
Wir nahmen den Pfad
Durchs hohe Rohr.
Es wehte kühl an meine Schläfen,
Als ging ich
Zwischen den Mähnen zweier Pferde.
Sie trugen
In Säcken aus Nebel mein Gepäck,
Das leichter war als der Nachtwind
Über dem Schilf.

Nicht der Fährtenkundige,
Der noch im heißen Geröll das Wasser
Und die Taube findet,
Der Schwache führt mich, die Augen
In die leere Nacht gerichtet,
Wo an den Pfählen
Der weiße Rauch
Ins Dickicht eiserner Disteln zog.

Oktober, November

Oktober, November,
Die Lungen des Herbstes
Atmen die Nebel aus.
Im düsteren Licht
Das flüchtende Grau der Rehe.

Steck deine Klinge ein,
Ruchloser Gast,
Setz dich ans Feuer,
Misch deine Karten.

Kreuz-As, gezinkt
Mit einer Spur
Verharschten Bluts,
Im düsteren Licht
Das flüchtende Grau der Rehe.

Abschied von den Hirten

Nun da du gehst
Vergiß die felsenkühle Nacht,
Vergiß die Hirten,
Sie bogen dem Widder den Hals zurück
Und eine graubehaarte Hand
Stieß ihm das Messer in die Kehle.

Im Nebelgewoge
Schwimmt wieder das Licht
Der ersten Schöpfung. Und unter der Tanne
Der nicht zu Ende
Geschlagene Kreis aus Nadeln und Nässe.
Dies ist dein Zeichen. Vergiß die Hirten.

73

Walter Helmut Fritz
Neue Gedichte

Janus

Fahler Tag,
die Dunkelheit eben zu Ende,
bald Dunkelheit.

Die Tür,
zwei Gesichter darüber.

Hierhin, dorthin,
in beide Fernen.

Durchgänge, ungezählt.

Tag, Dunkelheit,
eine Veränderung
auf den Gesichtern.

Die Tür,
hineinzugehen,
hinauszugehen.

In den Anfang,
in das Ende
des fahlen Tags.

Ach, die Lappländische Reise

Da, hallo, im Schatten Linné,
wie er seine Stiefel zur Seite stellt
und sein Notizbuch verwahrt.
Das Ende der Welt habe er besucht,
Sommer und Winter an einem Tag angeschaut.
Er sei bis dorthin gekommen,
wo die Leere arbeite.
Ach, die Lappländische Reise,
zu Fuß, die Entbehrungen.
Aber das Herbarium
mit siebentausend Arten,
das habe er nun.
Und ob man nicht doch lachen sollte,
ehe man glücklich ist?
Aber man hört die Frage kaum noch,
er hat sich schon umgewandt.

Gibt uns unsere Lage

I

Was sich da entfernt?
Nein, nicht die Zeit.

Nur wir gehen davon,
entfernen uns rasch.

Sehen bald undeutlich,
was zurückbleibt.

– dann räumt uns
der Tod weg.

Macht uns unsichtbar,
oder sichtbar, wer weiß.

Nimmt uns den Atem,
verteilt ihn neu.

Gibt uns unsere Lage.

Die Erde auf einem Photo

Da ist die Erde,
zum ersten Mal,
da ein Sturmwirbel,
da ein Wolkenband,
leicht zu erkennen,
das vermutlich dem Lauf
der Anden folgt.

Da ist die Erde, die
birgt und verbirgt Leben,
von Svevo eine Krankheit
der Materie genannt.

Da ist Abenddämmerung,
da ist es hell –

durch geborgtes Licht,
von weither,
Licht in Scharen.

Gerd Gaiser
Um einen Teich herum

Liomin kannte die Gegend. Aus seiner kleinen Maschine spähte er
nach dem Teich. Im Licht dieses Morgens war der Teich gar nicht
zu verfehlen. Außerdem fiel er auf wie gewöhnlich ein Ding, das
einer Störung unterliegt. Die Veränderung war stark fortgeschritten.
Wie abgebalgtes, grau angelaufenes Fleisch, so nahm sich die Fläche
von oben aus. Nur ein paar Pfützen, die noch auf ihr standen, glänzten hell und hart. Röhricht stach dunkler herein, dann daneben die
grünen, satt grünen, auf einmal stechend grünen Wiesen. Das Gehölz
am Eintritt des Baches, Eschen, Vogelbeeren. Manches Laub gilbte
schon. Frei lagen die alten, bizarr zerfallenden Weiden. Die tauchten
sonst tief ins Wasser. Wünsch dir was, sagte sich Liomin, indem er
zu einer Schleife ansetzte, la la, warum nicht, sogleich wird Larifée
daraus. Lucienne? Ich, du, es. Es denkt. Aber wer und was? Nun,
sagte er weiter, über die schräge Tragfläche abwärts, vorläufig also
Fische. Fische, und eine Fête wird auch daraus.
   – Außerdem und vorläufig, fuhr er laut fort in der lärmenden kleinen Maschine, – freue ich mich auf ein Frühstück. Er drehte noch einmal ein, ließ sich durchfallen und strich niedriger über das Areal.
Windstill war der Morgen, vor ihm die Büsche und Schilfbänke
rührten sich nicht. Ein Mann winkte am Ufer mit einem Stock, und
Liomin wackelte mit der Maschine. – Madame stellt Wachen aus. –
Auch das Wasser stand ruhig, nur an ein paar Stellen fing es an zu
strudeln. Von unten strudelte das, es waren nicht Rauhigkeiten von
fliehenden Böen. Auch der Schlamm rührte sich hier und dort, grau
und zäh. Jetzt war der Teich unten weg; im Hochziehen, mit einem
Blick rückwärts, sah Liomin Sträucher verwirbelt, das Schilf nieder-
gepatscht von seinem Fahrtwind. Er nahm Kurs auf und suchte den
Landeplatz.

In der Diele standen und saßen sie, auf den Kaffee wartend. Alle hatten sich ausstaffiert wie zu einem Lumpenball. Manchmal applaudierte man neuen Räubertrachten, die durch die Tür quollen: Reitstiefel, Ackerstiefel, Gummigaloschen, Kopftücher, Cord und Leder. Das Kaminfeuer brannte, vom Eingang kam barsche Morgenkälte. Es roch nach den alten Klamotten und nach dem frischen Kaffee, der Rauch vieler Zigaretten wölkte. Liomin hatte Mühe, sich durchzufinden. Er kannte viele, doch brachte ihn manche Kostümierung in Zweifel. Verwandte, dann alle die Nachbarn, die tatenlustigen Pensionäre. Frauen genug, Mädchen. Wünsch dir etwas. Larifée?

»Muß doch da sein«, sagten die Cousinen.

»Kommt wohl noch«, sagte Lucienne.

Madame war bei Laune. »Da bist du. Setz dich zu mir, Liomin, unterhalte mich ein bißchen. Du kennst nicht alle? Das tut heute nichts. Kein Protokoll. Laß dir Kaffee geben, mein Lieber, er wird dich aufmöbeln.«

Liomin nahm dem Mädchen vom Brett eine der großen und tiefen Tassen mit Milchkaffee und faßte die Tasse an beiden Henkelstutzen.

Der Colonel mit dem Schnauzbart, den man den großen Colonel nannte, erkundigte sich nach dem Flug. »Kein dummes Kistchen, das du da fliegst, Liomin. Ich sah dich nämlich. Ich sah dich oben schieben.«

»Ich sah Sie natürlich traben, Colonel.«

»Ha, hört den Lügner an. Ich komme im alten Deuxchevaux, und da faselt er von Traben.«

»Der Teich, wie steht der?« fragte der dünne Colonel, der von seiner Familie Urlaub genommen hatte, »rührt es sich, rührt sich etwas, Liomin?«

»Es rührt sich«, gab Liomin zur Antwort, und der Dünne schnalzte.

»Hör einmal«, sagte Madame, »dort in dem grauen Tuch mit den Sprenkeln, ja, das gesprenkelte Seidentuch, wer ist das nun? Ah, da dreht sie sich um. Lucienne! Ich hätte gewettet, daß da jemand anders steht. Eben hat sie ganz anders ausgesehen. Merkwürdig, es ist wirklich Lucienne.«

Man brach auf. Autos füllten sich. Einige hoppelten auf Fahrrädern. Der starke Colonel rief nach einem Pferd und bekam eines. »Aufgepaßt, Liomin«, rief er im Aufsitzen, »jetzt kannst du einen Trab studieren!« – Aus einem Zweispänner sagte Madame: »Lucienne, laß hier Liomin zusteigen. Um die Kinder kümmert sich Florence.« – Der Weg war nicht weit. Die Autos hielten ein Stück vor dem Damm, der die Senke abriegelte. Über den Damm sah man noch nicht hinweg, man sah nur die hochgezogene Falle. Das Wasser schoß aus ihr in einem dick grölenden Schwall. Oben hatten sich schon Zuschauer angesammelt.

Die Kinder zuerst, die Cousinen, der dünne Colonel in seinen Latschen fingen zu rennen an. Der andere Colonel, der mit dem Schnauzbart, ritt Attacke. Oben, vom Damm aus, zeigte sich der See. Alle verstummten für einen Augenblick. Groß nahm sich das aus, nicht geheuer, fast Furcht einflößend. Die Weite mit ihrem nackten, grauschwarzen Glanz. Klein, übermäßig entfernt am jenseitigen Ende die Baumgruppen. Das Wasser hatte sich auf ein Dreieck zurückgezogen, dessen Basis der gerade Damm bildete. Die Spitze des Dreiecks lief auf die dünne, noch tief stehende, aber blendende Sonne zu. Pfützen glitzerten. Auch an anderen Stellen des Ufers standen Menschen, schwärzliche Rudel, die Schatten warfen. Die ganze Gegend schien von dem Schauspiel angelockt.

Niemand betrat noch den Seegrund. Nur ein paar Männer in Stiefeln und Schildmützen wateten dort treibend. »Sie treiben die Fische«, erklärte Lucienne, »vieles zappelt in den Pfützen. Das kleine Zeug geht zugrunde, wenn man es zappeln läßt. Es muß dem Wasser folgen.« Jetzt schien das Wasser sehr schnell, wie in kleinen Rucken, vollends zu fallen. Zugleich schien es kaum mehr Wasser. Ein wildes Gemenge, zuckend und spritzend, lag ausgebreitet. Das war die Tracht des Gewässers, die Fischfrucht. Man ließ die Falle herab.

Das Zeichen wurde gegeben, und Geschrei gab die Antwort. Der Schwarm Menschen brach los, springend und stapfend, rutschend, stelzend. Sie schleppten Kisten und schwangen Kübel und Eimer. Sie wateten in den Fischen: Fische bis an die Knöchel, bis an die halbe Wade, Gewimmel bis unters Knie. Es ging an die Beute. Mit dem Zugriff verstummte das Geschrei. Die Kundigen ließen erst das Geringere aus, sie spähten und zielten. Sie lauerten auf die Hauptstücke, mit denen zu renommieren war, auf die ellen- und armlangen Fresser, auf die schnittigen Hechte, die nicht jeder gern anfaßte, auf dickfleischige, angemooste Karpfen. Die Kinder, aufgeregt und verwirrt, griffen ohne Wählen um sich, sie kreischten und ließen den glitschigen Raub wieder los. Langsam gewöhnten sie sich ans Zufassen. Die Fische warfen sich, sprangen und schnellten. Immer weiter drangen die Fänger einwärts. Der Schlamm troff und spritzte, mancher saß schon im Morast und mühte sich um sein Aufkommen. Die Kisten, die Bottiche füllten sich, Wannen, Körbe, die am Ufer bereitstanden. Im Gras zappelte Leben. Der Überfluß mehrte die Gier. So viel Beute weckte uralten, tierischen Appetit auf, und der Fang schlang die Fänger. Die Blicke schwindelten von dem Vorrat, Widerstand machte rabiat, das Stramme der Rücken und das Geflutsch der Bäuche, die Fischhaut, schleimig, auch rauh wie Sandpapier, die Flossen, das Sträuben der Muskulaturen regte die Hände auf. Mancher, der nur als Zaungast gekommen war, fiel der Raublust anheim; die Ankäufer, die Kraftfahrer stiegen in den Schlamm. Aus dem aufgewühlten Morast stieg der Dunst faulig, der Fischgeruch, das Gärende der Senkung. Die Kleider der Häscher, längst dunkel vom Wasser, glänzten von Algensträhnen. Schmutz saß auf Wangen und Nasen. Verschmierte Gesichter, lachend, erhitzt, suchten einander für Augenblicke.

Immer noch gab es kapitale Fänge. »Da seht, der Pirat, der Fresser«, schrie Lucienne. Ein Hecht, ohne Ausweg, doch in verrückter Gier, schnappte um sich nach kleineren Fischen. »Ganz wie ein Mensch, so ein Biest«, lachte der Colonel, der dünne: »zeig, was du kannst, pack ihn, Lucienne!« Lucienne faßte fest zu, sie schleppte den Unhold, rückwärts gehend, mit kurzen Schreien. Der Hecht, in der Todeswut, übergab sich, Fische speiend. »Gut gemacht, Lucienne, das heißt man die Expropriation vornehmen!« Die Kinder, sich grausend, fischten hinterher im Gras.

Die Vögel waren dabei. Geschwader von Vögeln hatten sich über dem Treiben angesammelt. Sie kreisten, stießen herab und machten einander das Feld streitig. Hunde fuhren dazwischen und scheuchten sie. Kläffend jagten sie unter den geflügelten Wolken.

Liomin hatte sich getummelt. Er verlor bald die Lust, strich umher und suchte. Florence hielt einen Posten. Sie stand dort bei Körben und Kannen und teilte Stärkungen aus. »Gesucht und gefunden«, sagte Liomin.

Er wärmte die Hände am heißen Becher und trank langsam. Andere kamen und gingen. Er stellte den Becher zurück. Florence sah ihn an und sagte: »Gesucht, mag sein. Aber nicht gefunden, hab' ich recht?«

Liomin zögerte, dann ging er ab, denn er sah den dünnen Colonel herankommen. Er strich an den Bottichen hin, in denen sich dunkle Rücken drängten. Er sah die gesperrten Kiemen, die japsenden Mäuler und metallisch geränderten Glotzaugen. Dunkle Pressung, schwarze Gefangenschaft.

»Da geht er hin, unser kleiner chevalier errant«, sagte zu Florence der dünne Colonel.

»Le pauvre«, sagte Florence.

»Le pauvre, wieso? Pauvre, das bin ich selbst. Davon sprichst du nicht. Schenk etwas aus, aber etwas mit Feuer, Florence, das trocken hält.« Er trank und streckte noch einmal das Glas hin. »Er geht und geht«, fuhr der kleine Pensionär fort und blickte wehleidig und rätselhaft, – »er geht, dein Cousin, Florence, doch er kommt nicht durch die Maschen. Das Netz ist ausgelegt.« – »Und wie heißt das Netz?« – »Nein. Ach du mein Kücken. La La. Laß mich wieder zu den Fischen.«

Liomin war schon weit und streifte am oberen See hin, wo die Ufer kaum belebt waren. Hier schlichen sich Ungerufene ein. Liomin sah Gestalten, die ihm auswichen. Dafür stand hier ein Sack im Röhricht, dort ein mit Zweigen gedeckter Blecheimer. Hinter Büschen rührte es sich, Liomin drückte Ruten auseinander. Eine Frau machte sich dort zu schaffen, gebückt stand sie da in dicken Feldstiefeln. Sie hielt einen Fisch nieder, ein starkes Tier, das sich wehrte und zu entkommen suchte. Aufgeregt durch das Gebalge, sah sie sich nach einer Waffe um. Sie langte nach einem Ast, der im Schilf stak, drückte den Fisch nieder und holte aus. Zugleich sah sie Liomin. Jetzt ließ sie das Holz fallen und ließ den Fisch los, grinste faxenhaft, strich sich die Hände am Rock ab und zog sich zurück, ohne sonderlich zu eilen. »Möchten Sie das da nicht mitnehmen?« fragte Liomin und reichte ihr einen feuchten Sack nach. Die Alte grinste fort, machte eine Art Knicks und verschwand. Auf dem niedergetretenen Schilf zappelte der Fisch noch immer. Liomin schob den Schuh unter den hellen Leib und betrachtete seine Zeichnung, Sprenkel, Schuppen, die feine Mittelteilung die Flanke entlang. Vorsichtig bugsierte er das Tier weiter, einem Graben entgegen, in dem sich Wasser hielt. »Komm schon«, sagte er, »geh schon.«

Es wurde dämmerig. Dazu war Nebel aufgekommen. An zwei Stellen hatten Leute Feuer gemacht, und der Rauch mischte sich mit dem Nebel. Die Sonne, niedergehend, stand in dem Qualmen als eine dritte Glut, eine rostige, pfannengroße Scheibe. Man sammelte sich zum Abzug. Die Falle war geschlossen. Der See erholte sich. Zu der langsam ansteigenden Flut zogen wieder Männer mit Behältern, diesmal, um sie auszukippen. Man gab die Fischbrut, das schwache Kleinzeug, dem Wasser zurück. Seitab, wo die Händler aufgefahren waren, wurde gehandelt, die Waage spielte, man lud Fracht auf. Madame, in Hosen und lederner Jacke, traf ihre Auswahl für den abendlichen Tisch.

Bis zur späten Mahlzeit dauerte es lange. Jeder hatte mit dem Waschen und dem Wechseln der Kleider zu tun, und die Nachbarn waren nach Hause gefahren, um sich zurechtzumachen. Jeder kam in die Diele, sowie er fertig geworden war. Man streckte sich in den Sesseln, es war nicht laut, nach dem lärmigen Tag senkten sich die Stimmen. Jemand legte Holz nach, jemand hatte das Radio eingeschaltet. Die Stunde war schläfrig. Die Stimmen und die Musik mischten sich.

Um diese Zeit ging durch den schwach erleuchteten Raum ein Mädchen. Als es wiederkam, fiel es in der Gesellschaft einigen auf. Es wandte sich niemandem zu, schien auch keinen zu kennen. Niemand kannte auch offenbar das Mädchen. Langes und glattes Haar fiel herunter über die Schultern, das Kleid eng, am Kamin glänzte es für einen Augenblick. Sie glitt, strich vorbei und verlor sich wieder. Ein paar, die mit Gläsern in der Hand beisammen standen, folgten ihr mit den Blicken hin und her. Vielleicht war sie dann hinausgegangen. Doch da glitt sie wieder. Zu wem gehörte sie, und woher kamen ihre Gewohnheiten? Für sie war es wohl nicht auffällig, wie sie sich jetzt nahe am Feuer niederließ; wohin? Sie kauerte am Boden. Sie senkte sich langsam seitwärts auf einen Ellbogen. Sie lag. Unerhört! Liomin saß dort; als er erschreckt die Füße anziehen wollte, um aufzuspringen und ihr Platz anzubieten, lag sie mit dem Kopf auf seinen Schuhen. Das Feuer glänzte sie an, die feine Naht glänzte, die sich an dem engen Kleid abwärts zog von der Achsel zu den Knieen. Anderswo fiel etwas wie dies vielleicht nicht auf. Aber hier: ein

Schweigen legte sich auf die Umgebung. Absichtsvoll fing der starke Colonel wieder zu erzählen an.

Die Blicke suchten Madame und suchten wieder die Fremde. Die rührte sich nun nicht mehr, Augen wie ohne Lider, nicht einmal die Augen zuckten. Der Colonel fuhr mit seiner starken Stimme fort: »– treffe ich also die Alte, kenne sie schon, es ist immer dieselbe aus Les Fosselles drüben, die sich was in ihren Sack schlägt, und ich deute hin und sage zu ihr: was Sie da bei sich führen, meine Liebe, das scheint mir doch ein bißchen Contrebande, meine Liebe, wie? – und Sie glauben die Antwort kaum, oui, sagt sie, mon colonel, certainement, aber Sie haben doch weiter nichts dagegen? Und grinst noch weiter und sagt: aber sonst hat man nichts dagegen. Das beste Stück hat mir nämlich schon einer vor Ihnen abgejagt –«

»Expropriation«, murmelte auf der anderen Seite der andere Colonel, der dünne, »immer dasselbe, eine zieht die nächste nach sich, man rechne zusammen, eine, zwei, drei, vier –«

»Erfahren möchte ich doch«, sagt Madame jetzt geradeaus und ohne die Stimme zu senken, »mit wem wir im Augenblick das Vergnügen haben. Erinnern kann ich mich nicht. Von wem kommt die Einladung, vielleicht von dir, Lucienne, oder von dir, Florence? Liomin war doch allein, so viel ich sah.«

Und da man eben zu Tisch gehen will, sagt Madame nicht laut, aber auch nicht leise: »Lucienne, dich wird Liomin zu Tisch führen. Vorausgesetzt, daß er seine Füße freibekommt. Vorher hast du noch die Güte und führst diese Dame zu mir.«

Madame, sie mustert etwas abseits dieses fremde Wesen, das steht nun aufrecht und hat einen Blick und doch keinen, und Madame zeigt ein erstarrtes, doch nicht eben unverbindliches und nicht einmal neugieriges Gesicht: »Ich war erfreut, Mademoiselle, daß Sie uns Ihre Gesellschaft schenken wollten. Vielleicht aber haben Sie die Fahrpläne nicht im Kopf. Der letzte Zug geht drüben in Les Fosselles, es wird unmöglich sein, ihn noch nach dem Essen zu erreichen. Maurice steht draußen mit einem Wagen für Sie. Mademoiselle, guten Abend.«

»– und sieht aus, als ob sie das Sprechen verlernt oder nein, nie erlernt hätte«, flüstert der dünne Colonel bei Tisch, indem er die Begebenheit weitergibt: »– blickt einfach geradeaus, rührt sich nicht und ist dann verschwunden. Verschwunden, bemerke ich –«

»Madame«, sagt der starke Colonel respektvoll, »meine Laufbahn hat mich daran gewöhnt, Blicke auszuhalten. Aber ein Blick wie der –«

»Assez«, sagt Madame.

Liomin trat nach Tisch noch einmal in die Diele. Sein Stuhl, auf dem er gesessen hatte, stand wie vorher. Niemand befand sich im Raum, nichts war fortgeräumt. Er bückte sich, setzte sich dann einen Augenblick auf die Armlehne, den Blick am Boden. Das verlöschende Feuer gab einen schwachen Schein her. »Nichts«, sagte Liomin.

Florence kam herein. »Das war nicht recht von ihr«, sagte Florence. »Sie ist unduldsam. So brauchte es nicht zuzugehen.«

»Weiß denn ich, was da vorgegangen ist? Weißt es du vielleicht?«

»Weiß man, was man mit so einer Handlung anrichtet?«

Liomin bückte sich noch einmal hinunter. Er pflückte etwas vom Teppich, das glänzte: eine Fischschuppe. Ärgerlich wandte er sich ab. »Man trägt es an den Schuhen.«

»Siehst du«, sagte Florence, »etwas bleibt doch hängen.«

Liomin startete, wieder war es noch früh am Morgen. Er hatte eine Stunde zu fliegen und mußte zu Dienstbeginn an seinem Ort sein. Das Schulflugzeug war ein Zweisitzer, der Pilotensitz hinten. Liomin nahm sich wie am Vortag die Zeit für eine Schleife. Der Teich war noch längst nicht voll, doch das Wasser war merklich angestiegen. Fast hatte es wieder die hängenden Weiden erreicht. Er blickte hinunter: dort hatte er die Alte ertappt. Die Schlumpe – so lange er seinen Kreis zog, war ihm, als klopfe im Vordersitz jemand. Doch der Vordersitz war ja leer. Er streckte den Hals. Es klopfte. Er schob den Gashebel vor, richtete die Maschine gerade und sammelte sich auf die Geräusche seines Motors. Der arbeitete kräftig und gleichmäßig. Keine Spur von Klopfen. Einwandfrei war das Streckenwetter. Keine weitere Störung.

Liomin zeigte eine korrekte Landung und ließ sich einwinken. Als die Maschine ausgerollt war und der Propeller stillstand, schob er Haube und Brille zurück und machte die Gurte los. Er griff hinter sich nach seiner Handtasche. Als er über die Bordwand stieg, mied er es, auf den Vordersitz zu blicken. Er sprang von der Fläche. Sowie er unten stand, kletterte der Flugzeugwart hinauf.

Ein paar Schritte war er schon weg, da hörte er den Mann rufen. Liomin stand und mußte gegen das Licht blinzeln. »Da gehört noch etwas Ihnen«, rief der Techniker, »oder wem sonst? Hoffentlich haben Sie nicht einen Fluggast in der Luft eingebüßt.«

Er mußte näherkommen. »Machen Sie keine Scherze«, murmelte er, »man weiß nie, was man mit solchen Scherzen anrichtet.«

Der Flugzeugwart hielt das Ding hoch, leicht wie ein Hauch, durchsichtig, grau mit weißen Sprenkeln.

»Wenn schon – lassen Sie los!« Er hielt die Hand auf, doch nebenan wurde eine Maschine angelassen. Die Böen nahmen das Ding weg wie nie gewesen.

»Verflucht«, schrie der Techniker durch den Lärm, »konnte niemand wissen –«

»Hatte auch gar nicht gefragt«, sagte Liomin. »Konnte gar nicht sein.«

Paul Alverdes
Schulweg/Romanfragment 1931

Weihnachten war längst vorüber, die emailleblauen Röcke des ersten Garderegimentes zu Fuß im Parademarsch begannen schon ihren Schmelz zu verlieren und an den goldgeränderten Schildern der römischen Legionäre und den fleischfarbenen Waden der barfüßig angreifenden Germanen zeigten sich die ersten unheilbaren Schäden; aber noch fror es Eisblumen an die Fenster, und ein sorgsam gehüteter kleiner Vorrat von Pfeffernüssen, Spritzkuchen und Ausstechern in Form von Sternen, Kreuzen und allerlei Getier, von dem immer seltener gekostet werden durfte, erneuerte mit starkem Duft die Erinnerung an das große Winterglück. Auch war es noch tiefe Dunkelheit, wenn die Magd den Knaben weckte, und an manchem Morgen blieb es dämmernd still um das Haus vom frischen Schnee, der in der Nacht gefallen war. Oftmals träumte Christian der Magd schon entgegen; gleich wird sie mich an der Nase ziehen, ahnte er in seinem Schlaf, oder er fühlte schon ihre harte Hand, mit der sie ihm unter das Kinn zu fassen pflegte, um es unerbittlich zu schütteln und ihn damit zu ermuntern. Mit einem tiefen Glück erkannte er dann, daß er ja nur träumte, und daß noch viele Stunden vor ihm lägen, bis er wirklich in die Schule mußte. Alsbald aber spürte er doch eine bräunlich zuckende Helle vor seinen Lidern, und da war auch schon die Hand, die nach Petroleum roch, unter seinem Kinn und drehte ihm das Gesicht auf den Kissen hin und her.

»Aufstehen, Christian, vorwärts«, raunte Helene, »du mußt in die Schule gehen«, und er vernahm das gnadenlose, unwiderrufliche Wort wie zum ersten Male. Zugleich war er wach geworden und mit ihm die Angst in seiner Brust, die von nun an jeden seiner Gedanken umflatterte. Er schlug die Augen auf, die Petroleumlampe mit dem immer schief gestellten, gläsernen Zylinder blakte wie jeden Tag, ein schwarzer Rauchschwaden stieg aus dem rötlich funkenden

Docht kerzengerade und sehr geschwinde nach oben und wallte und wirbelte geisterhaft um eine kleine grellweiße Sonnenscheibe, die hoch über ihm an der Stubendecke spielte. Im Fenster aber standen über dem Eisblumenwald die Sterne in der noch vollkommenen Finsternis.

»Ich muß erst noch beten, Helene«, sagte Christian und schloß noch einmal die Augen und streckte sich. »Aber keine Ewigkeit nicht mehr«, befahl Helene, »sonst kommst du zu spät und kriegst Strafe.« Der Knabe tauchte bis über die Stirne in die Wärme seines Bettes zurück, darin er wie in einem wohligen Grabe hätte liegen bleiben wollen bis zum jüngsten Tage, faltete die Hände und begann sein Gebet.

»Lieber Gott im Himmel«, sagte er mit unhörbarer Stimme und innig-geschwinde, »lieber Gott und lieber Herr Jesus, ich danke euch, daß ihr mich auch in dieser Nacht so gut beschützt habt und daß auch kein Unglück geschehen ist. Ich danke nochmals besonders, daß Vater gestern beim Reiten nicht gestürzt ist, und daß der Mann, der das böse Wort zu Mutter gesagt hat, nicht mehr wiedergekommen ist. Bitte lieber Gott mache, daß es heute in der Erdkunde auch mit mir einmal gut geht und daß der Zipser mich nicht schlagen darf. Bitte lasse es auch im Latein und in der Grammatik gnädig vorübergehen, auch daß ich niemals mit Herrn Pauli auf seine Stube muß. Vielleicht kannst du noch zusehen, daß wir heute im Turnen wieder an die Leitern dürfen, oder wenn nicht, dann ist es auch so gut.« Damit wollte er sein Gebet schließen, allein nun fielen ihm noch ein paar Verse eines geistlichen Liedes ein, aus dem Abschnitt »Vertrauen auf Gott« des Gesangbuches, die er dieser Tage zur Strafe hatte auswendig lernen müssen, und er faltete die Hände noch einmal und fügte sie hinzu:

>»Ihn ihn laß tun und walten!
>Er ist ein weiser Fürst
>Und wird sich so verhalten
>Daß du dich wundern wirst,
>Wenn er wie ihm gebühret
>Mit wunderbarem Rat
>Das Werk herausgeführet
>Das dich bekümmert hat.«

Eine Weile lag er dann noch schwankend, ob er sich wegen der unregelmäßigen lateinischen Verben, die Herr Pauli heute abhören wollte, nicht doch lieber noch einmal gesondert an die Vorsehung wenden sollte. Doch entschied er, daß man ihr besser nicht zuviel auf einmal zumutete, und beschloß, es damit auf Glück oder Unglück ankommen zu lassen und sich durchzuschlagen oder durchzuschlängeln so gut oder übel es gehen mochte, wie so oft, wie alle Tage. Die geistliche Strophe aber, die er gesprochen hatte, als eine Art von Zugabe, ein freiwilliges Opfer über das geziemende und dankbar geschuldete hinaus, sie konnte nur freundlich aufgenommen werden, und vielleicht hatte er sich damit einen Schutz verdient, nach dem er sich sonst bei unvermutetem Anlaß ganz vergebens umgesehen hätte. Denn die Schule war nichts anderes, als ein täglich erneuerter Kampf mit übermächtigen Gewalten, die Böses trachteten und denen auch Fleiß und Redlichkeit alleine nicht gewachsen waren. Ja, im Grunde war es unerlaubt, es damit überhaupt zu versuchen; nach einem Gesetz, das die Schüler niemals aussprachen, dem sie aber alle untertan waren, durfte das Böse nur mit dem Bösen angegangen werden. Auch die Fleißigen und die Redlichen unter Christians neuen Gefährten beriefen sich darum niemals auf ihren Fleiß und auf ihre genaue Vorbereitung, wenn sie eine Prüfung bestanden, eine Aufgabe fehlerfrei zu lösen vermocht hatten. Auch Christian tat es nicht, sondern bedankte sich für sein Teil in überschwenglichen Gebeten, die er sorglich mit heimlich unter der Bank gefalteten Händen verrichtete, bei seinem lieben Gott, den er dann zärtlich, ja etwas vertraulich anredete, wie ein dankbar verliebter Sohn wohl im stillen mit seinem Vater spricht. Vernehmlich vor den Kameraden aber dankte auch er es wie alle andern mit lauter Stimme einer unsichtbaren Macht, die ohne eine andere Wahl als der des Zufalls wirkte, und die sie unter dem Bilde einer Sau verehrten. Zeigte sich die Sau willig und stand dem Verfolgten bei, so mochte es für einen Morgen, ja für eine unausdenkbar lange Woche getan sein; hatte man sie aber nicht zur Seite, so waren Schmerzen und Kummer gewiß, von denen ein jeder wußte, daß sie nur neue Schmerzen und neuen Kummer nach sich ziehen würden; auch war viel Ehre zu verlieren. Denn zwar galt es eingestandenermaßen vor den Gefährten nichts, eine Stunde Arrest zudiktiert zu erhalten, in das Buch der Klasse unverlöschbar eingeschrieben zu werden oder die Reihe der Vierernoten im braunen Kalender des Herrn Pauli oder im Saffianbüchlein des Herrn Wienand an einem einzigen Morgen gleich um zwei oder dreie zu vermehren. Man mußte es mit einem heimlich gewagten Lächeln, mit einem lüftigen Achselzucken quittieren, oder unhörbar und nur den Gefährten deutlich ein flottes Liedchen darauf pfeifen, wenn man sich niedersetzte. Sie aber wendeten ihre Gesichter her, in denen sich keine Ehrfurcht und kein Beifall malte, sondern ein heimliches Entsetzen. Zwar sie zögerten niemals, das Unglück unverdient zu nennen und die Eigenschaft der Gerechten, oder es der unachtsamen Entfernung jener Sau zuzuschreiben, der ja keiner gebieten konnte. Und trotzdem bedeutete ihr Fehlen für den Verlassenen insgeheim auch einen Verlust an Geltung und Ehre und ließ ihn das Nahen der Pause und der erneuerten Gemeinschaft verwünschen; denn oft kam es vor, daß der Unglückliche auf dem Schulhof dann wie unabsichtlich gemieden wurde, als stecke sein Unglück an, und es währte lange, bis ein gänzlich unbefangenes Spiel und Gespräch mit den Unbefangenen wieder möglich wurde.

Der Kakao aus Haferkorn, den ihm Helene aufnötigte, schmeckte bitter wie eine Medizin, und Christian schüttelte sich bei jedem Schluck, dennoch trank er in kleinen Zügen die ganze Tasse aus. Vor dem Spiegel stehend, beim Scheine der rußenden Lampe las er noch einmal die Reihen der unregelmäßigen Zeitwörter auf und ab. Der Haferkakao sei ein Getränk von besonderer Nährkraft, hatte ihm der Vater bedeutet, als er sich das erstemal sträubte; er stärke die Muskeln und den Verstand gleichermaßen und nicht umsonst füttere die preußische Reiterei ihre Pferde mit Hafer. Christian, der gestern über dem Aufstellen der Schlacht im Teutoburger Walde darauf vergessen hatte, vertraute gerne, daß es der wunderbaren Stärke dieses Kornes gelingen werde, ihn jetzt das Auswendiglernen der Zeitwörter mit märchenhafter Schnelligkeit nachholen zu lassen. Allein er hütete sich wohl, die Wirkung sogleich nachzuprüfen, denn er wollte den Mut nicht verlieren, und beschloß, das Weitere der Sau anheimzustellen. Darüber fuhr der Kuckuck siebenmal aus seiner Uhr und stieß ihm siebenmal nach dem Herzen, das ihm bis in den Hals zu pulsen begann. Ein Nebel, der sich in schwarzen Tränen niederschlug, hüllte den Wald von Eisblumen ein und machte ihn vergehen. Als Helene die Lampe ausblies, stand der fahle graue Schein des beginnenden Wintertages im Fenster. Unter dem Ranzen aber, die blautuchene Mütze mit dem ledernen Schild fest in die Stirne gezogen, kam mit einem Male eine feurige Entschlossenheit über Christian, nicht anders als bei einem Soldaten, der das Leben in seinem Geiste schon hinter sich und unter sich gebracht hat und nun Glück oder Unglück der kommenden Schlacht mit dem gleichen Mute anzugehen vermag. Er stürmte die Treppe hinab und durch den verschneiten Vorgarten auf die Straße hinaus und spürte es wohlig, wie er fest und warm in seinen Schuhen stand. Der Morgenwind beizte ihm eine Träne aus den Augen, als er sich, die Fäuste in die Tragriemen des Tornisters eingelegt, mit einem gellenden Schrei der Freude in Trab setzte, um das erste Stück des weiten Weges in einem einzigen Anlauf hinter sich zu bringen. So war es alle Morgen.

Für gewöhnlich war Abelein der erste seiner Klassengefährten, der auf dem Wege ins Gymnasium zu ihm stieß. Er trug eine marineblaue Überjacke mit goldenen, ankergeschmückten Knöpfen; sie war den Jacken, die damals bei der kaiserlichen Flotte getragen wurden, genau nachgebildet. Auf dem Rockaufschlag zeigte Abelein die silbernen Tressen eines Obermaaten, ein goldengestickter Anker, um welchen sich der Schlange des Äskulap an ihrem Stabe vergleichbar ein Tauende in künstlichen Windungen rollte, schmückte den Ärmel und ein paar darunter gekreuzte Flaggen verrieten, daß ihr Träger ein ausgebildeter Winker war, ein Signalgast, wie Abelein gerne betonte. Auch ließ er häufig durchblicken, daß er das Morsealphabet in der Tat zu lesen und damit zu signalisieren verstand, was ihn zum ungekannten Mitwisser vieler militärischer, aber auch privatester Geheimnisse machte. Vertrauten zeigte er auch wohl gelegentlich ein Paket Liebesbriefe, welche auf rosa Papier in jener Zeichenschrift geschrieben waren. Er hatte sie von seiner jetzigen Geliebten, der einsam sehnsüchtigen Frau eines Schiffskapitäns, welche ihn, Abelein, abgöttlich und versessen liebte, da ihr Mann seit nunmehr über zwei Jahren schon auf einer Forschungsreise in die Behringsee befindlich war.

Abelein war ungewöhnlich zart und klein für sein Alter, so daß ihm niemand die zwölf Jahre, die er zählte, so leicht angesehen hätte. Sein Gesicht war durchsichtig bleich bei immer blau umringten Augen unter einer wunderlich hohen und vielfach gebeulten Stirne. Das braunrote Haar trug er kurz geschnitten, es setzte erst hoch über den Schläfen an, doch wuchs es in der Mitte mit zwei spitzen Bogen noch einmal tief in die Stirne herab, was seinem jungen Gesicht etwas von einem kleinen Teufel verlieh. Seine Haut schimmerte von einem merkwürdigen Glanz, als sei sie mit Bohnerwachs eingerieben.

Durch seine Unerschütterlichkeit und sein kaltes Beharren auch auf seinen ausgefallensten Lügen und Aufschneidereien hatte Abelein es in der Klasse am Ende doch zu einem gewissen Ansehen gebracht, das freilich mit stillem Neid und heimlicher Verachtung gemischt war. Vorzüglich verdankte er das dem Umstand, daß sich seine Prahlereien zumeist auf die Liebe und auf das Geschlecht bezogen. Keiner nämlich mochte sich unterfangen, ihn auf diesem Gebiet Lügen zu strafen, da keiner eine rechte Vorstellung, geschweige denn eine Erfahrung von den Möglichkeiten und den Unmöglichkeiten dieser Sphäre des Menschendaseins besaß. Manchem von ihnen machte freilich eine noch ratlos wühlende und schweifende Phantasie mit verwirklichender Gewalt zuweilen auch das Unausdenkliche schon denkbar, und wenn sie ihn nur mit den Blitzen jäher Wünsche sengte. Wer aber leugnete, was dem Verwegenen selbstverständlich war und allen übrigen geläufig schien – wie leicht kam der in den Verdacht, vom Geheimnisse noch gänzlich ausgeschlossen zu sein, und auch nur den Anschein davon suchte ein jeder ängstlich zu vermeiden. Allmählich begannen sie daher, auf Abeleins Erzählungen von seinen wüsten und oftmals erschreckenden und wahrhaft ruinösen Liebesabenteuern mit dem Vortrag noch tollerer und ausschweifenderer Händel zu antworten, und auch die gräßlichsten Zoten, zu denen er sich daraufhin mit gelassener Miene steigerte, mit immer noch krasseren aus ihren jungen Mündern zu bedanken. So war es dahin gekommen, daß sich ein ganzer Schwarm von Knaben – denn nur wenige aus der Klasse vermochten sich auszunehmen – zuweilen in eine Gesellschaft von vorzeitig lasterhaften, ja schon ausgebrannten Sündern zu verwandeln schien, die sich versessen zeigten, einander mit den schaurigsten Erfindungen auszustechen. Hierdurch geriet wiederum Abelein in wachsende Verlegenheit, und nur seine angeborene Unerschütterlichkeit bewahrte ihn davor, sich von dem Zurückschwelen des Brandes, den er selber gelegt hatte, aus der Fassung bringen zu lassen. Seine wirklichen Kenntnisse nämlich der Gewalten, mit deren täglichem Umgang er sich brüstete, oder auch nur ihrer Theorien, waren die allerdürftigsten. Er zog sie vornehmlich aus dem dickleibigen Band eines Naturheilverfahrens, das er in unbewachten Augenblicken zitternd aus seines Vaters Bücherschranke stahl. Er war mit hölzernen Abbildungen, welche die richtige Anwendung eines Blitzgusses oder eines Brustwickels lehrten, geschmückt und enthielt ferner ein zerlegbares Pappmodell der menschlichen Eingeweide, das er aber nur in kühnen Stunden zu öffnen wagte, da selbst ihn ein nur schwer überwindliches Grausen vor so frechem Eindringen ins Allerinnerste der Natur anwandelte. Erfahrungen mit dem Lebendigen vollends hatte er nicht eine einzige, sondern er war eigentlich ein etwas ängstlicher und still verspielter Junge, dem daheim niemand auch nur ein ungeziemendes Wort zutrauen mochte. Gerne vergnügte er sich damit, auf den vorgewärmten Meereswogen der Badewanne mit kleinen Schiffen, die er in großer Anzahl selber herstellte, wechselvolle Seeschlachten aufzuführen, wozu er auf einem Trillerpfeifchen blies und mit einem angenommenen Baß langgezogene seemännische Kommandos heulte. Stets endeten sie mit einem herrlichen Sieg der vaterländischen Farben.

Christian mochte ihn nicht gerne leiden, allein er fand sich seit einiger Zeit durch ein Rätsel an ihn gebunden, das jener erst in ihm erweckt hatte und das ihn manche Stunden seither mit kummervoller Ungewißheit quälte. Eines Tages nämlich hatte ihm Abelein auf dem Schulweg von der Fortpflanzung der Menschen gesprochen. Ob ihm bekannt sei, fragte er ihn, daß die Menschen, nicht anders als die Pflanzen, sich durch Samenkerne Nachkommenschaft erzeugten? Christian war bestürzt und enttäuscht, aber er faßte sich sogleich und entgegnete mit der Versicherung seiner genauen Bekanntschaft mit diesem Umstand, woran er einige gewagte Phantastereien zum Gegenstande schloß, die ihm Abelein seinerseits hingehen lassen mußte, denn wie immer war er seiner Sache keineswegs ganz sicher. Jedoch zog er hierauf ein paar längliche Körper von bohnenförmiger Gestalt aus der Tasche, die mit matter Schwärze erschimmerten und wie kleine Salamander mit feuerroten Tupfen schön besprengt waren, und bot sie Christian auf der Handfläche dar.

Hier, das seien menschliche Samenkerne, erläuterte er sodann. Er habe sie von einem Metzgergesellen seiner Bekanntschaft, der sie täglich in großer Anzahl aus sich zu gewinnen verstehe. Allein er rate nicht zu solchem Versuch, denn es heiße, daß man dabei das Gedächtnis verlieren, ja wahnsinnig werden könnte. Dem Metzgergesellen verschlage es freilich wenig, denn er esse nichts anderes als Fleisch und trinke das frische Blut von Tieren, wodurch er zu ungeheuerer Stärke gelangt wäre und noch einmal von sich reden machen würde. Dagegen sei es das gewisse Zeichen des werdenden Mannes, daß er solche Kerne im Traume verliere, wie ihm sicher schon des öfteren geschehen wäre?

Das also war es immer! rief Christian sichtlich erleichtert; da freue er sich aber wirklich, denn die Erscheinung der wunderbaren Kerne habe ihn in der letzten Zeit schon viele Male erstaunt und ihm auch etwas Angst gemacht, weil er sie sich doch nicht recht erklären konnte; darum habe er sie auch niemandem vorgezeigt, sondern alles immer sogleich verbrannt.

Über dieser Mitteilung verfärbte sich Abelein und verstummte, und auch Christian kam in tiefen Sorgen nach Hause. Immer ängstlicher begann er von da an auf die verheißene Erscheinung zu harren, und da sie immer gewisser ausblieb, so kam die Furcht über ihn, daß Gott vergessen habe, ihn zu einem Mann werden zu lassen, und er fing an, ihn in versteckten Wendungen seiner Gebete daran zu erinnern. Im übrigen aber nahm er sich vor, mit Abelein noch einmal ausführlich über diesen Gegenstand zu sprechen und ihm eine genaue Erklärung abzunötigen. Scham und Sorge machten es ihm jedoch schwer, geraden Weges auf das ängstigende Thema loszusteuern und sonderbarerweise wich Abelein ihm schon von weitem aus und verstummte, sooft er mit hingeworfenen Andeutungen und halben Fragen darauf zu sprechen kommen wollte.

Heute aber war er munter und zutunlich wie schon lange nicht mehr. Hatte er doch mit der Frau des Kapitäns zu Nacht gespeist und während sie halb schaufelnd und halb gleitend die erste Spur durch den stiebenden Schnee der noch einsamen Vorstadtstraßen zogen, begann er die gewürzten Freuden dieses Liebesmahles mit schwülen Farben zu schildern. Es hatte in einer großen Wanne stattgefunden, deren Wasser mit vielerlei Zutaten wie Zimmet, Ingwer, Champagner, Weihrauch und Milch von Eselinnen versetzt war und den Buhlen eine übernatürliche Wachheit verlieh. Halb zweifelnd und halb schaudervoll angezogen, überlegte Christian umsonst, mit was er seinerseits vor dieser Erfahrung bestehen könnte, denn wenn er sich ehrlich nach seinen jüngsten Wonnen erforschte, so waren es die Treffer, die er mit einer selbstgebauten Balliste unter der römi-

schen Manipel erzielt hatte und auch in den Reihen des Garderegimentes zu Fuß im Parademarsch, das den niedergemähten Legionären
vergeblich zu Hilfe herbeigeeilt war. Dann fiel ihm Ediths Gruß auf
der Schlittschuhbahn ein, ihr Lächeln aus den unergründlichen Augen
unter der runden Pelzmütze, die ihn entzückte und zugleich so erzürnt
hatte, weil sie ihr so gut ließ und eigens für das Einfangen ihrer
läppischen Verehrer angeschafft schien; aber während er noch zau-
derte, ob er seine plötzlich wild aufbrennende Liebe opfern und die
zarteste Beziehung in eine wüste Schaudermär umwandeln sollte
und es inzwischen bei einigen vorbereitenden »Ja ja diese Weiber«
bewenden ließ, gesellte sich zum Glück von Habenichts den beiden,
und Abelein verstummte sogleich und das Gespräch nahm eine andere Wendung.

Von Habenichts war einer der ganz wenigen, die Abelein mit
seinen Mären nicht fortzureißen vermocht hatte. Der Grund hier-
von war aber nicht etwa eine besondere Reinheit oder ein natür-
licher Abscheu vor dem Lügenhaften, sondern es war eine Art von
kalter Unerschütterlichkeit und Unberührbarkeit, die sich in einer
zur Schau getragenen Verachtung gegen alle und alles äußerte. Er
arbeitete nichts und beteiligte sich auch nur selten am Unterricht,
wofür er alle Strafen mit einer Gelassenheit hinnahm, die einen jeden
heimlich entsetzte. So kam es, daß er auch an den freien Nachmit-
tagen immer mit dem Absitzen eines Arrestes oder mit der Anferti-
gung längst verfallener Strafarbeiten unter Schändleins schläfriger
Aufsicht vollauf beschäftigt war. Er war der Älteste in der Klasse,
denn er saß auch auf diesen Bänken schon das zweite Jahr, aber
wußte weniger als der Jüngste, oder immer noch so viel wie gar
nichts. Seine einzige Leidenschaft, welcher er auch während des
Unterrichtes nach Möglichkeit frönte, war das Zeichnen von Aben-
teuergeschichten in fortlaufenden Bildern. Den Stoff dazu nahm er
aus Indianerbüchern, aus dem Burenkrieg und aus dem Russisch-
Japanischen Krieg, der noch nicht lange zu Ende gegangen war. Es
waren nur Männer und Pferde auf diesen Bildern zu sehen, und die
Landschaft mit Bäumen, Häusern und Felsen war nur angedeutet,
soweit sie als Schanze, Hinterhalt oder Sterbelager zu brauchen war.
Auf einem jeden blitzten Schüsse aus Flinten und Pistolen, wölkte
sich der Pulverdampf zu runden Scheiben, wie kleine Heiligenscheine
anzusehen, die aus den Mündungen hervorgeschwebt waren, und

kamen Weiße und Farbige auf vielfache und oftmals verzwickt-grausame Arten zu ihrem Tode. Sein Gleichmut, seine Hochfahrenheit und nicht zuletzt die Überlegenheit seiner körperlichen Kräfte hatten von Habenichts ein hohes Ansehen in der Klasse verschafft. Doch machte er von seiner Stärke nur selten Gebrauch, ja er war Herausforderungen gegenüber häufig von einer verachtenden Barmherzigkeit. Geschah es aber doch einmal, daß er einen Gegner züchtigte, so verfuhr er dabei, ohne eine Spur von Erregung zu zeigen, mit einer methodisch langsamen und unerbittlichen Grausamkeit, bei der ihn keiner zu stören wagte.

Seitdem er erfahren hatte, daß Christians Vater Soldat war, bezeigte er eine Art von versteckter Vorliebe für ihn; er beschützte ihn bei allen Raufhändeln und während der großen Schneeballschlachten auf dem Turnhof duldete er ihn als seinen Ballträger an seiner Seite. Zuweilen nannte er ihn auch bei seinem Vornamen und zeigte einen verlegenen Stolz, wenn Christian sich in seine Mordbilder vertiefte und diesen und jenen Verhalt näher erklärt zu wissen begehrte. Manchmal eröffnete er ihm auch seine Theorie von dem großen Kriege, der schon sehr bald ausbrechen sollte, und der keinen von ihnen allen, keinen Lehrer und keinen Schüler am Leben lassen würde, was ihn mit herzlicher Genugtuung erfüllte. Er verdankte diese Voraussicht seinem Großvater, auf dessen Rittergut in der östlichsten Provinz des Reiches er seine Ferien verbrachte: mit ihr begründete er auch seine tiefe Verachtung allen Fleißes und allen Lernens.

Abelein dagegen redete er nie anders als mit »Schweinchen« an, und dieser hörte es gerne von ihm. Denn er vergötterte ihn heimlich und hätte vieles für seine Freundschaft gegeben. Aus diesem Grunde freute es ihn, daß von Habenichts ihn mit dem Beinamen, den er ihm verlieh, immerhin vor den andern hervorhob, was seinen besonderen Ehrgeiz oftmals leider nur noch stachelte.

Hatten die drei die eiserne Brücke hinter sich, unter welcher mit weißbeschneiten wirbelnden Schollen Eises der große Strom in eine nebelnd braune Ferne zog, so pflegte sich ihnen in den engeren Straßen der inneren Stadt ein wunderlich gekleideter Knabe zu gesellen. Er trug einen Umhang aus flockig grauem Soldatentuch im ungefähren Schnitt eines Reitermantels, mit einem blauen Uniformkragen geziert und mit unterschiedlich großen Knöpfen aus erblindetem Metall zu schließen. Darunter kamen ein paar dünne Beinchen in

Strümpfen aus vormals schwarzer Wolle zum Vorschein, die aber vor Alter ganz ins Moosgrüne übergegangen war. Nach einer eigentümlichen Strickart in schuppenförmigen Mustern geschlungen, waren die Maschen so licht geworden, daß sie ringsherum das entschiedene Rosa einer Unterhose durchscheinen ließen, die mit grob und wulstig eingeschlagenen Falten den kleinen Beinen ihres ursprünglich nicht für sie bestimmten Trägers mühsam genug angepaßt worden sein mußte. Der Knabe hieß Wilhelm Braune und war der Sohn eines kleinen Magazinbeamten der Armee. Er grüßte mit schüchternem Ernst, dann schloß er sich, kein ganz Fremder, aber auch kein Freund, in einem Abstand von drei oder vier Schritten halb seitwärts, schweigend dem Weitermarsch an, wobei ihn der nun lebhaftere Verkehr auf dem Bürgersteig oftmals in den tiefen Schnee der Straße drängte.

Wie Herr Pauli, der Ordinarius der Quarta, sich ausdrückte, genoß Braune als der Sohn eines langgedienten Soldaten eine Ermäßigung des Schulgeldes um einen sehr erheblichen Betrag; aber es war kein Genuß für ihn. Einmal in einem jeden Vierteljahr erschienen zwei ältere etwas feierlich aussehende Herren mit einem Kassabuch und einigen hirschledernen Säckchen versehen in der Klasse, um das fällige Schulgeld einzukassieren. Alle freuten sich der angenehmen Unterbrechung und für nicht wenige, die des Beistandes der Sau wieder einmal hatten entbehren müssen, bedeutete sie an diesem Tage die Rettung. Für Braune aber war es ein schwarzer Tag, dem er sich lange vorher schon entgegengrämte. Sein Name ward nämlich nicht in der allgemeinen Liste geführt und nach dem Alphabet aufgerufen, sondern erst ganz zum Schlusse der umständlichen Handlung aus einer besonderen Rubrik der Ermäßigten verlesen. Da er aber der einzige in dieser Klasse war, so hatte er nun einsam vorzutreten und zu dem Beamten auf das Podium des Katheders zu steigen, der mit einem ernstlich bekümmerten Blick hinter den Gläsern seines Zwickers hervor die freilich nur noch äußerst geringfügige Summe entgegennahm. Mit verdrießlicher Stimme zählte er sie seinem buchführenden Genossen vor und legte sie in den gefüllten Beutel obenauf, den er nunmehr mit einem Bügel verschloß. Ein beklommenes Schweigen herrschte während dieses Schauspiels in der Klasse. Viele waren errötet und senkten den Kopf, andere bemühten sich unbeteiligt auszusehen, und wenn Braune von seinem Zahlgang durch die Reihen der Bänke auf seinen Platz zurückkehrte, so sah er fremde, verstellte Gesichter ringsumher. Er aber fühlte es wohl, wie sie es ihn nicht merken lassen wollten, daß er nicht ihresgleichen war, und das schmerzte und verwundete ihn immer aufs neue. Immer mehr suchte er darum auch den Anlaß zu solcher Schonung zu vermeiden; er forderte keinen vertrauteren Umgang und kein vertrauteres Gespräch und suchte sich auch keinen zum Freunde zu gewinnen. Mit freundlich-schüchterner Miene stand er in den Pausen auf dem Spielhof ein Stück abseits und lauschte den Gesprächen der anderen und sah ihren Spielen zu, an denen er sich nur selten und aushilfsweise beteiligte. Die anderen aber waren über diese Entwicklung sehr erleichtert, und sie dankten es ihm auf ihre Art, so oft es die äußerliche Gemeinschaft der Klasse zu wahren galt, bei einem offenen Krieg beispielsweise gegen eine andere Klasse, oder einem heimlichen gegen einen Lehrer. Dann forderten sie stürmisch auch seinen Rat und seine Stimme als eines der ihren und riefen ihn laut und herzlich herbei, wenn er sich auch jetzt noch nach seiner Gewohnheit abseits halten wollte. War alles vorüber und die Fehde gewonnen oder verloren, so sank auch Wilhelm Braune ganz von selber wieder in seine Einsamkeit zurück. Er grollte den andern aber niemals, sondern gab ihnen im stillen recht und einigen von ihnen, darunter Christian und von Habenichts, hing er heimlich mit schwärmender Bewunderung an. Um so mehr trachtete er danach, sich ihnen anzugleichen und ihnen die fremden Gebräuche seiner Armut so selten wie nur möglich zu zeigen. Schon lange enthielt er sich darum in den Pausen des Essens, und dieser Umstand führte, noch bevor der Sommer gekommen war, ein Ereignis herbei, das Christian in seinem Glauben an die Gerechtigkeit Gottes und an die Barmherzigkeit seines Sohnes Jesus Christus zum ersten Male furchtbar erschüttern sollte.

Für gewöhnlich bestand nämlich Braunes Frühstücksration lediglich aus einem kräftigen Stück trockenen Kommißbrotes. Er selber hatte sich diese Kargheit bei seiner Mutter ausbedungen. Trockenes Brot zu frühstücken, hatte er ihr erläutert, sei auf dem Gymnasium ein Brauch, der von den Lehrern gerne gesehen und belobt würde, denn auch die Knaben der alten Spartaner, denen sie nacheifern müßten, hätten zu ihrer schwarzen Suppe nichts anderes als trockenes Brot bekommen. Obendrein hatte er sich seines seltenen Soldatenbrotes als eines vielbegehrten Tauschartikels hoch gerühmt.

In Wirklichkeit schämte er sich aber doch sehr bald, sein trockenes Brot auf dem Hofe zu kauen, denn er hatte sich der heimlichen und der offenen Angebote von Schinkenbrötchen, von Äpfeln und Kuchenstückchen kaum erwehren können. Darum gab er eines Tages vor, daß ihm vor dem Mittagessen überhaupt nichts schmecke, und fing an, während der Pausen zu fasten; so konnte er auch die angebotenen Gaben ausschlagen, ohne zu kränken. Oftmals aber überwältigte ihn der Hunger dann doch, und da es ihm bald widerstand, ihn an heimlichen Örtern zu stillen, wohin er sich des nötigen Vorwandes wegen ohnedies nicht allzu häufig begeben konnte, so war er dazu übergegangen, während des Unterrichtes in winzigen Brocken von dem Brot zu naschen, das er in seinem Ranzen unter der Bank versteckt hielt. Leider konnte es nicht ausbleiben, daß er sich dabei über die wahre Größe der heimlich losgezupften und hinter dem vorgehaltenen Löschblatt in den Mund geschmuggelte Portionen täuschte und daß er dann auffiel, wie es in der Schülersprache genannt wurde.

Auf diese Weise zog er sich endlich den offenen Haß und die Verfolgung des Herrn Pauli zu, denn dieser, der ihn immer wieder einmal über dem gleichen Vergehen ertappte, begann schließlich von einer duckmäuserischen Frechheit und einer dreisten Absicht, ihn herauszufordern, überzeugt zu sein, was ihn gerade von Braune doppelt erhitzte. Braune aber konnte sich zu dem Eingeständnis, daß ihn der Hunger immer wieder in Sünde fallen ließ, nicht entschließen, und so nahm er es auf sich, für einen verstockten Rebellen gehalten zu werden. Gerne hätte er dafür die von Herrn Pauli sonst häufig angebotene Strafe eines Besuches auf seinem Zimmer hingenommen, denn sie währte nur kurz. Allein Pauli vermochte ihn dessen niemals zu würdigen und vielleicht verstärkte dieser Umstand seinen Haß, wenn er nicht überhaupt aus ihm geboren war. Statt dessen verurteilte er ihn zu immer ausgedehnteren Arresten. Nie fehlte es Braune dabei an der Gesellschaft von Habenichts, der auch hier mit der bildnerischen Niederschrift sehr ausgedehnter Lasso- und Revolverabenteuer stillzufrieden beschäftigt war . . .

Marieluise Fleißer
Aus der Augustenstraße

Meine früheste Bekanntschaft mit den Münchener Kammerspielen machte ich noch in ihrem alten Haus in der Augustenstraße. Es waren die Jahre, wo ich an der Uni Theatergeschichte studierte. Im Steinickesaal in Schwabing hatte ich beim Künstlerfasching den damals achtunddreißigjährigen Lion Feuchtwanger kennengelernt. Ich brachte ihm alles, was ich schrieb. Und was noch wichtiger war, er las es, obwohl er Vieles von anderen zurückwies. Was ich ihm brachte, nannte er Expressionismus und Krampf. Mit meinen zweiundzwanzig Jahren dürfe ich zwar den Krampf noch schreiben. Aber es komme jetzt eine ganz andere Richtung auf, die sachlich sei und knapp, in ihren Umrissen deutlich, und daran müsse ich mich halten. Er ließ nichts gelten, bis ich eine Geschichte *Die Dreizehnjährigen* schrieb. Das war das erste, was er mir durchgehen ließ.

Und so habe ich an einem zornigen Nachmittag alles, was ich vorher geschrieben hatte, verbrannt; ich nahm den Lion sehr ernst. Ich habe sogar den Aufsatz *Ist Auflehnung Sünde, Fragezeichen* verbrannt, an dem ich mit besonderem Stolz hing und in den ich allen Zorn der Jugend hineingelegt hatte, um den tut es mir heut noch leid. Nicht verbrannt habe ich eine Institutsgeschichte *Meine Freundin, die Lange.* Das war die andere Geschichte, die der Lion gelten ließ, und ungefähr mit den *Dreizehnjährigen* geschrieben. Aber die ist auf mysteriösen Wegen verschwunden und nie gedruckt worden, ich habe das Manuskript nie wieder gesehen.

Den Lion hatte ich gern, sein Gesicht stammte vom Affen ab und machte ihn älter, wenn man nur das Gesicht sah; aber sonst war er vorwitzig jung. Weil sein Gesicht vom Affen abstammte, hat er den Roman von der Herzogin Maultasch geschrieben, so entstehen die Dinge. Er beklagte sich bei mir, daß sein Haar braun war, schwarz wäre ihm nämlich lieber gewesen. Man hört die kleinen Schwächen gern von einem so grundgescheiten Mann, sie machen ihn menschlich.

Seine Frau Martha hatte vom Prinzregenten einen Preis bekommen, weil sie als Schulmädchen eine besonders gute Turnerin war. Das machte dem Lion Spaß, und er erzählte es jedermann. Sie trug das dunkle Haar glatt nach hinten gestrichen und tief im Nacken in einen Knoten gefaßt, das stand gut zu ihren Backenknochen und ihren funkelnden Augen. Sie war eine großzügige Frau, das ging mir erst hinterher auf, und auch der Lion ließ ihr die Freiheit, die sie brauchte. Sie liebte die Morgenfrühe. Wenn sie die Ludwigstraße heraufkam und nach der Georgenstraße ging, konnte sie einen Schritt an sich haben, als ob sie tanze.

Beim Lion lernte ich aufregende Leute kennen. Den Brecht gab es und einen gewissen Bronnen, die gehörten damals noch zusammen. Sie schrieben sich Bertolt und Arnolt hinten mit einem harten T, wodurch man sich ihre Namen merkte. Der Bronnen hatte den *Vatermord* gerade hinter sich und dann die *Septembernovelle* geschrieben, alles mit kleinen Anfangsbuchstaben wegen der größeren Auffälligkeit. Man mußte auffallen, das war wichtig. Den Schähkspier schrieb er respektlos, wie man ihn aussprach. Aber dem Brecht gefielen die Respektlosigkeit und die kleinen Anfangsbuchstaben schon vorher, die beiden waren ein Gespann. Als Gespann wollten sie schneller fahren. Außer dem Stückeschreiben hatten sie dies gemeinsam, sie fuhren zwischen Berlin und München hin und her. Vom Bronnen behauptete Brecht, daß er blöde Einbildungen habe, z. B. die plötzliche Hemmung über einen Platz zu gehn, wofür gar kein Grund sei. Brecht kannte solche Hemmungen nicht, er ging überallhin. Und so war er sehr schnell die Vaterfigur bei einem Freund, er nämlich schaffte an.

In der Augustenstraße durfte ich mir auf den Namen Lion Feuchtwanger seine Freikarten holen. Den Falkenberg kannte er gut, er kam auch so noch herein. So habe ich die *Trommeln in der Nacht* und den *Vatermord* ganz frisch gesehen. Ich erlebte die Koppenhöfer in ihren frühesten Rollen, sie war durch Feuchtwanger bei Falkenberg angekommen, und in der Inflation ging es ihr schlecht, einmal brach sie direkt zusammen, weil sie an einer Garderobe vorbeiging und zusehn mußte, wie ein prominenter Schauspieler von einer Schinkensemmel herunterbiß.

Ich sah die Carola Neher beim allerersten Auftreten im weißen Pagenkostüm auf große Raubwelt spielen. Sie bewegte sich fabelhaft und machte die Männer wild, doch war das noch Treibhausluft. Ihr ›Schiff mit acht Segeln‹ lag noch nicht am Kai. Sie war mit »fliegenden Fahnen«, wie es der Lion beschrieb, aus einem privaten Dasein zu den Kammerspielen übergelaufen, nur langte es noch nicht ganz. Erst in der Zusammenarbeit mit Brecht in Berlin fand die Schauspielerin den unverwechselbaren Ton, das wußte sie auch.

Die Absichten der Koppenhöfer waren verhaltener und zielten nach innen, sie schlug als halbes Kind schon ihre schwermütige Note an. Schon damals stand was dahinter, was sich nicht in der weiblichen Wirkung und im Männerfang erschöpfte. Ich sah viel Forster-Larrinaga in Shawstücken, als Franzose, als Italiener, seine Reichweite war international. Natürlich sah ich Sybille Binder in *Don Gil von den grünen Hosen* und als *Nju*. Die Binder war ungemein beliebt in ihrer kostbaren Zerbrechlichkeit. Sie mußte jede Woche einen Hungertag halten, dann lag sie im Bett und tat nichts als gierig sein nach Essen. Ihr Gewicht war genau vorgeschrieben durch einen Vertrag. Leider stieß sie in der Erregung die Luft durch die Nase wie ein Rasse-Pferd, und auf der Bühne war sie eben erregt. Manche Münchner konnten »das Geschnauf nicht mehr vertragen«.

In der Trambahn und an der Universität hörte man einen jüngeren Namen neben ihr nennen. Das Publikum hatte seinen neuen Liebling entdeckt, den es verwöhnte. Es war Grete Jakobsen, die bezaubernde, ein wenig scheue Frau von Erwin Faber. Die Binder und die Jokobsen, sie konnten sich nicht leiden. Die Binder war mit Falkenberg verheiratet, ihr passierte nichts. Fabers Gretel spielte wie ein Vogel, der noch kaum flügge ist. Um sie herum war eine zärtliche Angst, aus der ein behutsamer Regisseur ihren besonderen Reiz vorzulocken verstand, einen Glanz, um den man fast bange war, daß er wie der Schmetterlingsflügel an einer rauhen Berührung sich abstreifen könne. An keiner anderen Bühne hat man sie nachmals so empfangend angefaßt und befreit zum Spiel. Das Publikum schwankte zwischen den beiden.

Den nachhaltigsten Eindruck machte es mir doch, als ich mit Erlaubnis von Brecht in der Augustenstraße einer Generalprobe beiwohnen durfte. Es ging um ein Stück mit dem Arbeitstitel *Leben Eduards*. Brecht hatte es zusammen mit Feuchtwanger nach Marlowe, dem Vorläufer Shakespeares, geschrieben. Es war die Ballade von einem König, der vom Buhlknaben nicht abläßt, beim Volk Ärgernis erregt, von den unzufriedenen Großen gestürzt, vom Gegenspieler seiner Frau beraubt und von Kerker zu Kerker herumgestoßen wird, bis er stirbt. Ich war ein paarmal in die Entstehung hineingeplatzt und sehe noch das konzentrierte Gesicht vom Lion vor mir, wenn er mich abwimmelte an der Tür. »Wir sind am Eduard«, sagte er, und ich war begierig, was da wohl entstand. Ich bekam das Stück noch vor der Aufführung zu lesen.

Die Arbeit scheint so vor sich gegangen zu sein, daß Brecht, der von Augsburg oder Starnberg herfuhr, zuvor sein Geschriebenes mitbrachte. Dies Geschriebene wurde dann gemeinsam von beiden beklopft. Der Lion war der Eiserne und ließ nicht aus. Der so viel jüngere Brecht, den Lion scherzhaft seinen »Hausdichter« nannte, kam gern in ein geniales Schludern hinein. Und so konnte mir Feuchtwanger vorstöhnen, Brecht sehe schon nicht mehr, was er mache. Er sei jetzt zwei Tage in Starnberg gewesen und habe von dort abscheulich glatte Rhythmen mitgebracht. Es sei recht mühsam, das alles wieder aufzurauhen, damit es gehörig holpere. Bei Brecht nämlich müßten die Dinge holpern.

Nach so langer Zeit, wenn man den kontinuierlichen Zusammenhang vergessen hat, ist es immer interessant festzustellen, was einem geblieben ist. Ich kann mich heut noch darauf ertappen, daß ich den Spottreim jenes Stücks vor mich hinsumme, wie ihn das unzufriedene Volk gesungen hat: »Edys Kebsweib hat einen Bart auf der Brust, bittfüruns, bittfüruns, bittfüruns! Drum hat der Krieg gegen Schottland aufhören gemußt, bittfüruns, bittfüruns, bittfüruns!« Und ich höre den Star der Kammerspiele, Erwin Faber, wenn er den König spielt, mit brüchiger Stimme seinem Buhlknaben beteuern: »Wie jenes Storchenschwarms Dreieck am Himmel gleichwohl fliegend zu stehen scheint, so steht in Uns dein Bild, unberührt durch Zeit.«

Es war balladenhaftes Theater. Der junge Brecht, der Falkenberg zu große Weichheit bei der Einrichtung der *Trommeln in der Nacht* vorgeworfen hatte, führte die Regie selber. Er dachte an eine Moritat, wie sie auf Jahrmärkten vorgezeigt wird, das gab der Inszenierung ihren Charakter. Er gebrauchte verblüffend einfache, dabei sinnfällige Mittel, die leise an den Nerven sägten. Sogar das Essen wurde unter seiner Anweisung zum Kunstmittel, wie man es nie vergißt. Wenn der gefangene Faber mit seinem Blechlöffel das Nichts kratzend aus einem grauen Napf schabte, hörte man ihn das ganze Elend, die Trostlosigkeit der politischen Lage aus dem Napf löffeln. Der

Dichter hielt jeglicher Kreatur warnend ihre gemeine Notdurft vor.

Der Kerker war durch ein aufgehängtes weitmaschiges Gitternetz über die ganze Breite der Bühne weg vom Zuschauerraum getrennt. Das Netz vibrierte in seiner Ausdehnung klirrend nach, wenn Faber, vom Verfolgungswahn gejagt, mit dem Rücken das Gitter streifte, wenn er wie von einem Schlag getroffen, sich um sich selber drehend davon zurückzuckte, als sei es geladen.

Gespenstisch stehn mir die mehrfarbigen Pappkulissen der Londoner Häuser mit den zahlreichen Fensterläden noch jetzt vor Augen. Auf einmal fliegen alle Läden gleichzeitig auf, um aus jedem Fenster einen sprechenden Kopf freizugeben, nichts als den Kopf. Mit der Plötzlichkeit von Hagel stoßen die Köpfe miteinander eine Litanei aus, die schon eher Anklage ist als Bittgesang und doch vom Bittfüruns immer wieder unterbrochen wird. Dies Bittfüruns aber ist keine Bitte um Erhörung, vielmehr ein hastiges angreiferisches Flüstern, das einem mit seiner kalten Drohung an den Nerv geht. Denn jeder spürt, dies wird nicht weniger als eine Revolution. Nach dem letzten gespenstischen Bittfüruns fliegen mit einem einzigen trockenen Klapp alle Fensterläden wieder zu, und im Zuschauerraum herrscht die Lähmung vor. Brecht zeigte schon damals die Klaue des Löwen.

Im Stück kam ein Krieg vor. Die Szene zeigte eine felsige Waldlandschaft. Im linken Hintergrund war von einem Felsen zum anderen eine schmale Planke gelegt, ziemlich hoch, fast schon im Himmel. Brecht ließ die Statisten, welche die Soldaten spielten, im Gänsemarsch über den dünnen Steg laufen, es sah halsbrecherisch aus, war es vielleicht auch. Brecht fand immer noch, daß was fehlte, um die Härte der Situation anschaulich zu machen. Brecht verlangte keine Vorsicht, Brecht verlangte ein gehetztes Laufen. Und immer noch nicht kamen sie ihm vor wie Menschen in der mörderischen Schlacht. Brecht suchte nach dem Regieeinfall, der rein optisch überzeugte. Brecht hörte sich herum und jeden, dem er was zutraute, fragte er dasselbe: »Was machen Soldaten in einer Schlacht?« Karl Valentin gab ihm eine spröde und erschöpfende Antwort. Valentin sagte: »Die Soldaten in einer Schlacht haben Angst.«

Da ließ Brecht die Soldaten ihre Gesichter kalkweiß schminken, daß ihnen die Angst aus dem Gesicht sprang. Mehr brauchte er gar nicht. Er hatte auf einmal die Atmosphäre, die er suchte.

William Butler Yeats
Last poems

The old man admiring in the water

I heard the old, old men say,
»Everything alters,
And one by one we drop away.«
They had hands like claws, and their knees
Were twisted like the old thorn-trees
By the waters.
I heard the old, old men say,
»All that's beautiful drifts away
Like the waters.«

Quarrel in old age

Where had her sweetness gone?
What fanatics invent
In this blind bitter town,
Fantasy or incident
Not worth thinking of,
Put her in a rage.
I had forgiven enough
That had forgiven old age.

All lives that has lived;
So much is certain;
Old sages were not deceived:
Somewhere beyond the curtain
Of distorting days
Lives that lonely thing
That shone before these eyes
Targeted, trod like Spring.

Späte Gedichte

Die alten Männer bewundern sich im Wasser

Ich hörte die alten, alten Männer verbreiten:
»Es ändert sich alles,
Und nacheinander gehn wir beizeiten.«
Ihre Hände spiegelten sich wie Klauen,
Die Kniee wie Knorren vom Dornbusch im blauen,
Im Wasser.
Ich hörte die alten, alten Männer verbreiten:
»Alles, was schön ist, sehn wir entgleiten
wie Wasser.«

Hader im hohen Alter

War sie der Sanftmut so satt?
Fanatiker ließen entstehen
In dieser vernagelten Stadt –
Legende oder Geschehen:
Niemand wird daraus klug –,
Was sie in Harnisch brachte.
Ich vergab schon genug,
Ich, der des Alters nicht achte!

Alles, was lebte, lebt fort.
Soviel zu wissen, macht freier.
Die alte Weisheit hält Wort:
Irgendwo hinter dem Schleier
Der Tage, die alles verzerrn,
Lebt und schaut einsam mich an,
Was Ziel war und strahlend von fern
Zog wie der Frühling die Bahn.

The lover's song

Bird sighs for the air,
Thought for I know not where,
For the womb the seed sighs.
Now sinks the same rest
On mind, on nest,
On straining thighs.

An acre of grass

Picture and book remain,
An acre of green grass
For air and exercise,
Now strength of body goes;
Midnight, an old house
Where nothing stirs but a mouse.

My temptation is quiet.
Here at life's end
Neither loose imagination,
Nor the mill of the mind
Consuming its rag and bone,
Can make the truth known.

Grant me an old man's frenzy,
Myself must I remake
Till I am Timon and Lear
Or that William Blake
Who beat upon the wall
Till Truth obeyed his call;

A mind Michael Angelo knew
That can pierce the clouds,
Or inspired by frenzy
Shake the dead in their shrouds;
Forgotten else by mankind,
An old man's eagle mind.

Liebhabers Lied

Vogel die Luft begehrt,
Gedanke nicht Haus noch Herd,
Samen des Schoßes Schatten.
Nun senkt sich gleicherweis
Ruhe auf Nest, auf Geist,
Auf Schenkel, die ermatten.

Ein Tagwerk Gras

Malerein und Bücher bleiben,
Auch ein Tagwerk grünes Gras,
Um sich an der Luft zu stählen –
Doch die Körperkräfte nehmen ab;
Mitternacht, ein altes Haus,
Wo nichts scharrt als eine Maus.

Die Versuchung flieht mich, schweigt.
Hier, des Lebens Ende schauend,
Kann man nicht auf vage Phantasien,
Noch die Mühle des Verstandes bauen.
Unter Haut und Knochen steht es still,
Was die Wahrheit ausschrein will.

Leih mir doch die Raserei der Alten,
Daß ich neu und ungestüm mich reg,
Bis ich Lear und Timon von Athen bin
Oder besser jener William Blake,
Der solang getrommelt an die Wand,
Bis die Wahrheit Red und Antwort stand;

Leih den Geist des Michelangelo,
Mächtig war er, Wolken zu zerschlagen,
Rasend gar, die Toten noch
Totenhemdbekleidet hochzujagen –:
Denn vergessen werden sie sonst dreist
Eines alten Mannes Adlergeist.

Long-legged fly

That civilisation may not sink,
Its great battle lost,
Quiet the dog, tether the pony
To a distant post;
Our master Caesar is in the tent
Where the maps are spread,
His eyes fixed upon nothing,
A hand under his head.
Like a long-legged fly upon the stream
His mind moves upon silence.

That the topless towers be burnt
And men recall that face,
Move most gently if move you must
In this lonely place.
She thinks, part woman, three parts a child,
That nobody looks; her feet
Practise a tinker shuffle
Picked up on a street.
Like a long-legged fly upon the stream
Her mind moves upon silence.

That girls at puberty may find
The first Adam in their thought,
Shut the door of the Pope's chapel,
Keep those children out.
There on that scaffolding reclines
Michael Angelo.
With no more sound than the mice make
His hand moves to and fro.
Like a long-legged fly upon the stream
His mind moves upon silence.

Langbeinige Fliege

Damit der kultivierte Erdkreis nicht versinke,
Wenn ihm die große Schlacht mißlingt,
Herrsche den Hund an und des Ponys Zügel
Um einen weit entfernten Pfosten schling!
Im Zelt ruht Caesar, Herr von unsresgleichen,
Inmitten aller Karten dieser Welt,
Die Augen wie gebannt auf nichts gerichtet,
Die Hand beseit, die seinen Schädel hält.
Wie eine langbeinige Fliege auf dem Fluß
Bewegt sein Geist sich auf dem Schweigen.

Damit die stumpfen Türme Feuer fangen
Und Menschen dieses Antlitz werd bewußt,
Beweg dich sacht, sobald du dich an diesem
So abgelegnen Ort bewegen mußt!
Sie glaubt – ein Teil nur Weib, drei Teile Mädchen –,
Hier würde sie von keinem mehr gesehn
Und übt den Schleifer, wie ihn Kesselflicker
Auf offner Straße drehn.
Wie eine langbeinige Fliege auf dem Fluß
Bewegt ihr Geist sich auf dem Schweigen.

Damit bei Mädchen, die geschlechtsreif werden,
Der erste Adam ihrem Geist entspring,
Schließe die Pforte von der Papstkapelle,
Vor diesen Kindern dreh den Schlüssel flink!
Dort oben, rücklings in den Baugerüsten,
Michelangelo, wie hingemäht.
Kaum mehr Geräusch, als es die Mäuse machen,
Macht seine Hand, die auf und nieder geht.
Wie eine langbeinige Fliege auf dem Fluß
Bewegt sein Geist sich auf dem Schweigen.

Robert Lowell
Four poems

Close the Book

The book is finished and the air is lighter,
I can recognize people in the room;
I touch your pictures, find you in the round.
The cat sits pointing the window from the bedspread,
hooked on the nightlife flashing through the curtain;
he is a *dove* and thinks the lights are pigeons –
flames from the open hearth of Thor and Saul,
arms frescoed on the vaults of the creeping cavern,
missiles no dialectician's hand will turn,
fleshspots for the slung chunks of awk and man.
Children have called the anthropoid, father;
he'd stay home Sunday, and they walked on eggs . . .
The passage from lower to upper middle age
is quicker than the sigh of a match in the water –
we too were students, and betrayed our hand.

Vier Gedichte

Schließe das Buch

Das Buch ist fertig und die Luft ist leichter,
ich erkenne Leute im Raum;
ich berühre deine Bilder, finde dich im Kreis.
Der Kater sitzt, zum Fenster linsend, auf der Bettdecke,
ans Nachtleben gekettet, das durch den Vorhang blitzt;
er ist ein *Tauber* und denkt die Lichter seien Tauben –
Flammen im offenen Herd von Thor und Saul,
Fresco-Arme im Gewölbe der kriechenden Kaverne,
Wurfgeschosse, die keines Dialektikers Hand abwenden wird,
Fleischflecken den verschlungenen Stücken von Tölpel und Mensch.
Kinder haben den Affenmenschen Vater genannt;
er blieb sonntags zu Haus, während sie auf Eiern liefen . . .
Der Übergang von früheren zu späteren Lebensjahren
verläuft rascher als der Seufzer eines Streichholzes im Wasser –
auch wir waren Studenten und gaben unsere Karten preis.

The March

3

Under the too white marmoreal Lincoln Memorial,
the too tall marmoreal Washington Obelisk,
gazing into the too long reflecting pool,
the reddish trees, the withering autumn sky,
the remorseless, amplified harangues for peace –
lovely to lock arms, to march absurdly locked
(unlocking to keep my wet glasses from slipping)
to see the cigarette match quaking in my fingers,
then to step off like green Union Army recruits
for the first Bull Run, sped by photographers,
the notables, the girls . . . fear, glory, chaos, rout . . .
our green army staggered out on the miles-long green fields,
met by the other army, the Martian, the ape, the hero,
his new-fangled rifle, his green new steel helmet.

4

Where two or three were heaped together, or fifty,
mostly white-haired, or bald, or women . . . sadly
unfit to follow their dream, I sat in the sunset
shade of their Bastille, the Pentagon,
nursing leg- and arch-cramps, my cowardly,
foolhardy heart; and heard, alas, more speeches,
though the words took heart now to show how weak
we were, and right. An MP sergeant kept
repeating, "March slowly through them. Don't even brush
anyone sitting down." They tiptoed through us
in single file, and then their second wave
trampled us flat and back. Health to those who held,
health to the green steel head . . . to the kind hands
that helped me stagger to my feet, and flee.

Der Marsch

3

Unter dem allzu weißen marmornen Lincoln Memorial,
dem allzu großen marmornen Washingtoner Obelisken,
in das allzu lange spiegelnde Becken blickend,
die rötlichen Bäume, den welkenden Herbsthimmel,
die unbarmherzigen lautverstärkten Friedensreden –
herrlich einander unterzuhaken, unsinnig untergehakt zu marschieren
(nur aushakend um meine nasse Brille am Rutschen zu hindern)
um das Zigarettenstreichholz in meinen Fingern zittern zu sehen,
dann wie grüne Unionsarmeerekruten loszumarschieren
zur ersten Bull-Run-Schlacht, getrieben von Photographen,
Honoratioren, Mädchen . . . Angst, Ruhm, Chaos, Flucht . . .
unsere grüne Armee schwankte auseinander auf den meilenlangen
grünen Feldern
vor der anderen Armee, dem Marsmenschen, dem Affen, dem Helden,
seinem neumodischen Gewehr, seinem neuen grünen Stahlhelm.

4

Wo zwei oder drei zusammenstanden, oder fünfzig,
meist weißhaarig, oder kahl, oder Frauen . . . trostlos
unfähig ihrem Traum zu folgen, saß ich im Sonnenuntergangs-
schatten ihrer Bastille, dem Pentagon,
und pflegte Waden- und Spannkrämpfe, mein feiges
dummdreistes Herz; und hörte, ach, weitere Reden,
obwohl die Worte sich ein Herz nahmen zu zeigen,
wie schwach wir waren, und mit Recht. Ein MP-Sergeant
wiederholte: »Marschiert durch sie durch. Streift aber
keinen, der sitzt.« Auf Zehenspitzen in einer Reihe gingen sie
durch uns hindurch, dann trampelte ihre zweite Welle
uns mehrmals nieder. Heil denen, die standhielten,
Heil dem grünen Stahlkopf . . . den freundlichen Händen,
die mir halfen auf die Beine zu stolpern und zu fliehen.

My Grandfather

A nose flat-bent, not hawk, cheeks razored sand –
Velásquez' self-portrait is James MacDonald,
Jim to grandfather, MacDonald to the children,
though always *Mr.* in our vocative.
Having one's farmer then was like owning a car.
He sits on his lawn waiting a lift to the Old Men's Home;
saying? Here even the painter's speaking likeness ends;
nor could he paint my grandfather. I've overtaken
most of the elders of my youth, not this one,
yet I begin to know why he stood the frost
so many weekends with his little grandson
sawing up his trees for a penny a log –
Old Cato, ten years to live, preferring this squander
to his halcyon Roman credits from the Boom.

Die Gold-Orangen

We see the country where the lemon blossoms,
and the pig-gold orange glows on its dark branch,
and the south wind stutters from the blue hustings;
the bluebell is brown, the cypress points too straight –
we see it; it's behind us, love, behind us.
Do you see the house, the roof on marble pillars?
The sideboard silvers, and the arbors blaze;
the statue stands naked to stare at you.
What have I done with us, and what was done?
And the mountain, El Volcán, the climb of clouds?
The mule-man lost his footing in the clouds,
seed of the dragon coupled in the caves . . .
The cliff drops; over it, the water drops,
and steams away the marks that led us on.

Mein Großvater

Eine Nase flachgeneigt, kein Haken, Wangen, rasierter Sand –
Velasquez' Selbstportrait ist James MacDonald,
Jim für Großvater, MacDonald für die Kinder,
doch in unserer Anrede immer *Mr.*
Damals seinen Farmer zu haben glich dem Besitz eines Autos.
Er hockt auf seinem Rasen und wartet mitgenommen zu werden
                                    ins Altmännerheim;
sagt? Schon hier endet des Malers sprechende Ähnlichkeit;
meinen Großvater könnte er nie malen. Die meisten Älteren
meiner Jugend habe ich eingeholt, diesen nicht,
doch ich verstehe jetzt, warum er dem Frost widerstand
die vielen Wochenende mit seinem kleinen Enkel
beim Zersägen seiner Bäume für einen Penny den Klotz –
Alter Cato, um zehn Jahre zu leben, war ihm diese Verschwendung
lieber als seine friedlichen römischen Kredite vom Boom.

Die Gold-Orangen

Wir sehen das Land, wo die Zitrone blüht,
die rosa Gold-Orange glüht am dunklen Zweig,
und der Südwind stammelt aus blauer Tribüne;
Die Glockenblume ist braun, steil ragt die Zypresse –
wir sehen es; es liegt hinter uns, Geliebte, hinter uns.
Siehst du das Haus, das Dach auf Marmorsäulen?
Der Wandtisch silbert und die Schäfte schimmern;
nackt steht die Statue und blickt dich an.
Was habe ich mit uns getan, was ist getan?
Und El Volcán, der Berg, der Wolkensteg?
Der Eseltreiber verlor in Wolken seinen Halt,
der Drachen Saat, gekuppelt in den Höhlen ...
Die Klippe stürzt, darüber stürzt die Flut
und stäubt hinweg die Wege, die uns lenkten.

Janheinz Jahn
Afrikanische Dichtung heute

Die acht Autoren dieser kleinen Auswahl afrikanischer Lyrik und Bühnendichtung sind im Durchschnitt vierzig Jahre alt, um eine Generation jünger als die Négritude-Dichter Senghor und Césaire, die in der deutschen Öffentlichkeit noch immer die Vorstellung von moderner afrikanischer Dichtung bestimmen. Für Afrika sind Senghor und Césaire Klassiker geworden, ehrwürdige Gestalten einer vergangenen Zeit, als man in Paris für die Freiheit, Gleichheit und Brüderlichkeit Afrikas stritt und sich, angeregt von Duke Ellingtons Jazz, ins afrikanische Reich der Kindheit zurücksehnte. Der frische, gläubige, idealistische, revolutionäre Schwung eines Césaire ist im heutigen Afrika nach Unabhängigkeitserklärungen, Staatsstreichen, Militärregimen, Kongo- und Biafrakrisen ebenso dahin wie die durch interkulturelle Ergänzungen auf eine künftige Universalzivilisation zielende theoriefreudige Geistigkeit Senghors. Vergangenheit ist auch die schöne Eintracht von Dichtung und Politik. Bis zur Emanzipation brandmarkten Politiker und Autoren gemeinsam, nicht selten in Personalunion, den Imperialismus und Kolonialismus der fremden Beherrscher. Dann aber zerriß das Bündnis, die Politiker etablierten sich in den verwaisten klimatisierten Schaltstellen der Macht, und die Autoren, die ewigen Wachhunde der Freiheit, schlüpften, von Maulkörben und Zwingern bedroht, durch die Maschen der Grenzpfähle ihrer kleinen Staaten, sofern sie es noch konnten und nicht zwischen die Mahlsteine der Krisen und Kriege gerieten.

Césaire und Senghor sprachen noch über Ozeane hinweg, waren Sprachrohre Afrikas im Dialog mit Europa und Amerika, repräsentierten einen erstrebten geläuterten Humanismus, der sich nicht mehr um Europa zentriert, besangen und beschworen eine gerechtere, freiere, Mensch, Pflanzen, Tiere und Gestirne einbeziehende neue Ordnung des Kosmos.

Die Dichter der jüngeren Generation haben in ihren engen, nach außen verbarrikadierten, im Innern von Stammesspannungen zerrissenen Staaten kleinere, näherliegende Sorgen. Wir brauchen nur auf diese paar Beispiele zu blicken. Da ist Europa unendlich fern, aber das konkrete Alltagsafrika näher noch als die Haut: unter der Haut. Gesprächspartner des Dichters ist kein fremder Kontinent, kein eigener, nur er selbst, sein Ich, seine Götter. Mit wem sonst hätte Awoonor-Williams in *Nkrumahs Ghana,* wo alles politische Deklamation war, sonst reden sollen? Er redet mit seinen Göttern, vollzieht die alten Opfer, die einzigen Garanten eines bißchen Sicherheit. Ob wir ihn verstehen, kümmert ihn nicht: seine Götter verstehen ihn. Kwesi Brew, auch er aus Ghana, läßt seine Ahnen feststellen, daß er und seinesgleichen sich nicht geändert haben, obwohl die alten Staatsschwerter rostig geworden sind. Bedauern schwingt da mit und ein verbissenes Trotzdem.

Gabriel Okara, der älteste dieser Auswahl, läßt alle Formen afrikanischer Magie – Richtungszauber, Wortbeschwörung, Zahlensymbolik, Zaubergesten – dem ganz europäischen Würfelspiel zukommen, erhält aber dann vom Schicksal eine afrikanische Antwort. So stellt das Gedicht eine Synthese her. Er schrieb es, bevor er in den Strudel des Biafrakrieges geriet, den er überlebt hat.

Edouard Maunick und Tchicaya U Tam'si, zwei frankophone Autoren, beide in Paris lebend, schreiben ihre Gedichte in Zyklen. Metaphern und Bilder kehren in den einzelnen Abteilungen wieder, erklären und deuten einander. Jeder Ausschnitt läßt sie surrealistischer erscheinen als sie sind. Maunick ist aus Mauritius, der Insel im Indischen Ozean, auf die es Menschen aller Völker schwemmte: Inder, Afrikaner, Araber, Malaien, Chinesen, Franzosen, Briten. Wer ist er, dieser Mischmasch aus allen? Er hat keinen Namen, keine Rasse, keine Sprache, jede Identifikation ist Option. Maunick hat als Sprache Französisch gewählt, als Kulturheimat Afrika, als Lebenselement das Meer, das fließende, das er in allen Gedichten besingt. Für ihn ist, seinen Namen zu nennen, schon eine Entscheidung.

Tchicaya U Tam'si – »Das kleine Blatt, das von der Heimat singt« heißt sein Pseudonym auf Deutsch – singt vom Kongo, seinem Kongo der Krisen, Gewalttaten und Ungereimtheiten. Das Schlüsselwort ist der Titel seines letzten Gedichtbandes: *Der Bauch (Le Ventre).* Er wird umsorgt, gefüllt, aufgeschlitzt, verkauft, erschossen, geliebt, verscharrt, beweint – er ist das menschliche Zentrum der Kongo-katastrophe.

Wole Soyinka und Christopher Okigbo, beide Nigerianer, der eine Yoruba, der andere Ibo, beide verwickelt in die nigeriani-sche Krise. Soyinka, der Streiter gegen usurpierte Macht und für den innerstaatlichen Frieden, geriet zweimal ins Gefängnis, das letzte-mal für zwei Jahre. Okigbo, der esoterische Lyriker, kaufte Waffen für Biafra und fiel zu Beginn des Krieges. In dem Abschnitt aus *Ent-fernungen* werden Krieg und Pogrom, Massaker und eigener Tod vorausgesehen. In der Abendgesellschaft schwelt jener Haß, der aus-brechen wird, der Tod ist eine Dame im Baumwollkleid, eine Todes-göttin mit Weihrauch und Ministranten. Die drei Gedichte Soyinkas brechen das gleiche Thema in magischen Prismen. Der Zivilist, der Soldat sind Erscheinungen von Wesen. Die über den Tod anderer Frohlockende trifft der Fluch, über Leid ewig lachen zu müssen. In der *Ernte des Hasses* verderben die Früchte, die so gut standen, an der vernichtenden Kraft des Hasses. Natur als Spiegel und Mitwirker menschlichen Fühlens und Tuns. Beide Dichter Seismographen der Spannungen ihrer Umwelt, beide Verbündete gegen Haß und Tod, beide tief in lokale Probleme verstrickt, und beide von einer Aussage-kraft, die weit über Nigeria, über Afrika hinausreicht; denn die Ge-fährdung des Daseins ist universal.

Das nigerianische Theater hat im letzten Jahrzehnt einen Auf-schwung genommen, der alle Hoffnungen übertraf. Die Lyrik ist für die wenigen, das Theater ist für das Volk. In Gesellschaften mit einer Mehrheit von Analphabeten ist die Bühne das einzige Podium, von dem aus der Autor das Volk erreichen kann. Aber dazu muß er ent-weder eine afrikanische Sprache schreiben oder seinen Text derart mit Pantomime, Gesang und Tanz durchsetzen, daß der Sinn durch die Gestik deutlich wird. Obotunde Ijimere geht den einen Weg, Wole Soyinka den anderen.

Ijimere erzählt in der *Gefangenschaft des Obatalla* eine alte Göt-termythe. Obatalla, der Gott des Yams, des Lachens, der Frucht-barkeit und des Friedens, will seinen Freund Schango, den Gott des Donners, besuchen. Eschu, der Gott der Verwirrung, stiftet Streit, Obatalla wird als vermeintlicher Dieb ins Gefängnis geworfen und Ogun, der Gott des Krieges, tritt die Herrschaft an: das Lachen und die Fruchtbarkeit versiegen, die Frauen gebären keine Kinder mehr, der Krieg zerstört alles, bis Obatalla befreit wird und seine Friedensherrschaft wieder antritt. Eine Anti-Kriegs-Mythe, ein Anti-Kriegs-Stück. Ijimere bedient sich der Struktur der Yoruba-Dichtung, fügt gleichsam Sprichwort an Sprichwort und setzt daraus Preislieder und Dialoge zusammen.

Soyinkas *Kongis Ernte* ist ein Kampfstück gegen die Diktatur in ihrer afrikanischen Variante. Der Führer Kongi hat alle Macht im Staat, er will auch über die Seelen herrschen. Danlola, ein traditioneller König, soll Kongi den ersten Yams anbieten, der nur den Göttern zusteht. Kongi will sich zum Gott machen. Das Stück, eine deutliche Satire auf Nkrumah, endet mit dem Sturz des Diktators – es wurde einige Wochen vor Nkrumahs Sturz in Lagos uraufgeführt. Der Ausschnitt zeigt Soyinkas theatralische Mittel: ständige pantomimische Aktion bei einem Text auf mehreren Sprachebenen. Der Oberaufseher spricht Prosa, wenn nicht Pidgin. König Danlola spricht in poetischen Metaphern, die dem Yoruba-Publikum vertraut sind und durch Gestik verdeutlicht werden. Fürst Sarumi fügt Gesangs- und Tanzelemente ein, die ebenfalls pantomimisch klarwerden. Das Nachsehen hat nur der europäische Leser, der mit der Metaphorik der Yoruba nicht vertraut ist und ohne Gesang, Gestik, Tanz und Pantomime auskommen muß. Doch vielleicht mag eine solche Veröffentlichung einen mutigen Inszenator zu Taten reizen?

George Awoonor-Williams
My God of Songs was ill

Go and tell them that I crossed the river
While the canoes were still empty
And the boatman had gone away.
My god of songs was ill
And I was taking him to be cured.
When I went the fetish priest was away
So I waited outside the hut
My god of songs was groaning
Crying.
I gathered courage
I knocked on the fetish hut
And the cure god said in my tongue
"Come in with your backside"
So I walked in with my bakside
With my god of songs crying on my head
I placed him on the stool.
Then the bells rang and my name was called thrice
My god groaned amidst the many voices
The cure god said I had violated my god
"Take him to your father's gods" he said in my tongue
So I took him to my father's gods
But before they opened the hut
My god burst into songs, new strong songs
That I am still singing with him.

Mein Liedergott war krank

Geh und sag ihnen daß ich den Fluß überquerte
Als die Boote noch leer waren
Und der Bootsmann noch schlief.
Mein Liedergott war krank.
Und ich brachte ihn zur Heilung.
Als ich hinging, war der Fetischpriester nicht da,
So wartete ich vor der Hütte.
Mein Liedergott stöhnte
Und weinte.
Ich sammelte Mut
Ich klopfte an die Fetischhütte
Und der Heilgott sagte in meiner Sprache
»Komm rückwärts herein.«
So schritt ich rückwärts hinein,
Meinen Liedergott weinend auf dem Kopf.
Ich setzte ihn auf den Schemel.
Dann läuteten Glocken und mein Name ward dreimal gerufen.
Mein Gott stöhnte inmitten der vielen Stimmen.
Der Heilgott sagte, ich hätte meinen Gott geschändet.
»Bring ihn zu den Göttern deines Vaters«, rief er in meiner Sprache.
So brachte ich ihn zu den Göttern meines Vaters,
Aber bevor sie mir die Hütte öffneten
Brach mein Gott in Lieder aus, neue starke Lieder
Die ich noch immer mit ihm singe.

l heard a bird cry

There was a tree which dried in the desert
Birds came and built their nests on it
Funeral songs reached us on the village square
And our eyes were filled with tears
The singing voice which the gods gave me
Has become the desert wind
Talk, my heart, talk,
Talk and let me hear,
And I will ask you how
How they avoided the sacred rams.

Your tears are running like flood river,
They are as bitter as the waters of the sea.
Why are your eyes so red?
Do you cover your head with your hands
And tremble like the orphan child by the road-side?
I shall leave you
So that I go to perform the rites for my Gods
My father's Gods I left behind
Seven moons ago.

I shall weave new sisal ropes
And kill two white cocks
Whose bloods will cleanse the stools.
The bitterness of your tears,
Still lingers on my tongue
And your blood still clings th my cloth.

Do you remember that day,
When I saw you
And asked whether you too
Believed in the resurrection of the living?
Remember that the greenfields
Are waiting for the feet of the striving.

Ich hörte einen Vogel schreien

Da war ein Baum der verdorrte in der Wüste
Vögel kamen und bauten ihre Nester auf ihm
Totengesänge drangen zu uns auf den Dorfplatz
Und unsere Augen waren mit Tränen gefüllt
Die Singstimme welche die Götter mir gaben
Ist zum Wüstenwind geworden
Sprich, mein Herz, sprich
Sprich und laß mich hören
Und ich will dich fragen wie
Wie sie die heiligen Widder vermieden.

Deine Tränen strömen wie eine Flutrinne
Sie sind bitter wie Meerwasser
Warum sind deine Augen so rot?
Bedeckst du den Kopf mit deinen Händen
Und zitterst du wie ein Waisenkind am Wegrand?
Ich werde dich verlassen
Und hingehen und die Riten ausführen für meine Götter
Die Götter meines Vaters die ich zurückließ
Vor sieben Monden.

Ich werde neue Sisaltaue flechten
Und zwei weiße Hähne schlachten
Deren Blut die Schemel reinigen wird.
Die Bitterkeit deiner Tränen
Liegt mir noch auf der Zunge
Und dein Blut klebt noch an meinem Tuch.

Denkst du noch an den Tag
An dem ich dich traf
Und dich fragte ob auch du
An die Auferstehung der Lebenden glaubtest?
Bedenke, daß die Felder grün
Auf die Füße der Strebenden warten.

Hush, I heard a bird cry!

The winds of the storm have blown,
Destroying my hut
Goats came and did a war dance
On the fallen walls of my father's house
What happened before the vulture's head is naked?

Swear to me that you saw the widows
Who beat the funeral drums
And put tears in the eyes of the orphans by the road-side.

Pst, ich höre einen Vogel schreien!

Gewitterwinde haben gewütet
Und meine Hütte zerstört
Ziegen kamen und vollführten einen Kriegstanz
Auf den gestürzten Wänden vom Haus meines Vaters
Was geschah bevor der Kopf des Geiers nackt ist?

Schwör mir daß du die Witwen besucht hast
Die die Totentrommeln schlagen
Und die Augen der Waisen am Wegrand mit Tränen füllen.

Gabriel Okara
The Gambler

I opened my palm wide
my fingers pointing to five directions
Then I placed the Dice
on the geometrical centre
and closed my palm with prayers
from five directions invoking
chance for the *sixth*.

Then I brought it near my lips
and gave it teaching words
I brought it near my lips
and blew my breath on it
I brought it near my lips
and prayed to *luck* for the *sixth*.

Then with my sweating shadow
and my trembling inside drippling
with emotions I shook the Dice
over my head seven times and shutting
my eyes I let it drop from my palm.

I slowly opened my eyes as it dropped
and saw the Dice suspended
between earth and sky dancing
before my eyes and a hand reached
up from the ground and snatched it away.

Der Spieler

Ich öffnete weit meine Hand
daß meine Finger in fünf Richtungen wiesen.
Dann legte ich den Würfel
in die geometrische Mitte
und schloß die Hand mit Gebeten
die aus fünf Richtungen *Glück*
beschworen für die *Sechs*.

Dann führte ich ihn an die Lippen
und gab ihm belehrende Worte
ich führte ihn an die Lippen
und blies meinen Atem darauf
ich führte ihn an die Lippen
und bat um die *Gunst* für die *Sechs*.

Und dann mit schwitzendem Schatten
und zitterndem Innern das troff
vor Erregung schüttelte ich den Würfel
über dem Kopf sieben Mal und die Augen
geschlossen ließ ich ihn fallen aus meiner Hand.

Ich öffnete langsam die Augen
als er fiel, sah den Würfel schweben
zwischen Erde und Himmel tanzend
vor meinen Augen und eine Hand griff
herauf aus dem Boden und schnappte ihn fort.

Kwesi Brew
Ancestral faces

They sneaked into the limbo of time,
But could not muffle
The gay jingling bells on
The frothy necks of sacrificial sheep
That limp and nodded after them.
They could not hide the moss on the bald pate
Of their reverend heads,
And the gnarled barks of the *wawa* tree;
Nor the rust on the ancient state-swords,
Nor the skulls studded with grinning cowris
They could not silence the drums,
The fibre of their souls and ours –
The drums that wisper to us behind black sinewy hands.
They gazed and
Sweeping like white locusts through the forests
Saw the same men, slightly wizened,
Shuffle their sandalled feet to the same rhythms.
They heard the same words of wisdom uttered
Between puffs of pale blue smoke.
They saw us,
and said: *They have not changed!*

Ahnengesichter

Sie schlichen sich in die Vorhölle der Zeit
konnten aber die fröhlich klingenden Glocken
am schaumigen Hals der Opferschafe nicht dämpfen
die ihnen nickend nachhumpelten.
Sie konnten weder das Moos auf der kahlen Platte
ihrer ehrwürdigen Köpfe
und die knorrige Rinde des Wawa-Baums verstecken,
noch den Rost auf den alten Staatsschwertern,
noch die mit grinsenden Kauris besetzten Schädel.
Sie konnten nicht die Trommel zum Schweigen bringen,
die Fasern ihrer und unserer Seelen –
die Trommeln die uns zuraunen hinter schwarzen sehnigen Händen.
Sie starrten
und weißen Heuschrecken gleich durch die Wälder fegend
sahen sie die gleichen Menschen, leicht vertrocknet,
die Sandalen der Füße im gleichen Rhythmus hinschleppen.
Sie hörten die gleichen Weisheitsworte, gesprochen
im Paffen bleichblauen Rauchs.
Sie sahen uns
und sprachen: »*Sie haben sich nicht geändert.*«

Edouard Maunick
Neige en ce lieu de l'été du soir et du sang

... *sans vanité dire le pourquoi:*

l'été le soir le sang
pris entre l'ombre et l'os
se déhanche comme danse
plus serpent que révolte

son venin est tambour
souvenir pour poison
il veut passer le cap
ivre d'une grande soif

violence est jeu passé
dépassé par amour
le sang vise à la vie

il va gicler nouveau
et dire sa parabole
sans endeuiller la chair

ceci est une histoire
que l'on dit très ancienne
ma race est mon visage
et je suis parmi vous
le témoin de moi-même
en quête de racine

Schnee hier im Sommer am Abend und Blut

... ohne Eitelkeit sagen warum:

im Sommer am Abend das Blut
zwischen Schatten und Knochen gefangen
zum Tanz sich verrenkt
mehr Schlange als Aufruhr

sein Gift ist Trommel
Erinnerung als Gift
es will vorbei am Kap
von großem Durste trunken

Gewalt ein altes Spiel
aufgegeben aus Liebe
das Blut trachtet nach Leben

von neuem will es quellen
und wird sein Gleichnis sprechen
das Fleisch nicht in Trauer legen

das ist eine alte Mär
uralt wie man so sagt
meine Rasse ist mein Gesicht
und ich bin unter euch
als Zeuge meiner selbst
auf der Suche nach Wurzeln

une poignée de sang
proche et de loin venue
prise entre l'ombre et l'os
qu'importe mais arable
y planter mon exil
expliquer ma parole
vis-à-vis de ma voix

l'été le soir le sang
se méfie de dérive
de rondes belles et folles
de cloches en guise d'ancres

il navigue à la rame
se nommant par son nom
contourne la volée
qui dérobe le chant

il ne veut pas d'église
qui ne soit que nid d'orgues
il veut il chantera
pour tromper les balises

et c'est jeu dangereux
que tenter l'outre-mer
avec chiffres de sang

mais c'est l'été le soir
qu'il faut oser le pire
brutal briser le masque

il s'agit d'envoûter
les dernières sorcières
falsifier les augures
jusqu'à la vérité
danser nu danser nu
habillé de son sang

eine Handvoll Blut
nah und von fern gekommen
zwischen Schatten und Knochen gefangen
was macht's? aber pflügbar
dort mein Exil aufpflanzen
mein Wort ausdeuten
angesichts meiner Stimme

der Sommer der Abend das Blut
mißtraut der Abtrift
den schönen närrischen Runden
den Glocken anstelle von Ankern

es segelt dahin es rudert
ruft sich bei seinem Namen
entwirft den Schwung
der den Sang raubt

es will keine Kirche
die nur Orgelnest sein will
es will es wird singen
damit es die Bojen täusche

und es ist ein gefährliches Spiel
Übersee zu reizen
mit Zeichen von Blut

doch da ist der Sommer der Abend
da muß man das schlimmste versuchen
brutal die Maske zerbrechen

die letzten Hexen
gilt's zu verzaubern
die Orakel zu fälschen
bis sie zur Wahrheit werden
nackt tanzend nackt tanzend
ins eigene Blut gehüllt

je dis je chanterai
je crie je chanterai
un inutile soir
un vulnérable été
mais le sang mais le sang
refusant le venin
aura fixé la Fête

je porterai mon nom
affranchirai ma race
pour un peu de baptême
et pour épouser *neige* . . .

ich sage ich werden singen
ich rufe ich werde singen
eines unnützen Abends
eines verletzlichen Sommers
doch das Blut doch das Blut
das das Gift zurückweist
hat festgesetzt dann das Fest

meinen Namen werde ich tragen
meine Rasse befreien
für ein bißchen Taufe
und um *Schnee* zu freien.

Tchicaya U Tam'si
Sous le ciel de soi

Mets
Les rides de ce cœur au
nombre des ennuis
Se mesure et luit
La mort noire aux coups
sûrs.

Je mange les entrailles
de mon pays maudit.
Je n'ai rien acquis du gouffre.
Le plus tard sera trop tôt!
Pas le temps de faire fortune
dans la vente des hibiscus.

Que vont brader
les tam-tams aux biches?
Dans quel œil
la jungle a plus pleuré
que dans cette cuvette
qu'on ne verra sur la tête
d'aucune femme, à moins
qu'elle n'eût jamais
un ventre à vendre:
Une conga, les spasmes!

Unter eigenem Himmel

Lege
dieses Herzens Runzeln
auf die Zahl der Plagen
Es mißt sich und erglänzt
der schwarze Tod in den
scharfen Schüssen.

Ich esse die Eingeweide
meines verfluchten Landes.
Ich habe nichts gewonnen aus den Strudeln.
Der späteste kommt noch immer zu früh!
Nicht die Zeit ein Vermögen zu machen
mit Hibiskusverkäufen.

Was werden die Tam-Tams verschleudern
an die Hindinnen?
In welches Auge
hat der Dschungel mehr geweint
als in diese Schale
die man nicht auf dem Kopf einer Frau
erblicken wird, es sei denn
sie hatte nie einen
Bauch zu verkaufen:
Ein Conga, die Zuckungen!

Wole Soyinka

Civilian and soldier

My apparition rose from the fall of lead,
Declared, 'I'm a civilian.' It only served
To aggravate your fright. For how could I
Have risen, a being of this world, in that hour
Of impartial death! And I thought also: nor is
Your quarrel of this world.

                    You stood still
For both eternities, and oh I heard the lesson
Of your training sessions, cautioning –
Scorch earth behind you, do not leave
A dubious neutral to the rear. Reiteration
Of my civilian quandry, burrowing earth
From the lead festival of your more eager friends
Worked the worse on your confusion, and when
You brought the gun to bear on me, and death
Twitched me gently in the eye, your plight
And all of you came clear to me.

                    I hope some day
Intent upon my trade of living, to be checked
In stride by *your* apparition in a trench,
Signalling, I am a soldier. No hesitation then
But I shall shoot you clean and fair
With meat and bread, a gourd of wine
A bunch of breasts from either arm, and that
Lone question – do you friend, even now, know
What it is all about?

Zivilist und Soldat

Meine Erscheinung hob sich aus dem Fall des Bleis,
Erklärte: »Ich bin Zivilist.« Das diente nur
Zur Steigerung deiner Furcht. Denn wie konnte ich
Geschöpf dieser Welt aufstehen in dieser Stunde
Gerechten Todes! Und ich dachte: auch dein Streit
Ist nicht von dieser Welt.
                              Du standest still
Zwei Ewigkeiten lang, und ich vernahm den Lehrsatz
Deiner Rekrutenkurse, der dich warnte:
Verseng die Erde hinter dir, lasse nie einen
Unsicheren Neutralen dir im Rücken. Erneuertes Beteuern
Meiner zivilen Not und Erde aufgewühlt
Vom Blei der Feuerwerke deiner eifrigeren Freunde
Verwirrten dich noch mehr, und als du schließlich
Dein Gewehr in Anschlag brachtest auf mich und Tod
Mir sanft ins Auge zuckte, wurdest du
In deiner üblen Klemme mir ganz klar.
                              Eines Tages, hoff ich,
Wenn dem Gewerbe meines Lebens ich ergeben,
Trittst als Erscheinung *du* mir aus dem Graben in den Weg
Und winkst: Ich bin Soldat. Kein Zögern dann,
Ich werde auf dich schießen frisch und fromm
Mit Fleisch und Brot, mit einer Gurde Wein,
Mit Brüsten bündelweis aus jedem Arm und jener
Einsamen Frage – wirst du, Freund, wenigstens jetzt
Verstehn worum es geht?

Malediction

For her who rejoiced

Unsexed, your lips
have framed a life curse
shouting joy where all
the human world
shared in grief's humilty.

May this pattern be your life
preserve; that when hearts
are set alive in joy's communion,

a sky of flies in blood-gore
press upon and smear you wholly,

a sky of scab-blacked tears
glut but never slake

those lips
crossed in curse corrugations
thin slit in spittle silting
and bile-blow tongue
pain plagued, a mock man plug
wedged in waste womb-ways
a slime slug slewed in sewage
orogbo egan, gege l'eke arugbo . . .

Giggles fill the water-hole
Offsprings by you abandoned,
And afterbirth, at crossroads

So when the world grieves, rejoice
Call to them in laughter, beat
Wilted welts on your breasts *bata*
To hyenas of the wastes

Fluch über die, die frohlockte

Deine Lippen, geschlechtslos,
formten einen Lebensfluch
brüllten vor Freude
wo alle Menschen
die Demut der Trauer teilten.

Möge dies Muster dein Leben sein
Für immer; daß wenn Herzen
Aufleben in gemeinsamer Freude,

ein Himmel blutiger kotiger Fliegen
dich niederpresse und völlig beschmiere,

ein Himmel schorfgeschwärzter Tränen
verschlinge aber nie sättige

diese Lippen
im Fluch runzlig gekreuzt,
Speichel sabbernder dünner Schlitz
und von Galle geblähte Zunge
von Qual verpestet, ein falscher Mannesstöpsel
in nutzlose Schoßbahnen gekeilt,
ein schleimiges Hemmnis im Siel verfault
orogbo egan, gege l'eke arugbo . . .

Gekicher fülle das Wasserloch
Die von dir verlassenen Nachkommen,
Und Nachgeburten, an Kreuzwegen

So freue dich also, wenn die Welt trauert,
Ruf ihnen lachend zu, schlage
Die dürren Ränder deiner *Bata*-Brüste
Für die Hyänen des Abfalls

even thus
for your children
and your children's
children

that their throats laugh Amen
on your bier, and carousing hooves
raise dust to desecrated dust – Amen.

das gelte sogar
für deine Kinder
und Kindeskinder

daß ihre Kehlen lachen Amen
an deiner Bahre, und zechende Hufe
Staub auf entweihten Staub wirbeln – Amen.

Christopher Okigbo
Death lay in Ambush

Death lay in ambush,
that evening in that island;
and the voice sought its echo,
that evening in that island.

And the eye lost its light,
and the light lost its shadow.

And the wind, eternal suitor of dead leaves,
unrolled his bandages to the finest swimmer . . .

And it was an evening without flesh or skeleton;
an evening with no silver bells to its tale;
without lanterns; without buntings;
and it was an evening without age or memory –

for we are talking of such commonplace things,
and on the brink of such great events –
and in the freezing tuberoses of the white
chamber, eyes that had lost their animal
colour – havoc of incandescent rays –
pinned me, cold, to the marble stretcher,
    until my eyes lost their blood,
    and the blood lost its odour;
and the everlasting fire from the oblong window
forgot the taste of ash in the air's marrow . . .

Tod lag im Hinterhalt

Tod lag im Hinterhalt
an jenem Abend auf jener Insel
und die Stimme suchte ihr Echo
an jenem Abend auf jener Insel

Und das Auge verlor sein Licht
und das Licht verlor seinen Schatten.

Und der Wind, der ewige Anbeter toter Blätter,
entrollte seine Binden für den besten Schwimmer . . .

Und es war ein Abend ohne Fleisch oder Skelett,
ein Abend ohne die Silberglocken seiner Sage,
ohne Laternen, ohne Flaggen,
und es war ein Abend ohne Zeit und Gedächtnis –

denn wir reden von solch banalen Dingen,
und am Vorabend solch großer Ereignisse –
und in den eisigen Tuberosen der weißen
Kammer spießten mich Augen die ihre Tierfarbe
verloren hatten – Gemetzel weißglühender Strahlen –
kalt auf der Marmorbahre fest
                    bis meine Augen ihr Blut verloren
                    und das Blut seinen Duft verlor
und das ständige Feuer aus dem länglichen Fenster
den Geschmack der Asche im Mark der Luft vergaß . . .

Anguish and solitude . . .
Smothered, my scattered
cry, the dancers,
lost among their own
snares; the faces,
the hands, held captive;
the interspaces
reddening with blood . . .

And behind them all,
in smock of white cotton,
Death herself,
the chief celebrant,
in a cloud of incense,
paring her fingernails . . .

At her feet roll their heads like cut fruits;
about her fall
their severed members, numerous as locusts.
Like split wood left to dry,
the dismembered joints
of the ministrants pile high.

She bathes her knees in the blood of attendants,
her smock in the entrails of the ministrants . . .

Angst und Einsamkeit ...
Erstickt mein zerspellter
Schrei, die Tänzer
verloren in ihren eigenen
Schlingen, die Gesichter
die Hände gefangengehalten,
die Zwischenräume
sich rötend mit Blut ...

Und hinter ihnen allen
in weißem Baumwollkleid
schneidet sich Tod selbst,
die höchste Feiernde,
in einer Wolke von Weihrauch
ihre Fingernägel ...

Zu ihren Füßen rollen die Köpfe wie abgeschnittene Früchte,
rings um sie fallen
die abgehackten Glieder, zahlreich wie Heuschrecken.
Wie gespaltenes Holz, das trocknen soll,
schichten sich die zerstückelten Gelenke
der Ministranten in die Höhe.

Sie badet ihre Kniee im Blut der Teilnehmer,
ihr Kleid in den Eingeweiden der Ministranten ...

Obotunde Ijimere
Szene aus »Die Gefangenschaft des Obatalla«

Obatalla, der Gott des Yams, des Friedens, des Lachens reist nach Oyo, um seinen Freund Schango, den Gott des Feuers, zu besuchen. In der zweiten Szene wurde ihm geweissagt, die Reise sei gefährlich, doch überwände er alle Gefahren, wenn er sich nicht gegen die Demütigungen wehre, die Eschu, der Gott der Verwirrung, ihm zufüge oder zufügen lasse.

Szene III

Im Wald. Eschu sitzt unter einem Baum mit einem Krug Palmöl. Obatalla tritt auf und singt.

OBATALLA: Ein Freund ist kostbar wie ein Kind.
Du kannst dir keinen Freund am Marktplatz kaufen.
Seine Arme können nie so dünn sein,
Daß du die Arme eines Fremden mit Rotholz einreibst.
Seine Hinterbacken können nie so flach sein,
Daß du die Kette einem Fremden um die Hüfte knüpfst.
Seine Augen können nie so häßlich sein,
Daß du das Auge eines Fremden mit Antimon bemalst.
ESCHU: Wanderer im Walde!
Eine Hand allein kann die Last nicht auf den Kopf heben.
Die kleine Hand des Kindes kann das Brett unterm Dach nicht erreichen,
Die große Hand des Erwachsenen kann nicht in den Hals der Kalebasse fassen.
Der Fremde von heute kann morgen schon dein Freund sein.
Hilf mir, meine Last auf den Kopf zu heben!

148

OBATALLA: Fremder am Wegrand,
Deine Worte sind süß und deine Augen sind böse.
Doch was du da verlangst, kann kein Mensch je verweigern:
Denn eine Hand allein kann die Last nicht auf den Kopf heben.
Als er Eschu hilft, den Topf auf Eschus Kopf zu heben, gießt Eschu
schnell den Inhalt über Obatallas Kopf und springt zur Seite.
ESCHU: Freundlichkeit bringt niemanden um,
Bringt aber oft Unannehmlichkeiten.
Er läuft davon. Obatalla holt aus, um Eschu zu schlagen, erinnert sich
aber an den Orakelspruch. Sein Arm fällt herab und er spricht zu sich:
OBATALLA: Eschu, Verwirrer der Menschen:
Wenn er sich ärgert, schlägt er einen Stein, bis er blutet.
Wenn er sich ärgert, setzt er sich auf das Fell einer Ameise.
Wenn er sich ärgert, weint er Tränen aus Blut.
Das Licht verlöscht. Verwandlung: eine Savanne, mit Termiten-
hügeln übersät. Links auf der Bühne hackt ein Bauer den Boden auf,
rechts rastet Obatalla im Schatten.
OBATALLA: Dein Boden ist rot, mein Freund, und fett.
Morgen werden sich sogar Kassawastücke,
Die unbedachte Esser von sich schnickten,
Im Boden blähen und wie Rotholz röten.
BAUER: Wir sind mit dem Boden gesegnet und mit den Nachbarn
verflucht.
Heut trägt unser Boden Yams, zu groß für unsere Mägen,
Und morgen pflanzen womöglich Schangos gierige Krieger
Uns das Feuer aufs Dach,
Schleppen uns fort den weißesten unseres Yams
Und die schwärzeste unserer Frauen.
OBATALLA: Dein trauriger Bericht ist für mich gute Nachricht:
Bin ich denn schon im Reiche Oyo?
BAUER: Kaum einen Tagesmarsch von hier
Wirst du die feurigen Soldaten treffen,
Die seine Grenzen hüten.
Reize nicht ihren Groll:
Sie sind rasch mit Eisen und Erz, bevor sie Fragen stellen;
Sie sind rasch beim Töten, bevor du antworten kannst.
Eschu geht zwischen ihnen hindurch. Er trägt Gewand und Mütze, die
auf der einen Seite rot und auf der anderen schwarz sind.

ESCHU *singt:* Der Jäger denkt, der Affe sei nicht klug.
Der Affe *ist* klug.
Er hat nur seine eigene Logik.

BAUER: Wer war der freche Kerl im roten Kleid?
Als er herantrat, war mir kalt ums Herz:
Er kündet Unheil.

OBATLLA: Frech war er wirklich, und ich stimm dir zu,
Daß seine nicht geheure Gegenwart Unheil bedeuten kann.
Doch war er rot gekleidet? Sein Anzug war doch schwarz!

BAUER: Willst du mich reizen? Hab ich keine Augen im Kopf?
Meine Augen sind gewohnt, wie Vögel über zweihundert Bäume zu fliegen.
Ich sehe, wie der Webervogel sich im Wollbaum versteckt.
Die Antilope, die sich steif macht im Gras,
Kann mir nicht entwischen.
Mein Gewehr hat den Habicht getroffen,
Als er mitten im Himmel stand, zitternd,
Bereit, herabzuschießen auf meine Hühner.
Der Mann, Fremder, war in Rot.

OBATALLA: Ich bin ein Mann des Friedens.
Mir liegt es fern, mit einem Fremden zu streiten.
Doch könnt ich schwören bei dem Eisen, das sich blutig in die Erde gräbt,
Das Gewand des Mannes war schwarz.

Der Bauer will gerade auf Obatalla einschlagen, da kommt Eschu wieder von der anderen Seite herbei — nur kehrt er diesmal Obatalla die rote, dem Bauern die schwarze Seite zu.

ESCHU *singt:* Der Jäger denkt, der Affe sei nicht klug.
Der Affe *ist* klug ...
Er hat nur seine eigene Logik.

BAUER: Mein Gott, träum ich denn?
Mein Kopf war verwirrt, scheint mir.
Die Sonne brannte mir zu lange auf den Nacken,
Meine Augen haben zu lang auf den blutroten Boden gestarrt,
Daher sehen sie überall rot.
Vergib mir, Fremder, du hattest recht:
Das Kleid des Burschen war tatsächlich schwarz.

OBATALLA: Was ist das für ein Wahnsinn?
Der Mann sang das gleiche Lied
Und seine Gegenwart war so unheimlich wie zuvor.
Und doch schwör ich beim Eisen deiner Hacke,
Die den blutigen Boden aufgräbt,
Daß dies der gleiche Kerl nicht war,
Den wir schon zweimal sahen.
Denn der erste, schwör ich, trug schwarz,
Der zweite aber, das weiß ich, rot!
BAUER: Willst du mir, Fremder, den Verstand verwirren?
Willst du mit Zauberwerk mich überziehn?
Ich dulde deine Hexerkünste nicht!
*Der Bauer schlägt auf Obatalla ein. Obatalla will sich verteidigen,
doch erinnerte er sich an den Orakelspruch und läßt sich zu Boden
schlagen. Der Bauer geht siegreich, doch noch immer wütend ab.*
OBATALLA: Eschu, Verwirrer der Menschen!
Die frisch gefreite Frau opferte Eschu:
Sie glaubte, er würde ihr den Kopf nicht verwirren,
Und eines Tages stahl sie das Opfer vom Altar!
Die frisch inthronisierte Königin opferte Eschu:
Sie glaubte, er würde ihr den Kopf nicht verwirren,
Und eines Morgens ging sie nackt zum Markt.
Die Bühne wird dunkel. Verwandlung: ...

Wole Soyinka
Szene aus »Kongis Ernte«

Kongi, Chef der Einheitspartei und Staatspräsident, hat durch den Sekretär der Partei den legitimen König Danlola in ein (Konzentrations-)Lager einweisen lassen, um ihn gefügig zu machen. Dort besucht ihn sein Gefolge, darunter Sarumi, ein jüngerer Oba (Fürst) und Agbo Aweri, das Oberhaupt von Danlolas (aufgelöstem) Ältestenrat. Zu Beginn des Vorspiels hat Danlola die Nationalhymne bissig parodiert. Der Oberaufseher erwischt ihn dabei. (Yoruba-Wörter sind in Klammern unmittelbar erklärt).

OBERAUFSEHER: Sie entweihen die Nationalhymne, sage ich! Da muß ich eingreifen! Diesen unehrerbietigen Lärm unterbrechen! *Er packt den Chef-Trommler am Handgelenk. Die Musik hört auf. Völlige Stille.*

DANLOLA *langsam:* Du hast die Königstrommeln zum Schweigen gebracht?

OBERAUFSEHER: Ich werde mit dem Sekretär darüber reden ...

DANLOLA *plötzlich entspannt:* Nein, das ist ja nichts Neues. Deine Vorgesetzten
Haben vor langem schon die Trommeln zum Schweigen gebracht.
Und du, der Sklave in Khaki und Messingknöpfen,
Leckst nur den Speichel deiner Herrn und rühmst dich,
Wir kauten den gleichen Tabak.

OBERAUFSEHER *zu Sarumi:* Hör zu, du warnst ihn besser ...

SARUMI: Wir hören nicht das Gebell des Schakals,
Wenn der Vater spricht.

OBERAUFSEHER: Das darf so nicht weitergehen. Ich werde dafür sorgen, daß der Sekretär euch allesamt in verschiedene Abteilungen dieses Lagers steckt. Das darf so nicht weitergehen.

DANLOLA: Guter Freund, du brachtest ja nur
Meine Trommeln zum Schweigen. Doch waren sie ja schon
Zum Schweigen gebracht an dem Tage, als Kongi
Meine Weitsheitsstützen beiseitestieß, als er die alten
Aweri (Räte) von ihren Sitzen vertrieb.
Was ist ein König ohne den Klan der Ältesten?
Was wird Kongi sein ohne . . .
Sarumi, wie nennt sich das noch?

SARUMI: Die reformierte Aweri-Bruderschaft.

DANLOLA: Ein großer Name für kleine Köpfe.
Und nun will er die erste Frucht
Des neuen Yams essen. Der zerriebene
Schwache Yams, dessen die Krähe
Ihren Sohn, unseren Führer, entwöhnte,
Steckt ihm noch zwischen den Zähnen und erweist sich
Als zu zäh für seine herangereifte Beißkraft.
Und da ist er nun darauf erpicht,
Die erste Frucht vom neuen Yams zu essen.

Danlolas Gefolge bricht in höhnisches Gelächter aus, denn die Frucht des ersten Yams steht nur dem König zu. Der Oberaufseher gerät in Wut.

OBERAUFSEHER: Also wenn ich jetzt nichts gegen dieses umstürzlerische Gerede unternehme . . . Heeeehhh!

Er blickt hinunter und gewahrt zum erstenmal, was Dalola als Umschlagtuch unter seiner Agbada (weiter Yoruba-Umhang) trägt. Er blickt schnell an dem Fahnenmast in der Mitte des Hofes empor und dann wieder auf Danlolas Bein.

OBERAUFSEHER: Ist das nicht unsere Nationalflagge?

DANLOLA: Hast du mich nicht meiner Nationalhosen beraubt?

OBERAUFSEHER: Gewiß. Um Sie am Fortlaufen zu hindern.

DANLOLA: Die nackten Schenkel eines Königs
Sind kein Anblick für Kinder —
Er macht sie blind.
Wenn ein Oba den Umzug anhält
Und sich an den Wegrand hockt,
Dann tut er das einer Dringlichkeit wegen,
Die weder Gott noch König verschont.

Dann aber wenden die Weisen sich ab,
Bis er sich den Hintern gewischt hat.

OBERAUFSEHER *wütend:* Das werden wir bald haben! Sie wollen mich
wohl um meinen Posten bringen?

*Er eilt auf Danlola zu und reißt ihm die Fahne weg. Danlola rafft
zunächst seine Agbada zusammen, um seine halbnackten Beine zu be-
decken, dann zuckt er die Achseln und mimt würdige Gleichgültigkeit.*

DANLOLA: Es waren unsere Ahnen, nicht ich, die sagten:
Eine Krone ist eine Last, wenn der König
Die Kammer seiner Geliebten aufsucht.
Und wenn während der Audienz
Das Umschlagtuch des Königs herabfällt,
Dann begreifen die Weisen,
Daß man ihn allein lassen soll. Also . . .

Er scheucht den Oberaufseher mit verächtlicher Gebärde fort.

OBERAUFSEHER *im Abgehen:* Nur weil unsereiner zu nachsichtig ist.
Das hat mir der Organisationssekretär eingebrockt, der Ihren Frauen
und allen diesen Leuten erlaubt hat, Sie zu besuchen. Und Sie sind
nicht einmal dankbar!

DANLOLA *bricht in Lachen aus:* Man flucht einem Tropf, der
Verdiente Dankbarkeit ablehnt,
Doch nur ein Narr streut seinen Dank herum
Wie ein Huhn sein Futter,
Achtlos, wo es hinfällt. Dankbar?
Als Gegengabe für meine Spendehände
Weiß dein Chef, daß ich es liebe, mir
Die Haare unterm Nabel wohlig
Kraulen zu lassen.
Wenn das verweigert wird, willst du, will er
Mich hindern, aus dem Lager auszubrechen?
Und wenn ich meinen Leuten nun versagen soll,
Mir Wochenendgesellschaft zu leisten, ist das nicht
Ein Grund, damit das Gras *(Er schlägt sich auf den Bauch)*
Das königliche Weinfaß kitzle? Na?
Was sagt der Lagersuperintendant? Soll ich . . . ?

Er macht Anstalten, sich vor dem Oberaufseher niederzuwerfen.

GEFOLGE *tritt dazwischen, ruft entsetzt:* Ewo! (Tabu!)

DANLOLA: Aber er sagt, doch, ich muß. Laßt mich
Mich vor ihm niederwerfen.
Abermals die Gebärde. Er führt mit seinem Gefolge einen Schein-
kampf aus.
OBERAUFSEHER: Ich habe von Ihnen nichts Unehrerbietiges verlangt.
Ich habe nur etwas mehr Respekt verlangt vor der verfassungsmäßi-
gen Obrigkeit. Ich habe keinen Fluch auf mein Haupt ziehen wollen.
DANLOLA: Fluch? Wer sprach von Flüchen?
Sich vor einem treuen Anhänger Kongis
In den Staub zu werfen — ist das ein Fluch?
OBERAUFSEHER: Nur ein blödes Kind läßt es zu, daß sich ein Älterer
vor ihm niederwirft. Ich will keinen Aussatz kriegen, nicht in Wahn-
sinn fallen! Will nicht von sauren Beeren leben müssen.
DANLOLA: Um so besser. Der Aufseher verzichtet
Auf seine Rechte, seine Vorrechte. Der Vater
Wirft also nun aus Dankbarkeit sich nieder.
OBERAUFSEHER *schreit:* Ich verzichte auf nichts! Da gibt's nichts zu
verzichten, nichts zu entschuldigen. Ich will auch keine Rechte haben,
ich bitte Sie nur, daß Sie mir keine heimlichen Verdammnisse auf den
Kopf laden.
DANLOLA: Oh welch höchst verdächtige Gußform
Muß Olukori benutzt haben, als er den Menschen schuf.
Heimliche Verdammnisse? Wäre ich dazu
Tatsächlich fähig, befänd ich mich hier
Und dankte für die winzigen Freundlichkeiten
Flach auf dem Gesicht?
Er macht wieder die Gebärde, sich niederzuwerfen.
OBERAUFSEHER *kommt ihm zuvor, indem er sich rasch selber nieder-*
wirft: Ich ruf euch alle zu Zeugen an. Kabiyesi (königliche Hoheit),
ich bin nur der Hühnerkot, der an Euren Sandalen klebt, wenn Ihr
durch den Hühnerhof schlendert. Das Kind ist nichts; es ist nur der
Abglanz seiner Vorfahren, den die Welt in ihm erblickt und gelten
läßt.
SARUMI: Ach trag's ihm nicht nach,
Oba Danlola, sei nicht böse
Auf deinen Sohn. Wenn der Baobab
Im Zorn sein Haupt schüttelt, welche Chance
Hat das Nagetier, wenn

Ein Ohrring herabfällt und
Die Erde wie Donner trifft?

DANLOLA *immer imposanter:* Er stellte mich der Welt zur Schau,
L'ogolonto (splitternackt)! Ich überlasse diesen Frevel
Dem Urteil der . . .

OBERAUFSEHER: Bitte! Fleht ihn an! Schreitet ein für mich.

SARUMI: Kabiyesi, ein Vater schlägt sein Kind nur mit einem kleinen
Stock. Er ruft nicht die Polizei, bringt es nicht ins Gefängnis. Lad die
furchtbaren Namen nicht auf deine Oba-Zunge, denn du kannst sie
nicht wieder abrufen, wenn du dich freundlicher fühlst. Sie müssen
ausführen, wozu sie beschworen wurden.

*Das Gefolge greift ein, fleht Danlola an. Seine Trommler suchen ihn
zu besänftigen. Die schöne Wura kniet vor ihm nieder. Danlola beru-
higt sich allmählich, während Sarumi singt . . .*

André Malraux
Saint-Just und die Macht der Dinge

> *»Ich mag diesen Phantasten nicht. Er möchte in Frankreich*
> *ein zweites Sparta einführen. Was wir brauchen,*
> *ist ein zweites Schlaraffenland.«*
>
> Danton zugeschriebene Äußerung

Seit über ihn geschrieben wird, weiß man: Saint-Just gehört dem
Bereich an, in dem Geschichte und Mythos eins sind. Als an die Stelle
der Schmäh- und Lobschriften »sachliche Untersuchungen« traten,
war er, in irgendeinen Politiker gleichen Namens verwandelt, un-
verständlich geworden. »Die Robespierre, Danton, Saint-Just, die
nun wie eingetrocknet am Strande liegen«, schrieb Barrès um 1920:
auf der Welt waren fünf Revolutionen im Ausbrechen oder in der
Vorbereitung.

Die unsere, die französische ist die Sagenzeit unserer Geschichte:
größer als die Zeit Ludwig XIV, nicht so verschwommen wie die
Ludwigs des Heiligen. Ein Lobgesang auf Frankreichs Jünglinge wie
das Nibelungenlied auf die deutschen oder wie Plutarch auf jene
der alten Zeit. Sie ist Weltverwandlung, ist eine von den Zeiten,
in denen alles möglich wird; wo Söhne von Gastwirten geboren werden, um Könige, Söhne von Kleinadeligen, um Kaiser zu werden.
Kaum daß man Eltern hat, geschweige denn Vorfahren. Man
wird nicht alt. Als Saint-Just zum letzten Male Hoche sieht, sind sie,
einer wie der andere, sechsundzwanzig. Danton stirbt mit fünfund-
dreißig, Robespierre mit sechsunddreißig. Der Torso einer Marmor-
jugend wacht über den wenigen Jahren, die den Sieg über den alten
heraklitischen Fluß davontrugen.

Keine Familie. Schicksal von Menschenhand. Und zur Zeit von
Saint-Justs größter Machtentfaltung auch keine Frauen. Die plut-
archische Epoche reicht von der Hinrichtung der Madame du Barry,
Marie-Antoinettes und der Madame Roland bis zur Befreiung der
Madame Tallien. Einzige Königin: das Vaterland. In seinem Dienst:
Beredsamkeit und Terror.

Sein Sagenmantel legt sich um manche große Gestalt, zumal um Robespierre. Saint-Justs Aura aber geht allein von ihm selbst aus.

Die Geschichtsschreiber Dantons haben an Ansehen verloren. Mag der Fanatismus Danton unter die Guillotine gebracht haben, bei Robespierre waren es eindeutig die Gauner. Und ob man über den Beinamen »der Unbestechliche« lächelt oder nicht – unvorstellbar ist es, daß ihn ein Tallien, Barras, Fouché aufgegriffen hätte. Den Ruhm der Revolution haben die Danton-Anhänger, ihr Blut diejenigen Robespierres auf sich genommen. Die Geschichte wird manichäisch, wenn sie Träume zum Leben erweckt und Leidenschaften ins Recht setzt. Und Michelet, Vater solchen Manichäismus, gelangt zu keiner klaren Vorstellung von Robespierre, noch vermag er uns verständlich zu machen, woher diesem seine Macht zukommt. Von Saint-Just aber läßt er kraft seines medialen Eindringens ein zugleich feindseliges und großartiges, ja mythisches Bild von uns erstehen. Kein Robespierre-Anhänger ist je in Frankreich zu seinem Standbild gekommen. Aber der Name Saint-Justs hat seine Inschrift in einem geheimen Pantheon gefunden. Wenn einem Jüngling Schicksalsmacht innewohnt, so scheint uns, als sei sie nicht errungen, sondern wie von einer Gottheit verliehen. Aber der »Jungmädchenteint« eines Gesichts, in dem unter niedriger Stirn die Brauen zusammenstoßen, reicht für die Bezeichnung »Erzengel des Schreckens« nicht aus. Die Sage hat Danton die Züge eines Mirabeau, Mirabeau die eines Beethoven verliehen; aber das Porträt im Carnavalet-Museum zeigt uns ein Seifenreklamen-Baby als Danton. Nicht Saint-Justs Schönheit hat die Legende, sondern diese die Schönheit erzeugt. Seinen Kopf, damit er zu dem des Erzengels der Guillotine werde, mußte erst der Henker vom Boden aufheben.

Dieser Henker aber durchschneidet ein geschichtliches Schicksal. Zahlreiche Zeitgenossen sahen in Saint-Just den heraufkommenden Rivalen Robespierres. Und warum sollte man sich nicht einen Geschichtsgang ausdenken, der jäh unter dem Fallbeil abbricht, das einem Hoche die Freiheit schenkt und einen Bonaparte heraufruft. Barg sich hinter dem Schweigen, das Saint-Just vom 8. Termidor[1])

---

[1]) 8. Thermidor, Vorabend des 9. Thermidor (27. Juli 1794), an dem Robespierre im Nationalkonvent gestürzt wurde.

bis zu seiner Hinrichtung wahrte, etwa der Bruch mit Robespierre, wie Michelet vermutet hat (»dieser jugendliche Drakon war der, den alle verrieten ...«) und für den nach Ollivier eine Summe unabweisbarer Vermutungen spricht? Dieser Bruch rechtfertigt die traumwandlerische Verachtung Saint-Justs, das Zuspät, dessen Glockenschlag in ihm von dem Augenblick an ertönt, da ihm bei seiner letzten Rede das Wort entzogen wird. Er, der berühmte Redner, den, während er die Tribüne noch beherrscht, ein Antrag zur Tagesordnung unterbricht, hat offenbar nicht den Versuch unternommen, noch einmal das Wort zu ergreifen, auch nicht, als Robespierre, ja nicht einmal, als er selbst in den Anklagezustand versetzt wurde. Dieser Führer, der als einziger unter den angeklagten Konventsmitgliedern etwas von militärischen Dingen verstand, läßt die Stunde der Befreiung verstreichen, indem er Totenwache bei dem Leichnam Lebas'[2]) hält. Wurde die Aktion der Kommune[3]) zum Verhängnis für die Angeklagten? Würde das Revolutionstribunal sie freigesprochen haben? Wir haben noch den beklommenen Ton Robespierres im Ohr, da man ihm die Berufung an das Volk unterzeichnen lassen will: »Im Namen von was?« Saint-Just war nicht so ausgeprägt Mann der Gesetzlichkeit. Keine Überraschung, keine Folge von Ereignissen oder Zufällen vermag ganz die Schwinge des Selbstmordes zu verhüllen, die sich über seine letzte Nacht breitet, noch erhalten wir Aufschluß über sein Schweigen, das an die Toga Cäsars erinnert, wenn er sie vor seinen Mördern hochschlägt. Es ist, als wolle er die Befreiung mit derselben bitteren Gleichgültigkeit über sich ergehen lassen wie seine Hinrichtung.

Und dann noch die Freundschaft! Unterschätzen wir nicht ihre Macht. Ihr verdanken es Don Quichotte und Sancho, Bouvard und Pécuchet und selbst die Kavaliere bei Courteline[4]), wenn sie nicht zu reinen Witzfiguren absinken. Robespierre hat nur die Duplays zu Freunden. Sie gehören zur kleinen Weltgeschichte. In den Augen der großen sind seine Freunde mit ihm und für ihn gestorben, als Gläubige für ein Idol, mit geschlossenen Augen. Doch er nicht für sie. Saint-Just hingegen ist ein Mann der Treue. Und die Geschichte

[2]) Lebas, Konventsmitglied, das Selbstmord beging.
[3]) Die Kommune (Gemeinde) von Paris, revolutionäres Machtzentrum.
[4]) Courteline 1860–1929, Schriftsteller von oft bitterem Humor.

täuscht sich nicht; hat er doch bis unter das Fallbeil die Maske der Freundschaft getragen.

Weder Terror noch vorbildliche Freundschaft würden jedoch ausreichen, um ihn, den Großankläger, von der Pedanterie eines Fouquier-Tinville, und das will heißen in mancher Hinsicht von Robespierre selbst zu unterscheiden. In der Erinnerung Frankreichs, in der Große Revolution und Krieg eins werden, setzt er den von ihm ums Leben gebrachten Danton fort. »Wir sind mit Dir zufrieden, Bürger Volksvertreter«, läßt die Armee sich vernehmen. »Dein Federbusch hat nicht um Haaresbreite gezittert. Wir hatten ein Auge auf Dich! Du bist ein tapferer Kerl.« Was einige Standfestigkeit erforderte, bot doch die Ausstaffierung der Volksvertreter in den Farben der Trikolore ein prächtiges Ziel. Aber »er griff an wie ein junger Husar«. Dabei hat sich Saint-Just bekanntlich nicht darauf beschränkt anzugreifen: er fand Niederlagen vor und hat Siege hinterlassen. Die Tatkraft Robespierres wirkte sich im Parlament oder im Verborgenen aus. Und die Legende Frankreichs hat die Soldaten lieber als die Militärs, die siegreichen Generäle, die die Vendée unterwerfen. Und jene cäsarischen Zivilisten, die den angeklagten Jourdan verstecken und ihm die Armee anvertrauen, leisten einen entscheidenden Beitrag zu deren Reorganisation. Wenn sie schreiben: »Wir sehen den Sieg voraus«, so fügen sie hinzu: »Wir schicken die Fahnen.« Wenn Saint-Just in der Erinnerung einiger Menschen gegenwärtig ist, so verdankt er das den Soldaten des Jahres II, die im Gedächtnis aller fortleben.

Das sind Elemente seiner Legende. Und doch ergeben sie insgesamt noch nicht sein Bild, auch wenn man sie durch hervorstechende Wesensmerkmale ergänzt. Denn Saint-Just ist nicht der unerbittliche Marceau[5]), den der Nimbus der Jugend, des Mutes, der Begabung und des Todes aus ihm machen müßte. Er ist nicht beredsamer als Vergniaud, nicht energischer als Danton oder unnachsichtiger als Marat. Er ist das alles, doch auf andere Weise.

Aus dem, was uns von seinen Reden noch im Ohr ist, was wir von seinen Verfügungen noch lesen, vernehmen die Geschichtsschreiber nicht so sehr das Echo Robespierres als vielmehr das von Bonaparte.

---

[5]) François-Séverin Marceau, 1769–96, Revolutionsgeneral, der u. a. bei der Niederwerfung der aufständischen Vendée mitwirkte.

Das Wirken der großen Gestalten der Geschichte setzt jeweils mit dem ein, was sich den Menschen einprägt. Bevor Bonaparte die italienische Armee von Sieg zu Sieg führte, mußte er mit dem Oberbefehl betraut werden. Dazu würden Intrigen genügt haben. Nicht aber, um Landstreicher in Legionen zu verwandeln und um sich ältere, erfahrenere Generäle gefügig zu machen. Noch ehe die erste Schlacht geschlagen ist, beherrscht ihn der Wille, die Unordnung in ein Instrument umzuschmieden. Dieser Entschlossenheit opfert er alles andere, so rücksichtslos wie Saint-Just. Seine Befehle werden ausgeführt, als gingen sie von einer höheren Macht, der des Sieges, aus; wie diejenigen Saint-Justs von der Republik. Und in Straßburg, vor seiner ersten Schlacht, tut Saint-Just das gleiche wie Napoleon in Italien. Er richtet den Glauben wieder auf und damit die Ordnung, zu allererst aber – die Heeresverwaltung... Was beide unterscheidet, ist die Zielsetzung. Eins aber sind sie in dem ihnen gemeinsamen Zauber, der sie entpersönlicht und dem sie ihre Autorität verdanken.

Seien wir auf der Hut vor ihren literarischen beziehungsweise sentimentalen Aufzeichnungen! Auch vor ihren politischen Jugendschriften! Sie sind von Interesse, aber lehren können sie uns nichts. Der schriftstellerische Nachlaß eines mit dreißig verstorbenen Bonaparte würde ihn zu einer Figur machen, die wenig mit Napoleon gemeinsam hätte...

All dieses literarische Tun ist im übrigen recht verwirrend. Richelieu schrieb Tragödien, doch nicht mit zwanzig. Weder Colbert, Choiseul noch Moritz von Sachsen haben mit Literatur angefangen, wohl aber manches berühmte Konventsmitglied, allen voran Mirabeau... Erst mit der Romantik werden ein Chateaubriand, Lamartine, Victor Hugo zu Politikern. Warum aber wurden vor ihnen Politiker zu Schriftstellern? Ehrgeiz? Im 19. Jahrhundert vielleicht. Aber wenn Laclos sagt, er habe die »Liaisons Dangereuses« geschrieben, um im Gedächtnis der Menschen zu bleiben, so kann sich Saint-Just von ›Organt‹[6]) nicht den Ruhm eines Vergil erwartet haben. Flucht vor der Gesellschaft, Flucht vor der condition humaine? Erst mit dem Ende des 18. Jahrhunderts wählen so viele von denen, die sich einem

---

[6]) ›Organt‹, satirisch-libertinisches Gedicht, das der Zweiundzwanzigjährige 1789 veröffentlichte.

großen geschichtlichen Schicksal hingeben, den Zugang über die Literatur ...

Seltsam, wie wenig man bisher die Texte Saint-Justs untersucht hat! Weil sie enttäuschen? Wie soviele andere aus der gleichen Zeit. Der Geist Rousseaus, die Mythen der Epoche, die bei ihm so machtvollen Ausdruck finden, verwandeln Königinnen in Schäferinnen und Guillotineure in Lämmer. Was würden wir von dem Gedicht halten, das Robespierre in Arras über das Niesen schrieb? Was halten wir von der Literatur Bonapartes? Sade leiert seine zerstörerischen Mythen herunter. Auch Marat. Saint-Just, als Redner einem Tacitus ebenbürtig, drückt als Schriftsteller nichts von dem aus, was aus seinem Handeln spricht. Wie die anderen großen Revolutionäre auch.

Man hat viel Negatives über ›Organt‹ gesagt, weil man es als Gedicht nahm. Es ist ein schlechtes Gedicht, wenn auch nicht ungenialisch und in manchem eigenartig den Reisen Cyranos zu den Mond- und Sonnenstaaten verwandt. Aber Blanchard, der meines Wissens als erster das Gedicht mit dem Blick auf Saint-Just und nicht auf die französische Literatur untersucht hat, hat darin das Apokalyptische, die Schicksalsbesessenheit und zudem einige prophetische Verse entdeckt:

»Ringsum furchtbare Stille.
Der Schrecken fliegt, den Finger vor dem Mund.«
»Ein Thron? Nur ein Klotz, darauf jeder sich setzen kann.«

Sodann die Verse über die Jahrhunderte im Tempel des Schicksals, von dem Saint-Just vermutlich wußte, daß es ihn nie gegeben hat:

»Ein jeder, sitzend auf einem Rad,
achtet im Schweigen auf das Nichts.«

Dazu ein Schuß zeitgemäße Erotik ...

Und schließlich ist ›Organt‹ ein mit zweiundzwanzig verfaßtes Kuriosum und war für Saint-Just selbst vielleicht nur eine Spielerei.

Anders die ›Institutionen‹. Hier möchte er als verantwortlich verstanden werden, von der seltsamen Verantwortung eines Gesetzgebers ohne Gesetze – während er doch so genau über die wahre Verantwortung Bescheid wissen wird. Er ist nicht mehr so jung. Er schreibt kein Gedicht mehr. Und er stellt uns vor das gleiche Problem wie Bonaparte und vor das uns sehr viele Männer der Tat stellen würden, wenn ihre Jugendschriften uns bekannt wären: es ist der Widerspruch zwischen Tat, Predigt und andererseits der Welt, von der wir nicht wissen, ist sie eine Spiegelung unseres Geistes, ein Traum oder eine geschichtliche Komödie. Ein weiter Weg führt von den ›Institutionen‹ bis zur Rede über die Verurteilung des Königs, so weit wie der Bonapartes vom Souper de Beaucaire[7]) bis zu den Proklamationen in Italien. Denn wer würde, wenn er ohne Kenntnis des Verfassers die ›Institutionen‹ liest, darauf kommen, daß dieser spartanisch-sentimentale Wortschwall das Werk eines Mannes ist, der militärische Siege erringt. Einzige Lehre: uns zu zeigen, was die Träume eines Saint-Just von den Plänen Robespierres unterscheidet. Hier wie dort knüpft sich das Band zu den Kämpfen der Republik, die sich von irgend einem unbekannten Islam herleiten. In Wahrheit hat Saint-Just uns nicht Schriften hinterlassen, sondern entscheidende Worte und Taten, nur dies.

Saint-Just und Bonaparte, Männer, die sich in unbestechlichem Handeln auszudrücken wissen, wetteifern literarisch und in ihren Träumereien bald mit Rousseau, bald mit Cadet-Rousselle[8]). Auch Carnot in seinen Gedichten. Und selbst Laclos in der ›Education des Filles‹. (Die ›Liaisons Dangereuses‹ aber schreibt Laclos wie Saint-Just seine Reden . . .) Mag »die Macht der Dinge« eine überragende Rolle in den historischen Schicksalen spielen, so besitzt doch jede geschichtliche Persönlichkeit, von den ersten Ansätzen ihres Handelns an, einen »Instinkt für die Dinge«, der ihre Notizen, in denen wir innere Geheimnisse vermuten, wie Abfall hinwegfegt. Nicht auf Saint-Justs vertrauliche Aufzeichnungen, Träumereien kommt es an. Sein wahres Geheimnis? Das, was seine Taten möglich macht. Er hat Albernheiten zum Thema Armee niedergeschrieben. Gilt es aber, deren Reorganisation vorzuschlagen, so schreibt er die Rede über »die Amalgamierung«, die Napoleon bewundern wird. Seine Tatkraft, sein Wirklichkeitssinn erlauben den Vergleich mit Bonaparte. Doch stehen sie im Dienst der Republik und nicht in dem der eigenen

---

[7]) Souper de Beaucaire, politisches Traktat in Dialogform, das Napoleon als Vierundzwanzigjähriger 1793 verfaßte.

[8]) Cadet-Rousselle, tölpelhafter Typ in einem populären Volkslied jener Zeit.

Person. Einer Republik, die nicht »die Regierung« ist und zu deren Schaffung er beiträgt, die er sucht, findet und von neuem sucht, wie Bonaparte den Ruhm. Er wird eins mit diesem Streben, mehr als jener mit seinen Siegen, als Napoleon mit dem Kaiserreich.

Bleibt zu ergründen, was für Saint-Just die Republik bedeutet.

Sein italienischer Feldzug ist offenbar die Rede über den Tod des Königs. Deren letzte Schauer zittern bei Michelet nach: »Als er, zur Gironde übergehend und Ludwig XVI dort belassend, sich mit einem Ruck der Rechten zuwandte und mit seiner Rede zugleich seine ganze Person, seinen harten, mörderischen Blick auf sie richtete, gab es keinen, der nicht die Kälte des Stahls gefühlt hätte.« Diese Rede zog ihre Kraft nicht aus zeitgemäßer Eloquenz, sondern aus Wendungen, die römisch sein wollten – und es auch waren. Formulierungen, die sich nicht von ihrer Wirkung auf das Ereignis trennen lassen. Die seinen verlieren den tieferen Widerhall, wenn man in ihnen nichts als die Anklage gegen Ludwig XVI vernimmt. »Dieser Mann muß herrschen oder sterben!« richtet sich nicht an den König. Hier wird der Nationalkonvent von seinem eigenen Gewissen in den Anklagezustand versetzt. Einer Versammlung, deren Mehrheit Bedenken hatte, nach dem Gebot der Gerechtigkeit zu verurteilen, schärft er ein, aus Pflicht zu töten.

Heute sieht es so aus, als sei der Tod des Königs von einigen wenigen beschlossen worden, namentlich von Danton, um »den Leichnam Ludwig XVI zwischen Frankreich und den Feind zu werfen«. Aber dieser Beschluß wurde nicht eingestanden. Daher ein »Kriegsverbrecherprozeß«, in dem das Tribunal sich mit umso tieferem Unbehagen zugleich Richter und Partei wußte, als es den Anspruch erhob, im Namen von Recht und Gerechtigkeit zu urteilen. Nach welchem Recht, außer dem, das es selbst für sich in Anspruch nahm? Was die Gerechtigkeit betrifft, so waren acht Jahrhunderte eines in den Kathedralen gesalbten Königtums nicht derart in Vergessenheit geraten, daß es nicht lächerlich gewesen wäre, »Ludwig als Bürger zu verurteilen«. »Dieser Mann«, sagt Saint-Just, »wird uns beweisen, daß alles, was er getan hat, nur geschehen ist, um das ihm anvertraute Erbe zu erhalten.« Sogar auf das Volk zu schießen. War er der erste? Bleibt die Flucht zum Heer des Feindes. Wir sind verblüfft, daß Saint-Just sie nur nebenbei erwähnt. Wenigstens ›das Erbe‹ hatte für ihn seinen Sinn bewahrt. Er allein wollte durch die Verurteilung dieses

Menschen die Krone des Heiligen Ludwig und den Purpur Richelieus mit dem Schwert hinwegfegen und die Seele des Königtums töten: so forderte er diesen schwächlichen Kopf nicht, weil schuldig, sondern als den Kopf eines Usurpators. Auf dem Leichnam, der zum Sinnbild für alle übrigen Könige Frankreichs werden sollte, glaubte der Opfernde die Republik kraft göttlichem Recht zu begründen.

Diese – aus dem Mund eines Bonaparte unvorstellbare – Rede greift er gegen Danton wieder auf, er würde das gleiche gegen Hoche getan haben. Ehrgeiz? Der war bald gestillt. »Unrein« gegenüber dem so bescheidenen und frommen Fouché? Seine Zeitgenossen sprechen weniger von Ehrgeiz als von Fanatismus. Später hat man darunter schwärmerische Begeisterung und Erbarmungslosigkeit verstanden. Begeistert? Eher verschwiegen, außer wenn es gilt, zu Soldaten zu sprechen. Nein, es geht schon um Fanatismus, da es um Glauben geht. Sein Vokabular verwirrt uns. Vielleicht verwirrt es ihn selbst. Bald hat das Wort »Grundsätze« für ihn den geläufigen Sinn des 18. Jahrhunderts, bald einen halb theologischen. Er ist gewiß kein Christ. Aber er kämpft nicht nur, um ein ihm gut dünkendes Regime gegen die Wiederkehr eines ihm schlecht dünkenden zu verteidigen. Er hat die Berufung zur Revolution. Die Revolution hat die Welt geschaffen, in der er lebt und über die ein Urteil zu fällen nur der Republik zusteht. Er erhebt den Anspruch, Schwertträger dieses Urteils zu sein: gegen alle und mit allen Mitteln, von den Angriffen bei Fleurus[9]) bis zum Polizeibüro. Die Republik wird durch die Kampfgemeinschaft ihrer Gläubigen gerettet werden, sie wird den Zustand der Menschen verändern: so sind ihre Feinde nicht Ungläubige sondern Verbrecher. Eigenartige Mythologie? Nicht mehr als die des Koran, in deren Dienst sich doch beachtliche Männer der Tat gestellt haben; nicht mehr auch als gewisse Marxismen. Er ist einundzwanzig beim Sturm auf die Bastille und stirbt bald nach Fleurus. Sein kurzes Menschenleben spielt sich in einer sieghaften Apokalypse ab. Aber: »Ihr entscheidet darüber, ob das französische ein Volk von Geschäftsleuten oder von Eroberern sein wird.« Das ist nicht Politik sondern Islam.

Er hat von idyllischen Landleuten geträumt, die sich von Greisen segnen lassen: anekdotisch, wie auf einem Basrelief. Eines Tages

---

[9]) bei Fleurus wurden 1794 die Österreicher besiegt.

wird man diese Greise mit den Bucolica des Augustus und der Schaf-
herde Bonapartes studieren. Glaubte er, das Ende der Privilegien,
sodann der Verschwörungen würde genügen, den Wohlstand zu
sichern? Sowie sich in seiner Stimme der Akzent meldet, an dem wir
sie erkennen, redet er nicht mehr davon, die landwirtschaftliche Er-
zeugung zu organisieren, sondern das Volk zu befreien: »Es kommt
nicht darauf an, das Volk glücklich zu machen, als es daran zu hindern, unglücklich zu sein.« Das heißt: es von seinen herkömmlichen
Unterdrückern befreien, sodann von den Verschwörern, die den
Gertreidehandel stören und die Währung in Verfall bringen, hauptsächlich aber: vom Feind; aber auch von den reichen Straßburgern,
die die Soldaten der Rheinarmee ohne Schuhe lassen, – und von Schneider, den er, an den Pfosten der Guillotine gefesselt, an den Pranger
stellt. Die Robespierre-Anhänger waren keine Verteidiger des
Bürgertums. Sie waren die Verteidiger der Republik, d. h. des Staates.
Obgleich sie das Pariser Proletariat niederwarfen, wird der 10. Thermidor – der sie stürzt – das Geld heiligsprechen. Zur Musik der Direc-
toire-Bälle wird die Bank von Frankreich den Staatsstreich Napoleons
finanzieren: kein spartanischer Adel übernimmt die Nachfolge der
letzten französischen Edelleute. Doch nichts liegt Saint-Just so fern
wie die Idee des Proletariats: »Ein Handwerk verträgt sich schlecht
mit dem wahren Staatsbürger: die Hand des Menschen ist nicht für
den Pflug geschaffen sondern für die Waffen.«

Rousseau verkündet den für die Landarbeit geschaffenen Menschen, nicht den Waffenträger. Die Gestalt Saint-Justs erhellt sich
überraschend, sowie man begreift, daß sein Zukunftsstaat nicht dem
contrat social, auch nicht der Vernunft, ja nicht einmal seinem Jahrhundert entspringt.

Knaben verlassen das Vaterhaus mit fünf Jahren und gehören der
Republik bis fünfundzwanzig (das Alter also, in dem Saint-Just solches schreibt). Sie verbringen zwanzig Jahre in Uniform, ob Arbeiter
oder Soldaten, während die Mädchen von der Mutter erzogen werden. Nehmen wir diesen Text nicht zu leicht! Er drückt nicht eines
der damals so zahlreichen politischen Wunschbilder aus, mit denen
sich Advokaten, ihrer Gesetzbücher müde, zu Greuze, dem Maler,
gesellten. Albern wäre dieser Text nur, wollte man annehmen, daß
er es auf Glück abgesehen habe. Begreift man jedoch, daß er anderes
meint, so führt er uns ins Zentrum von Saint-Justs Denken, das nicht

eigentlich ein Denken ist. Glaubt er ja nur halb an die Gesetze und an den Senat, solange nicht die Sitten Garantie für die Gesetze sind und nicht die Tugend die Gewähr für den Senat bietet. »Die Sitten« sichern die Erhaltung der Tugend. Und Tugend? Das ist Saint-Justs eigene Tugend: die Berufung zur Republik. Er will Institutionen schaffen, um Menschen zu formen, und Menschen, damit sie Gesetze anstreben, die ihrer würdig sind. Man sollte derlei Institutionen nicht länger im Namen des Glücks und erst recht nicht der Vernunft untersuchen – derjenigen des metrischen Systems und der Reformen des Code Civil –: dann enthüllen sie ihre wahre Natur; sie sind die Regel eines ungeheuren Klosters, in dem die Kokarde die Stelle des Kreuzes einnimmt. Das Vaterland geht daran, alle Unterdrückten zu befreien, so wie die klösterlichen Orden in ihren Anfängen daran gingen, die Seelen zu befreien. Die Wortknappheit, die er vorschreiben möchte, ist die der Orden. Eine Tracht aus grober Wolle! Man hat Saint-Just für einen Rationalisten genommen, weil er Realist war. Weder die Heiligen Bernhard, Dominikus, Ignatius noch Mohammed waren Träumer.

»Man muß alle Definitionen auf das Gewissen zurückführen; der Geist ist ein Sophist, der alle Tugenden unter das Schafott bringt.« Als Institutionen bezeichnet er die Mittel, dieses Gewissen zu formen, das aber, was er auch behaupten mag, ein Gewissen nicht nur der Gerechtigkeit ist. Er glaubte, diese Institutionen in Sparta zu finden; er würde sie in der Kirche gefunden haben. Fühlt und weiß er sich mit der Armee verbunden, weil sie eine Notwendigkeit ist? Wohl auch deshalb, weil er in ihr den Entwurf zu jener spartanischen Gesellschaft sieht, in der die Klassen (deren Konflikte jeder Orden außer acht läßt) zur Nebensache werden. Es fällt uns nicht leicht wiederzuentdecken, was nach Jemmapes, nach der Wiedereinnahme von Landau und am Vorabend von Fleurus diese Armee ohnegleichen gewesen ist. In ihr, die oft des Notwendigsten beraubt war, fand dennoch die Republik ihre erste Verkörperung, fern von Politikern und Betrug. Wenn er zornentbrannt an den Wohlfahrtsausschuß nach Paris schreibt: »Ich habe Soldaten gesehen, die verhungernd ihr Gewehr küßten«, so fühlt er sich in seinem Element: nicht ohne Hellsicht. Er weiß, daß die Soldaten bei seiner Ankunft in Straßburg ihre Schuhe verkauften. (Er gibt ihnen andere, und jeder, der Heeresgut kauft, wird zum Tode verurteilt.) In seiner Konstitution wird »eine

Armee, die ihre Führer wählt, für aufrührerisch erklärt«. Aber er befiehlt, daß die befreiten elsässischen Dörfer sich den Namen der Soldaten beilegen, die sich dort ausgezeichnet haben, und daß jeder Verwundete »auf seiner Montur einen goldenen Stern an der Stelle trägt, an der er verwundet wurde; ist er verstümmelt oder im Gesicht verletzt, so trägt er den Stern auf dem Herzen«. Seine Republik ist eine Bauernschaft unter dem Befehl einer anderen Armee, einer in den Staatsdienst übergegangenen Gesellschaft der Jakobiner, ja vielleicht eines Templerordens der Revolution, der sich aus der Freimaurerei seiner Jugendjahre rekrutiert hat. Für ihn, den von Priestern erzogenen Offizierssohn, »besteht das Schicksal eines Volkes aus jenen, die nach Ruhm, und den anderen, die nach Glück streben«, und es galt nur noch, den ersteren die Herrschaft über die letzteren anzuvertrauen. In unserem Jahrhundert sollte es sich zeigen, daß ein solches Unternehmen keine Utopie ist, vorausgesetzt, daß man Ruhmstreben mit Machtstreben gleichsetzt. Saint-Just kündet weder den Kommunismus noch den Faschismus als Doktrin an: er möchte Lykurg fortsetzen und würde die Industrie für überflüssig erachten, wenn sie nicht dazu gut wäre, Waffen herzustellen. Aber er kündet *die* Kommunisten und *die* Faschisten an, die allmächtige Einheitspartei. Leidenschaftlicher Totalitarist, verkündet er: »Es liegt in der Natur der Dinge, daß unsere wirtschaftliche Lage sich immer mehr verwirren wird, bis der Zeitpunkt eintritt, in dem die fest begründete Republik alle Beziehungen, Interessen, Rechte und Pflichten in sich vereinigt und in allen Teilgebieten des Staatswesens der gemeinsame Puls fühlbar wird.« Er kündet im Thermidor die bevorstehende Zeit der Milde an. Selbst wenn er die Guillotine abgeschafft hätte, würde er das Denunziantentum wohl noch weiter entwickelt haben. In seinem System war jeder, der nicht denunzierte, Komplize, und die Republik konnte nur auf einer strengen, vom GPU-Element durchsetzten Ritterschaft gründen.

Was er unter Gewissen versteht, wird nun verständlich. Es ist nicht das moralische Gewissen, sondern uneingeschränkt ein Glaube. Die Republik ist für ihn höchster Wert. Kein Zweifel: wie seine Zeitgenossen ist er empfänglich für die düstere Stimmung des Kolosseums, das den Rahmen für die Revolution abgibt. Aber für fast alle, wie für Napoleon, ist die Antike ein Repertoire, eine stilisierte Welt, nach der sie sich richten. Sie ahmen »die Übertragung mit Hilfe des

Talents« nach. Gelegentlich auch er. Aber er läßt sich nur auf den unheilvollen Zauber ein, aus dem das Talent sich zuerst ernährt hat: auf die Wölfin, die jene hohen römischen Gestalten in Besessene verwandelt. »Cäsar wurde vor versammeltem Senat geopfert, ohne andere Formalität als 23 Dolchstöße, und nach keinem anderen Gesetz als dem der Freiheit Roms.« Daß die Französische Revolution den Anschluß an das lakädämonische Rom in der Sprache des Blutes und nicht in der des Theaters finden würde, unter dessen Bann alle standen, er allein scheint es zu wissen und antwortet Danton wie der Großinquisitor Dostojewskijs dem Verfasser des ›Génie du Christianisme‹, Chateaubriand, antworten würde. Es geht von ihm ein Zauber aus, dem er selbst erliegt. In einer Zeit, die noch damit befaßt war, die Seele des Brutus mit dessen Statue eins werden zu lassen (sie wird sich dennoch mit dem Geist Cäsars erfüllen!), wirken bei Saint-Just die inneren Kräfte zusammen, um in der Verwirrung der Ereignisse den Fixstern zu entdecken, den er Republik nennt. Napoleon wird ihn den seinen nennen, Lenin das Proletariat, Ghandi Indien, General de Gaulle Frankreich. Ihn umkreisend wird die Welt der Erscheinungen zur Geschichte. Wenn Saint-Just besser zu spielen scheint als die anderen, so nur deshalb, weil er nicht spielt. Kaum in Straßburg eingetroffen, richtet er den Revolutionsausschuß ein: »Die pflichtvergessenen Beamten in den Verwaltungen werden erschossen.« Erregung bei den Jakobinern, die einen Beauftragten entsenden. Antwort: »Wir sind hier nicht, um uns mit den Behörden zu verbrüdern, sondern um sie zu richten.« In dem von den Österreichern belagerten Landau antwortet er dem Bevollmächtigten, der der Garnison eine ehrenvolle Übergabe anbietet: »Die französische Republik nimmt von ihren Feinden nur an, was sie ihnen schickt: Kugeln.« Landau ist gerettet, Charleroi wird von der Armee Jourdan eingeschlossen. Den Brief, den ihm der Gouverneur schickt, macht er nicht auf: »Nicht Papier, sondern die Festung fordern wir von Ihnen – doch wenn sich die Besatzung auf Gnade oder Ungnade ergibt, entehrt sie sich – wir können Euch hier weder ehren, noch entehren, sowenig wie es in Eurer Macht liegt, die französische Nation zu entehren oder zu ehren. Zwischen Euch und uns gibt es keine Gemeinsamkeit.« In diesen Antworten hat man die Rhetorik der Tragödien, die Nachfolge Mirabeaus erblickt. Kein Zweifel, sie bekräftigen, daß Saint-Just durch den Willen des Volkes da steht, wo er steht, aber sie ziehen nicht in Betracht, daß er aus diesem Posten durch die Macht der Bajonette hervorgehen könnte. »Landau oder den Tod!« Er findet keine »edlen Antworten«, er spricht ein heldenhaftes »Unwiderruflich«. »Man macht keine halben Revolutionen« lautet die Fortsetzung der Thermopylen-Inschrift: »Wanderer, kommst Du nach Sparta . . .« Und das Wort paßt zu der Faust des Mucius Scaevola, zur Rückkehr des Regulus nach Karthago, zu der verbrannten Flotte Alexanders; so wie jenes: »Man kann nicht in Unschuld herrschen.« Ein großer Mann ist verwundbar durch seine innere Vielfalt, manchmal auch durch die Vielfalt dessen, was ihn groß macht; Saint-Just kennt Vielfalt nur in den Mitteln, die er wählt. Seine Unverletzlichkeit erinnert seltsam an die der Jeanne d'Arc in Rouen: insofern bei beiden der Entwurf ihrer Antworten den der ihnen gestellten Fragen bestimmt. »War der Heilige Michael nackt?« – »Glaubt Ihr, Gott sei zu arm, um seine Engel zu kleiden?« . . . Ankläger ist Saint-Just, weil er das tiefste Gewissen der Revolution verkörpert, nicht durch seine Strenge (deren er nur zuviel besitzt), sondern durch seine scheinbar intellektuelle, in Wirklichkeit ethische und nahezu religiöse innere Geschlossenheit. Auch Mohammed ist Gesetzgeber. Wir kennen den Alpdruck des »man muß« in seinen Schreiben. Im Wohlfahrtsausschuß, bei der Sembre- und Maasarmee, wie in der Polizeidirektion bedeutet Denken für Saint-Just soviel wie: versuchen, eine Pflicht zu umreißen. Wie einige Gestalten bei Claudel und und so viele bei Dostojewskij, deren unerbittliche und einfache, manchmal an Raserei grenzende Logik er besitzt (damit die Republik lebt, muß alles sterben, was sie lähmen könnte), lebt er in einer Wahrheit, die nicht Anhängerschaft, sondern Gemeinschaft fordert und überzeugen möchte, um zu bekehren. Auf einem Sockel von Definitionen errichtet er, was jenseits aller Definition steht. Schon im Königsprozeß hatte er empfindsame Seelen und vernünftige Geister gezwungen, hinter den Stück für Stück abgerissenen Dekorationen des Jahrhunderts den unergründlichen Nachthimmel der Revolution aufsteigen zu sehen. Und der Redner, der nach ihm sprach, wirkte in seiner Rückkehr zur Gesetzlichkeit nachgerade lächerlich. Ähnlich den Propheten hatte er dem Geheimnis die Gewißheit der Wahrheit verliehen. Für die meisten seiner Zuhörer wie für ihn selbst war die Republik nicht nur ein Regierungssystem sondern zunächst eine Geheime Offenbarung und die Hoffnung auf eine unbekannte Welt. Mit wütender Kraft hielt er am revolutionären Traum fest, wenn er den Konvent überzeugte, daß es dessen Auftrag sei, vorbildlich zu handeln – oder zu sterben. Er zwang Männer, die wie große Römer reden wollten, als solche zu sterben. So herrschte er über sie bis zu dem Tag, an dem der Feind geschlagen und Tod gleichbedeutend mit Guillotine wurde: sie fanden seine Verurteilung in den Fahnen von Fleurus.

Die meisten unter ihnen wollten den Staat nur wieder herstellen, um in ihm zur Macht zu kommen. Das Direktorium hat es erwiesen. Aber noch bedurfte es des Sieges. Doch was hat Saint-Just gewollt? Es war, als suche er vorbildliche Taten um ihrer selbst willen zu vollbringen; genauer, um Zeugnis abzulegen von der Wahrheit, die ihn besaß. Oft ist es, als rufe er den Tod als das nahe und notwendige Ende seines Lebens herbei. Verurteilt er umso entschlossener, abstrakter, als er sich selbst verurteilt wissen möchte? Vor diesem Hintergrund von Siegen (von seiner Ankunft im Konvent bis zum 9. Thermidor wird er nie geschlagen) sieht man im Schnee des Kreml den kleinen schwarzen Schatten Lenins vorübertanzen, der zu den verblüfften Volkskommissaren sagt: »Wir haben einen Tag länger ausgehalten als die Kommune in Paris!«

Die Göttin Vernunft kam ihm lächerlich vor. Irgendwie glaubte er an das Höchste Wesen und sehr stark an die Unsterblichkeit der Seele. Vielleicht gehört sein letztes Wort »in jenes unabhängige Leben, das er sich über die Zeiten hinweg und in einem Jenseits geschaffen hatte«. Es war nicht so sehr durch die Nachwelt gewährleistet als durch heroische Unbedingtheit. Um Saint-Just zu deuten war das 19. Jahrhundert bemüht, Vernunft und Individualismus zu vermengen. Aber dieser Individualismus ist besitzergreifend, bei Napoleon wie bei den Helden Balzacs. Und es ist der Gefühlstypus, durch den sich der Kleinbürger in einen Roman-Aristokraten verwandelt. Die Rastignacs [10]) neiden Saint-Just seine Macht, aber ihn selbst halten sie weniger für ein Vorbild als für einen Schwarmgeist, eine Bezeichnung, die schon Danton auf ihn angewandt hatte. Ein Energie-Dozent? Was für Lehren würde ein Politiker, ein ehrgeiziger Historiker des Zweiten Kaiserreichs oder der Dritten Republik, ein Rubempré [11]), ja selbst ein Julien Sorel [12]) aus Saint-Just ziehen? Was hat

[10]) Rastignac, Romanfigur aus »Le Père Goriot« von Honoré de Balzac.
[11]) Rubempré, Romanfigur aus »Illusions Perdues« von Honoré de Balzac.
[12]) Julien Sorel, männliche Hauptfigur in »Le Rouge et le Noir« von Stendhal.

die Gewandtheit im sozialen Schachspiel, von der sie geblendet sind, mit einem legendären Einsatz zu tun? Die Selbstgefälligkeit, die sie auf ihr Porträt verwenden, mit der zornigen Leidenschaft, die er auf sein Standbild verwendet? Denn diese Statue ohne Antlitz ist eines der Sinnbilder der Republik, neben der Marseillaise, den Fahnen des Jahres II (denen er ihre Farben verliehen hat) und der Guillotine ... Er scheint sich wenig um seine Person gekümmert zu haben, von der wir so gut wie nichts wissen. Er ist von einem priesterlichen Stolz, der sich ganz und gar von Eitelkeit unterscheidet. Er wollte nichts sein als seine Taten und diese sollten Vorbild sein. Mag aber die theatralische Tat den einzelnen schmücken, die vorbildliche enteignet ihn. Als traumwandelnder Souverän durchschreitet er die Schreckensherrschaft wie Lady Macbeth das Schloß von Dunsinane, und nur vom Geist der Republik verfolgt, streckt er seine blutigen Hände aus, als wären es die der Gerechtigkeit. Bei Saint-Just gibt es kein »Belieben«.

»Ich wollte eine von jedermann geliebte Republik«, sagt trauervoll Desmoulins. Was wurde aus ihr, als sie aufgehört hatte, ein goldenes Zeitalter zu versprechen? Zunächst das, was von den Königen angegriffen wurde. Zusammen mit Carnot war Saint-Just ihr erfolgreichster Verteidiger. Sein Ansehen, wir sahen es, beruhte in der Hauptsache darauf, daß er sich selbst als das Schwert der Freiheit verstand. »Die Freiheit besteht in der Abhängigkeit von Gesetzen, die der Vernunft entsprechen.« Würde sie nur darin bestehen, so wäre Saint-Just längst in Vergessenheit geraten. Doch am Vorabend von Fleurus war die Revolution noch ein weiter Phantasiebereich. In ihrer Gegnerschaft zu Michelet, Victor Hugo und hauptsächlich zur Kommune erliegen manche Historiker der Versuchung, die Geschichte der Revolution mit der der in ihr aufeinanderprallenden Interessen zu verwechseln. Und doch hat bekanntlich nicht Victor Hugo Fleurus erfunden, und die Nacht zum 4. August [13]) ist schwer aus den Interessen des Adels zu erklären. Einige Erfahrungen haben unser Jahrhundert gelehrt, daß auch Revolutionen revolutionär sein können. Die in ihrer Bedrohtheit greifbar gewordene Republik war darüber hinaus eine aus den Angeln gehobene Welt jenseits alles

[13]) 4. August 1789, Tag, an dem die Generalstände die feudalen Vorrechte abschafften.

Schicksalhaften, in der »die Menschen eines Tages nach ihrem Herzen leben würden«; mehr noch nach ihren Träumen: in einem gehobenen Zustand, in den der Mythos versetzt und den keines der selbst gesetzten Ziele, Glück oder Gerechtigkeit, erhellt. Die revolutionäre Begeisterung stirbt am Verschleiß, aber sie lebt von der Zukunft, vom Unbekannten. Dort suchte er den Bereich jener, »die nach Ruhm trachten«, suchte ihre Gegenwart so zu begreifen wie die Vorstellungskraft eine sagenhafte Vergangenheit. Die Zukunft hat er von den Institutionen erwartet, die er vorbereitete, und mehr wohl noch vom Ruhm selbst, so als trage er in sich selbst etwas, das über Institutionen hinausgeht, und als müsse eine heroische Welt mit Notwendigkeit eine befreite hervorbringen. Wie oft hat dieser von Größe Besessene seine Tat wie einen Einsatz ins Spiel geworfen! Seine Gabe, Menschen in einem Heldengedicht leben zu lassen und geschlagene Truppen in Soldaten des Jahres II zu verwandeln, er hat sie in den Dienst einer Republik gestellt, die nicht die Zeit fand, ins Leben zu treten. Was er an unerbittlicher Größe besaß, scheint uns Bürgschaft für die milde Größe jener in ihm guillotinierten Republik. Doch nicht ein Sparta von 20 Millionen Seelen ahnen wir in den Unklarheiten, von denen ihn der Tod trennte. Oft hat er von Frieden, von Gleichgültigkeit gegenüber dem Ausland geredet. Wie Napoleon! Er wußte, daß die Republik ansteckend war. Auch die Könige wußten es, und Thermidor hat das Heldenlied nur verzögert. Er besaß nicht das militärische Genie des Kaisers? Auch Mohammed und Stalin nicht. Die vom Gatten Marie-Louisens vertriebene Revolution betet wie eine getreue Bettlerin am Grab des Mörders der Marie-Antoinette. Und einer der Entwürfe zur Dichtung »Frankreich« erzählt die Geschichte einer Sambre- und Maasarmee, die zur Großen Armee geworden sei. Denn die Republik eines Saint-Just würde in sich nicht den vollkommenen Staat getragen haben, sondern den islamischen Reitersturm.

Sein Ruhm entspringt zum Teil einer Begabung, die nicht eigentlich literarisch war. Seine Reden und Schreiben richten sich in ihrer Gesamtheit nur an Fachleute. Sein Genie? Es besteht aus isolierten Sätzen, denen die Taten einen Sinn verleihen, der sich durch die Jahrhunderte zieht, weil er kaum der eines einzelnen Menschen ist, sondern uns als die Sprache der Geschichte berührt. In der Geschichte wollte er leben wie die Heiligen im Glauben, und in der Republik aufgehen, wie Heilige sich in Gott verlieren. Wollte man die toten

Republiken wieder aufleben lassen, mit wessen Stimme würde die des Jahres II nach der Hinrichtung Dantons reden wenn nicht mit der seinen? In der Geschichte leben, hieß, von dem unerbittlichen Dienst am Vaterland einen Anteil an ewigen Träumen fordern. Zu seiner Zeit, die eine der größten Epochen der Hoffnung war, hat niemand mit soviel Leidenschaft gehofft, den Menschen zu verändern, indem er ihn hineinzwingt in ein verwandelndes Heldenlied.

Und vielleicht entsprang seine Aura dem Blitz des Fallbeils, das in der Abendsonne herabfuhr und in dem Mörder Ludwig XVI, dem Ankläger Dantons, dem Sieger von Fleurus zugleich das große Abenteuer der Revolution getötet hat.

Hat Robespierre ins Auge gefaßt, Staatsverweser Ludwig XVII zu werden? Wir bezweifeln es. Hat er mit anderen darüber gesprochen? Wahrscheinlich. Hat Saint-Just es erfahren? Wir wissen es nicht. Ein Bruch wäre dann sehr wahrscheinlich geworden; denn Saint-Just würde die Diktatur seines Freundes hingenommen haben, wäre sie in einer irgendwie römischen Farbe aufgetreten – nicht aber die Wiedereinsetzung der Bourbonen ... Die Verwirrung Robespierres, der Wahnsinn, der ihn dazu antreibt, Carnot in dem Augenblick anzugreifen, wo die französische Armee die Koalition besiegt, rufen die Schattenseiten herauf, die die großen Ereignisse zum Schicksalsgedicht werden lassen. Die zeitgenössische Geschichtsschreibung findet sich damit ab, auszugrenzen, was sie nicht weiß, statt es zu erfinden ... Man vermißt die von Michelet geschaffene Shakespeare-Gestalt; aber man weiß, daß sein Genie in dem Glauben, Tatsachen zu schildern, Seelen wiederaufstehen ließ und das Schicksalhafte aufzeigte.

Saint-Justs Person entzieht sich uns in solchem Maße, daß man sich fragen muß, ob er nicht, wie es sein Wunsch war, ganz in seinem Handeln aufgeht. Albert Olivier hat endlich einen entscheidenden Text ins Licht gerückt, das Bruchstück eines Pseudoromans, das Saint-Just bis zu seinem Tode aufbewahrte. Der Ton der Romanliteratur war damals so wirklichkeitsfremd, daß es genügte, »er« zu schreiben, um sich unter der Maske zu fühlen. Dennoch wird sich niemand der Täuschung über den autobiographischen Charakter dieser zweifellos auf Louise Gellet bezugnehmenden Seiten hingeben, auf denen ein uns wohl vertrautes »überwinden wir unsere Schwäche!« einige herkömmliche Genrebilder von Greuze einrahmt. Die Pausen des Schweigens, die ebenso wie die Dialoge niedergeschrieben werden, genügen, um auszutilgen, was in dieser Geheimaufzeichnung an Literatur noch übrig ist ... Man könnte es in einen Theaterdialog umschreiben, in dem die Stummheit der Frau (fünfmal verweigert sie die Antwort!) eine Hauptrolle spielen müßte, von der die Schriftsteller jener Zeit nicht die geringste Vorstellung hatten. Bei dieser Beichte im Schutz der Maske geht es für Saint-Just nicht um Kunst. Doch wenn er schreibt, um an die Frau zurückzudenken, so tut er es auch, um sich seiner selbst zu entsinnen. Hier also wird nach so vielen Jahren die einzige vertrauliche Aussage laut, der einzige Ton der geheimen Stimme; denn seine Briefe haben keinen anderen persönlichen Akzent als den des Zorns – und wir kennen ihn. Es ist nicht Julien Sorel [14]); denn im voraus scheint er einverstanden mit dem Tod dessen, was er liebte. (War er es in dem Maße, in dem er es glaubte, und hat er sich darin nicht getäuscht?) Aber er spricht zu Madame de Rénâl ...

»Diese hohe und stolze Seele«, sagt Michelet, dem es nicht unbekannt war, auf welche Gefahr Frankreich sich mit Saint-Just einließ. Wenn dieser, wetternd gegen Siege und gebändigte Geschichte, von der Front zurückkehrte, unsinnig und hinreißend – wie die assyrischen Könige, die zerstreut ihre Löwenpeitsche in den Staatsrat mitbrachten – so schrieb er in das auf seinem Leichnam gefundene Heft: »Um mit Frauen glücklich zu werden, muß man sie glücklich machen, ohne es sie merken zu lassen.« Mag die Sanseverina [15]) ihrem Fabrice unter einem Sträußchen von Parmaveilchen eine Botschaft zustecken, die vielleicht ein drakonisches Lächeln hervorruft ... Der Traum findet sich nicht so leicht mit der Wirklichkeit ab, die er in sich aufnimmt – wenn es die Wirklichkeit eines Saint-Just ist.

[14]) Julien Sorel, der in »Le Rouge et le Noir« seine Geliebte, Madame de Rénâl, tötet.
[15]) Die Herzogin Sanseverina, Hauptfigur der »Chartreuse de Parme«, sucht durch ihre Botschaften Fabrice aus dem Gefängnis zu befreien, jedoch nur, um ihn noch stärker unter ihren Einfluß zu zwingen und von seiner Geliebten loszulösen.

Die Fußnoten stammen vom Übersetzer

Federico García Lorca
Divan del Tamarit

Gacela del amor desesperado

La noche no quiere venir
para que tú no vengas,
ni yo pueda ir.

Pero yo iré,
aunque un sol de alacranes me coma la sien.

Pero tu vendrás
con la lengua quemada por la lluvia de sal.

El día no quiere venir
para que tú no vengas,
ni yo pueda ir.

Pero yo iré
entregando a los sapos mi mordido clavel.

Pero tú vendrás
por las turbias cloacas de la oscuridad.

Ni la noche ni el día quieren venir
para que por ti muera
y tú mueras por mí.

Divan des Tamarit

Ghasel von der verzweifelnden Liebe

Die Nacht will nicht kommen,
daß du nicht kommst,
und ich kann nicht gehn.

Aber ich geh,
auch wenn eine Sonne aus Skorpionen mir die Schläfen frißt.

Aber du kommst,
vom Salzregen deine Zunge verbrannt.

Der Tag will nicht kommen,
daß du nicht kommst,
und ich kann nicht gehn.

Aber ich geh
und bring den Kröten meine zerbissene Nelke.

Aber du kommst,
durch den Schaum der Kloaken, im Dunkel.

Nicht die Nacht will kommen und nicht der Tag,
daß ich für dich sterbe
und du für mich.

177

Gacela de la raíz amarga

Hay una raíz amarga
y un mundo de mil terrazas.

Ni la mano más pequeña
quiebra la puerta del agua.

¿Dónde vas, adónde, dónde?
Hay un cielo de mil ventanas
—batalla de abejas lívidas—
y hay una raíz amarga.

Amarga.

Duele en la planta del pie
el interior de la cara,
y duele en el tronco fresco
de noche recién cortada.

¡Amor, enemigo mío
muerde tu raíz amarga!

Gacela de la muerte oscura

Quiero dormir el sueño de las manzanas,
alejarme del tumulto de los cementerios.
Quiero dormir el sueño de aquel niño
que quería cortarse el corazón en alta mar.

No quiero que me repitan que los muertos no pierden la sangre;
que la boca podrida sigue pidiendo agua.
No quiero enterarme de los martirios que da la hierba,
ni de la luna con boca de serpiente
que trabaja antes del amanecer.

Ghasel von der bitteren Wurzel

Es gibt eine bittere Wurzel
und eine Welt von tausend Straßencafés.

Auch die allerkleinste Hand
schlägt die Tür des Wassers nicht ein.

Wohin gehst du? Wohin, wohin?
Es gibt einen Himmel mit tausend Fenstern
— ein Schlachtfeld von bleichen Bienen —
und eine Wurzel, die bitter ist.

Bitter.

In der Sohle des Fußes schmerzt
das Innere des Gesichts,
und im frischen Stumpfe schmerzt
die abgeschnittne Nacht.

Liebe, Feind,
beiß in deine bittere Wurzel.

Ghasel vom dunklen Tod

Ich will den Schlaf der Äpfel schlafen,
mich vom Tumult der Friedhöfe entfernen.
Ich will den Schlaf von jenem Kinde schlafen,
das sich auf hoher See das Herz aufschneiden wollte.

Ich will mir nicht sagen lassen, daß die Toten ihr Blut nicht verlieren,
daß der verweste Mund noch immer Wasser heischt.
Ich will nicht wissen, welche Foltern das Gras bereit hat,
noch hören von dem Mond mit Schlangenmaul,
der werkt, bevor es Tag wird.

Qiero dormir un rato,
un rato, un minuto, un siglo;
pero que todos sepan no he muerto;
que hay un establo de oro en mis labios;
que soy el pequeño amigo del viento Oeste;
que soy la sombra inmensa de mis lágrimas.

Cúbreme por la aurora con un velo,
porque me arrojará puñados de hormigas,
y moja con agua dura mis zapatos
para que resbale la pinza de su alacrán.

Porque quiero dormir el sueño de las manzanas
para aprender un llanto que me limpie de tierra;
porque quiero vivir con aquel niño oscuro
que quería cortarse el corazón en alta mar.

Casida del llanto

He cerrado mi balcón
porque no quiero oír el llanto,
pero por detrás de los grises muros
no se oye otra cosa que el llanto.

Hay muy pocos ángeles que canten,
hay muy pocos perros que ladren,
mil violines caben en la palma de mi mano.

Pero el llanto es un perro inmenso,
el llanto es un ángel inmenso,
el llanto es un violín inmenso,
las lágrimas amordazan al viento,
y no se oye otra cosa que el llanto.

180

Ich will für eine Weile schlafen,
eine Weile, eine Minute, ein Jahrhundert,
aber alle sollen wissen daß ich nicht tot bin,
daß auf meinen Lippen ein goldener Stall ist,
daß ich der kleine Freund des Westwinds bin,
daß ich der riesige Schatten meiner Tränen bin.

Deck mich im Morgenrot mit einem Schleier zu,
denn es wird Hände voll Ameisen nach mir werfen,
gieß hartes Wasser über meine Schuhe,
daß sein Skorpionenstachel abgleitet an mir.

Denn ich will den Schlaf der Äpfel schlafen,
ein Weinen zu erlernen, das die Erde von mir wäscht.
Denn ich will mit jenem dunklen Kinde leben,
das sich auf hoher See das Herz aufschneiden wollte.

Casida vom Weinen

Ich hab die Balkontür geschlossen,
denn ich will das Weinen nicht hören,
aber hinter den grauen Mauern
hört man nichts als nur das Weinen.

Es gibt sehr wenig Engel die singen,
es gibt sehr wenig Hunde die bellen,
tausend Geigen haben Platz in meiner Hand.

Aber das Weinen ist ein riesiger Hund,
das Weinen ist ein riesiger Engel,
das Weinen ist eine riesige Geige,
die Tränen knebeln den Wind,
und man hört nichts als nur das Weinen.

Casida de la mujer tendida

Verte desnuda es recordar la tierra.
La tierra lisa, limpia de caballos.
La tierra sin un junco, forma pura
cerrada al porvenir: confín de plata.

Verte desnuda es comprender el ansia
de la lluvia que busca débil talle,
o la fiebre del mar de inmenso rostro
sin encontrar la luz de su mejilla.

La sangre sonará por las alcobas
y vendrá con espada fulgurante,
pero tú no sabrás dónde se ocultan
el corazón de sapo o la violeta.

Tu vientre es una lucha de raíces,
tus labios son un alba sin contorno,
bajo las rosas tibias de la cama
los muertos gimen esperando turno.

Casida de la mano imposible

Yo no quiero más que una mano,
una mano herida, si es posible.
Yo no quiero más que una mano,
aunque pase mil noches sin lecho.

Sería un pálido lirio de cal,
sería una paloma amarrada a mi corazón,
sería el guardián que en la noche de mi tránsito
prohibiera en absoluto la entrada a la luna.

Casida von der Frau auf dem Rücken

Dich nackt zu sehn, heißt an die Erde denken.
Die glatte Erde, frei von Pferden.
Die Erde ohne jede Binsen, die reine Form,
verschlossen für das Werden: Grenze aus Silber.

Dich nackt zu sehen, heißt die Angst des Regens,
der eine schmale Taille sucht, verstehn,
das Meer, das fiebert, weil sein ungeheures
Gesicht dem Lichte seiner Wange nicht begegnet.

Das Blut wird durch dein Schlafgemach ertönen
und wird mit strahlendhellem Degen kommen,
doch du weißt weder wo das Krötenherz
noch wo das Veilchen sich verbergen.

Dein Leib ist ein Gewirr von Wurzeln,
ein uferloser Morgen deine Lippen.
Unter des Bettes lauen Rosen stöhnen
die Toten: warten dranzukommen.

Casida von der unmöglichen Hand

Ich will nichts als nur eine Hand,
eine verwundete Hand, wenn möglich.
Ich will nichts als nur eine Hand,
auch wenn ich kein Bett habe tausend Nächte.

Sie wäre eine blasse Lilie aus Kalk,
sie wäre eine Taube, an mein Herz gekettet,
sie wäre der Wächter in der Nacht wenn ich sterbe,
der hindert, daß der Mond hereinkommt.

Yo no quiero más que esa mano
para los diarios aceites y la sábana blanca de mi agonía.
Yo no quiero más que esa mano
para tener un ala de mi muerte.

Lo demás todo pasa.
Rubor sin nombre ya, astro perpetuo.
Lo demás es lo otro; viento triste,
mientras las hojas huyen en bandadas.

Casida de la rosa

La rosa
no buscaba la aurora:
casi eterna en su ramo,
buscaba otra cosa.

La rosa,
no buscaba ni ciencia ni sombra:
confín de carne y sueño,
buscaba otra rosa.

La rosa,
no buscaba la rosa.
Inmóvil por el cielo
buscaba otra cosa.

184

Ich will nichts als nur diese Hand,
für die tägliche Ölung und mein weißes Sterbelaken.
Ich will nichts als nur diese Hand,
um einen Flügel meines Tods zu haben.

Alles übrige geht vorbei,
ein Erröten, namenlos schon, ein ewiger Stern.
Alles übrige ist das Andre: ein trauriger Wind,
und die Blätter fliehn, in Stößen.

Casida von der Rose

Die Rose
sucht nicht das Morgengrauen:
an ihrem Zweig, fast ewig,
sucht sie das andre noch.

Die Rose
sucht weder Wissen noch Schatten:
Grenze von Fleisch und Traum,
sucht sie das andre noch.

Die Rose
sucht nicht in sich die Rose.
Reglos gegen den Himmel
sucht sie das andre noch.

Casida de las palomas oscuras

Por las ramas del laurel
van dos palomas oscuras.
La una era el sol,
la otra la luna.
«Vecinitas», les dije,
¿dónde está mi sepultura?»
«En mi cola», dijo el sol.
«En mi garganta», dijo la luna.
Y yo que estaba caminando
con la tierra por la cintura
vi dos águilas de nieve
y una muchacha desnuda.
La una era la otra
y la muchacha era ninguna.
«Aguilitas», les dije,
«¿dónde está mi sepultura?»
«En mi cola», dijo el sol.
«En mi garganta», dijo la luna.
Por las ramas del laurel
vi dos palomas desnudas.
La una era la otra
y las dos eran ninguna.

Casida von den dunklen Tauben

In den Zweigen des Lorbeers
gehn zwei dunkle Tauben.
Die eine war die Sonne,
die andre war der Mond.
»Liebe Nachbarinnen«, sprach ich,
»sagt, wo ist mein Grab gerichtet?«
»In meinem Schwanz«, sprach da die Sonne.
»In meiner Kehle«, sagte der Mond.
Und als ich weiterging
mit der Erde bis an den Gürtel,
sah ich zwei Adler aus Schnee
und ein nacktes Mädchen.
Der eine war der andre,
und das Mädchen das war keines.
»Liebe Adler«, sprach ich zu ihnen,
»sagt, wo ist mein Grab gerichtet?«
»In meinem Schwanz«, sprach da die Sonne.
»In meiner Kehle«, sagte der Mond.
In den Zweigen des Lorbeers
sah ich zwei nackte Tauben.
Die eine war die andre
und beide waren keines.

Rafael Alberti
Retornos de un poeta asesinado

Has vuelto a mí más viejo y triste en la dormida
luz de un sueño tranquilo de marzo, polvorientas
de un gris inesperado las sienes, y aquel bronce
de olivo que tu mágica juventud sostenía,
surcado por el signo de los años, lo mismo
que si la vida aquella que en vida no tuviste
la hubieras paso a paso ya vivido en la muerte.

Yo no sé qué has querido decirme en esta noche
con tu desprevenida visita, el fino traje
de alpaca luminosa, como recién cortado,
la corbata amarilla y el sufrido cabello
al aire, igual que entonces
por aquellos jardines de estudiantiles chopos
y calientes adelfas.

Tal vez hayas pensado —quiero explicarme ahora
ya en las claras afueras del sueño— que debías
llegar primero a mí desde esas subterráneas
raíces o escondidos manantiales en donde
desesperadamente penan tus huesos.

Dime,

confiésame, confiésame
si en el abrazo mudo que me has dado, en el tierno
ademán de ofrecerme una silla, en la simple
manera de sentarte junto a mí, de mirarme,
sonreír y en silencio, sin ninguna palabra,

Rückkehr des ermordeten Dichters

Du kommst zurück zu mir, trauriger, älter, im regungslosen
Licht eines ruhigen Traums im März, staubig
von unvorhergesehenem Grau die Schläfen, und jene Bronze,
olivenfarbig, unwiderstehlich wie deine Jugend,
gefurcht von Jahren, als hättest du
das Leben, das im Leben du nicht gehabt hast,
Schritt für Schritt gelebt im Tod.

Ich weiß nicht, was du mir hast sagen wollen in dieser Nacht,
mit deinem unvorangekündigten Besuch, dem feinen Anzug
aus seidiger Alpaka, wie frisch vom Schneider,
gelber Krawatte, die Haare glatt
und ohne Hut, wie damals,
in jenen Gärten mit Pappeln im Studentenalter
und heißem Oleander.

Vielleicht hast du gedacht — so will ich jetzt,
am klaren Ausgang schon des Traums es mir erklären — du solltest
zuerst zu mir aus diesen Wurzeln unter Tag,
aus den versteckten Quellen kommen, von dort
wo deine Knochen vor Ungeduld verzweifeln.

Sag,
gesteh, gesteh mir doch,
ob in dem stummen Arm, den du um mich gelegt hast, ob
in der zärtlichen Bewegung, die mir einen Stuhl anbot, im einfachen
sich Setzen neben mich, mich Ansehn,
Lächeln, schweigend, ohne jedes Wort,

dime si no has querido significar con eso
que, a pesar de las mínimas batallas que reñimos,
sigues unido a mí más que nunca en la muerte
por las veces que acaso
no lo estuvimos —¡ay, perdóname!— en la vida.

Si no es así, retorna nuevamente en el sueño
de otra noche a decírmelo.

sag, ob du damit nicht bedeuten wolltest,
daß, trotz der kleinen Kämpfe zwischen uns,
du mehr als je mit mir verbunden bleibst im Tod,
der Male wegen, die vielleicht — verzeih es mir —
wir es nicht waren, als du lebtest.

Ist es nicht so, kehr noch einmal zurück im Traum
in einer andern Nacht und sag es mir.

Jorge Luis Borges
Aus meinem fünften Versbuch

Vorwort

Ohne es mir von Anfang an vorzunehmen, habe ich mein bereits langes Leben der Literatur gewidmet, dem Lehrstuhl der Muße, den stillen Abenteuern der Zwiesprache, der Philologie, von der ich nichts verstehe, der geheimnisvollen Gewöhnung an Buenos Aires und den Ratlosigkeiten, die sich nicht ohne Hochmut Metaphysik nennen. Auch hat es meinem Leben nicht an der Freundschaft einiger weniger gemangelt, und auf die kommt es an. Ich glaube, nicht einen einzigen Feind zu haben, und wenn es solche gegeben hat, so haben sie es mir nie gezeigt. In Wahrheit kann uns niemand verletzen außer denen, die wir lieben. Nun, im siebzigsten Jahr meines Alters (der Ausdruck stammt von Whitman), gebe ich dieses fünfte Buch mit Versen in Druck.

Carlos Frías hat vorgeschlagen, ich solle sein Vorwort als Erläuterung meiner Ästhetik benutzen. Meine Armut, mein Wille widersetzen sich diesem Rat. Ich bin kein Besitzer einer Ästhetik. Die Zeit hat mich einige Listen gelehrt: Synonyme zu vermeiden, die den Nachteil haben, imaginäre Unterschiede nahezulegen; Hispanismen zu vermeiden, Argentinismen, Archaismen und Neologismen; die gewöhnlichen Wörter den erstaunlichen Wörtern vorzuziehen; in einen Bericht nebensächliche, vom Leser heutzutage geforderte Einzelheiten einzuschieben, kleine Ungewißheiten vorzutäuschen, da, wenn die Wirklichkeit genau ist, die Erinnerung es nicht ist; die Tatsachen (das habe ich von Kipling und den isländischen Sagen gelernt) so zu erzählen, als verstünde ich sie nicht ganz; daran zu denken, daß frühere Normen keine Verpflichtungen sind und daß die Zeit es übernimmt, sie abzuschaffen. Dergleichen Listen oder Gewohnheiten machen sicherlich noch keine Ästhetik aus. Überdies glaube ich nicht an Ästhetiken. Im allgemeinen sind sie nichts als unnütze Abstraktionen; sie variieren von Schriftsteller zu Schriftsteller, auch von Text zu Text und können nicht mehr sein als Anreize oder gelegentliche Werkzeuge.

Dies, so schrieb ich, ist mein fünftes Buch mit Versen. Logischer-weise steht zu vermuten, daß es nicht besser oder schlechter ist als die anderen. Den Spiegeln, Labyrinthen und Degen, die mein resignierter Leser bereits ahnt, haben sich zwei neue Themen zugesellt: das Alter und die Ethik. Letztere hat bekanntlich nie aufgehört, einen gewissen, sehr lieben Freund, den die Literatur mir geschenkt hat, zu beschäf-tigen: Robert Louis Stevenson. Eine der Tugenden, deretwegen ich die protestantischen Nationen denen katholischer Tradition vorziehe, ist ihre Sorge um die Ethik. Milton wollte die Kinder seiner Akademie in der Kenntnis der Physik, der Mathematik, der Astronomie und der Naturwissenschaften unterrichten; Doktor Johnson bemerkte beim Halbieren des 18. Jahrhunderts: »Die Umsicht und die Gerechtigkeit sind Vorzüge und Tugenden, die allen Epochen und allen Orten ent-sprechen; wir sind dauernd Moralisten und nur manchmal Geometer.«

In diesen Seiten leben, ich glaube ohne Zwietracht, die Formen der Prosa und des Verses nebeneinander. Ich könnte mich auf berühmte Vorgänger berufen — auf »De consolatione« von Boetius, auf Chaucers Erzählungen, auf das Buch von Tausendundeine Nacht; ich erkläre lieber, daß diese Abweichungen mir zufällig erscheinen und daß ich es lieber sähe, dies Buch würde als Versbuch gelesen. Ein Band an sich ist kein ästhetischer Tatbestand, er ist ein physischer Gegenstand unter anderen; der ästhetische Tatbestand vollzieht sich nur, wenn er geschrieben oder gelesen wird. Gemeinhin wird behauptet, der freie Vers sei nichts als ein typographischer Trug; ich meine, dieser Behaup-tung liegt ein Irrtum zugrunde. Über seinen Rhythmus hinaus will die typographische Form des Versikels dem Leser ankündigen, daß das, was ihn erwartet, die poetische Erregung ist und nicht die Information oder der Gedankengang. Manches Mal habe ich den weiten Atem der Psalmen oder des Walt Whitman angestrebt; am Ende der Jahre stelle ich nicht ohne Melancholie fest, daß ich mich darauf beschränkt habe, zwischen einigen klassischen Versmaßen zu wechseln: dem Alexan-driner, dem Elfsilber, dem Siebensilber. In der einen oder anderen Mi-longa habe ich respektvoll den blumigen Mut des Ascasubi und der Vorstadt-Coplas nachzuahmen versucht.

Die Poesie ist weniger geheimnisvoll als die anderen Elemente der Weltkugel. Dieser oder jener gelungene Vers darf uns nicht eingebil-det machen, denn er ist ein Geschenk des Zufalls oder des Geistes; nur die Irrtümer sind unsere.

Milonga de Manuel Flores

Manuel Flores va a morir.
Eso es moneda corriente;
Morir es una costumbre
Que sabe tener la gente.

Mañana vendrá la bala
Y con la bala el olvido;
Lo dijo el sabio Merlin:
Morir es haber nacido.

Y sin embargo me duele
Decirle adiós a la vida,
Esa cosa tan de siempre,
Tan dulce y tan conocida.

Miro en el alba mis manos,
Miro en las manos las venas;
Con extrañeza las miro
Como si fueran ajenas.

¡Cuánta cosa en su camino
Estos ojos habrán visto!
Quién sabe lo que verán
Después que me juzgue Cristo.

Manuel Flores va a morir.
Eso es moneda corriente;
Morir es una costumbre
Que sabe tener la gente.

Milonga von Manuel Flores

Manuel Flores wird sterben.
Da gibts nichts zu schieben, zu schalten.
Sterben ist eine Gewohnheit
An die sich die Leute halten.

Morgen in der Früh kommt die Kugel,
Mit ihr kehrt Vergessenheit ein;
So sprach der gelehrte Merlin:
Sterben heißt Geboren sein.

Und dennoch tut es mir weh
Lebwohl zu sagen dem Leben,
Dies Ding so von jeher bekannt,
So süß, so naturgegeben.

Beseh ich, wenn's tagt, meine Hände,
Seh ich die Adern wandern;
Befremdet seh ich sie an,
Als gehörten sie einem andern.

Wie vieles auf seinen Wegen
Hat dieses Auge gesichtet!
Was wird es alles noch sehn,
Nachdem mich Christus gerichtet.

Manuel Flores wird sterben.
Da gibts nichts zu schieben, zu schalten.
Sterben ist eine Gewohnheit
An die sich die Leute halten.

Rubaiyat

Torne en mi voz la métrica del persa
A recordar que el tiempo es la diversa
Trama de sueños ávidos que somos
Y que el secreto Soñador dispersa.

Torne a afirmar que el fuego es la ceniza,
La carne el polvo, el río la huidiza
Imagen de tu vida y de mi vida
Que lentamente se nos va de prisa.

Torne a afirmar que el arduo monumento
Que erige la soberbia es como el viento
Que pasa, y que a la luz inconcebible
De Quien perdura, un siglo es un momento.

Torne a advertir que el ruiseñor de oro
Canta una sola vez en el sonoro
Ápice de la noche y que los astros
Avaros no prodigan su tesoro.

Torne la luna al verso que tu mano
Escribe como torna en el temprano
Azul a tu jardín. La misma luna
De ese jardín te ha de buscar en vano.

Sean bajo la luna de las tiernas
Tardes tu humilde ejemplo las cisternas,
En cuvo espejo de agua se repiten
Una pocas imágenes eternas.

Que la luna del persa y los inciertos
Oros de los crepúsculos desiertos
Vuelvan. Hoy es ayer. Eres los otros
Cuyo rostro es el polvo. Eres los muertos.

Rubaiyat

Im Vers des Persers wieder meine Stimme bebe,
Gedenkend daß die Zeit nur das Gewebe
Begieriger Träume ist, des Stoff wir sind,
Und üppige, Geheimen Träumers Rebe.

Versichre wiederum daß Feuer Asche ist,
Daß Fleisch nur Staub und daß der Fluß nur mißt
Das Fluchtbild deines und auch meines Lebens,
Das uns enteilt, und keiner es vermißt.

Versichre wieder daß das Monument
Das mühsam unser Stolz erbaut, am End
Nur Wind, daß in des Ewgen unfaßbarem Licht
Jahrhunderte nichts sind als ein Moment.

Warn wieder daß die goldne Nachtigall
Nur einmal schlägt im tongetürmten All
Der Nacht und daß die Sterne geizig sind
Und ihr Geleuchte nicht als Schein und Schall.

Kehr wieder, Mond, zum Vers den meine Hand
schreibt wie er wiederkehrt im Morgenstand
In deinen Garten. Derselbe Gartenmond,
Vergebens sucht er dich in unserem Land.

Geh in den zarten Abendmond und lerne
Dein demütiges Vorbild, die Zisterne:
In ihrem Wasserspiegel kehren Bilder,
Nur wenige Bilder wieder, ewigferne.

Kehr wieder, Persermond, trostlose Ruh
Unwahren Abendgoldes, kehr im Nu.
Du bist die anderen. Gestern ist heut.
Die Toten, deren Antlitz Staub, bist du.

Heraclito

El segundo crepúsculo.
La noche que se ahonda en el sueño.
La purificación y el olvido.
El primer crepúsculo.
La mañana que ha sido el alba.
El día que fue la mañana.
El día numeroso que será la tarde gastada.
El segundo crepúsculo.
Ese otro hábito del tiempo, la noche.
La purificación y el olvido.
El primer crepúsculo . . .
El alba sigilosa y en el alba
la zozobra del griego.
¿Que trama es ésta
del será, del es y del fue?
¿Qué río es éste
por el cual corre el Ganges?
¿Qué río es éste cuya fuente es inconcebible?
¿Qué río es éste
que arrastra mitologías y espadas?
Es inútil que duerma.
Corre en el sueño, en el desierto, en un sótano.
El río me arrebata y soy ese río.
De una materia deleznable fui hecho, de misterioso tiempo.
Acaso el manantial está en mí.
Acaso de mi sombra
surgen, fatales e ilusioros, los días.

Heraklit

Die zweite Dämmerung.
Die Nacht die im Traum versinkt.
Die Läuterung und das Vergessen.
Die erste Dämmerung.
Der Morgen der Morgengrauen gewesen ist.
Der Tag der Morgen war.
Der üppige Tag der vergeudeter Abend sein wird.
Die zweite Dämmerung.
Diese andere Gewohnheit der Zeit, die Nacht.
Die Läuterung und das Vergessen.
Die erste Dämmerung . . .
Das verschwiegene Morgengrauen und im Morgengrauen
der Kummer des Griechen.
Welches Gewebe ist das
des Wird, des Ist und des War?
Welcher Fluß ist der
durch den der Ganges fließt?
Welcher Fluß ist der dessen Quelle unbegreiflich ist?
Welcher Fluß ist der
der Mythologien mitschleppt und Schwerter?
Unnötig daß er schläft.
Er fließt im Traum, in der Wüste, in einem Keller.
Der Fluß reißt mich fort und ich bin dieser Fluß.
Aus zerbrechlichem Stoff wurde ich gemacht, aus geheimnisvoller Zeit.
Vielleicht ist der Born in mir.
Vielleicht tauchen aus meinem Schatten,
verhängnisvoll und trügerisch, die Tage.

Elogio de la sombra

La vejez (tal es el nombre que los otros le dan)
puede ser el tiempo de nuestra dicha.
El animal ha muerto o casi ha muerto.
Vivo entre formas luminosas y vagas
que no son aún la tiniebla.
Buenos Aires,
que antes se desgarraba en arrabales
hacia la llanura incesante,
ha vuelto a ser la Recoleta, el Retiro,
las borrosas calles del Once
y las precarias viejas
que aún llamamos el Sur.
Siempre en mi vida fueron demasiadas las cosas;
Demócrito de Abdera se arrancó los ojos para pensar;
el tiempo ha sido mi Demócrito.
Esta penumbra es lenta y no duele;
fluye por un manso declive
y se parece a la eternidad.
Mis amigos no tienen cara,
las mujeres son lo que fueron hace ya tantos años,
las esquinas pueden ser otras,
no hay letras en las páginas de los libros.
Todo esto debería atemorizarme,
pero es una dulzura, un regreso.
De las generaciones de los textos que hay en la tierra
solo habré leído unos pocos,
los que sigo leyendo en la memoria,
leyendo y transformando.
Del Sur, del Este, del Oeste, del Norte,
convergen los caminos que me han traído
a mi secreto centro.
Esos caminos fueron ecos y pasos,
mujeres, hombres, agonías, resurrecciones,
días y noches,
entresueños y sueños,

Lob des Schattens

Das Alter (das ist der Name den die anderen ihm geben)
kann die Zeit unseres Glückes sein.
Das Tier ist gestorben oder fast gestorben.
Ich lebe zwischen leuchtenden und vagen Formen
die noch nicht das Dunkel sind.
Buenos Aires,
das früher ausgriff in Vorstädte
bis zur unaufhörlichen Ebene,
ist nun wieder Recoleta, Retiro,
die trüben Straßen von Once
und die baufälligen alten Häuser
die wir noch immer Sur nennen.
Immer in meinem Leben sind es zu viele Dinge gewesen;
Demokrit von Abdera riß sich die Augen aus um zu denken;
die Zeit ist mein Demokrit gewesen.
Dieser Halbschatten ist langsam und schmerzt nicht;
er fließt einen sanften Hang hinab
und gleicht der Ewigkeit.
Meine Freunde haben kein Gesicht,
die Frauen sind was sie seit so vielen Jahren waren,
die Ecken könnten andere sein,
auf den Blättern der Bücher sind keine Buchstaben.
All das müßte mich erschrecken,
aber es ist eine Süße, eine Rückkehr.
Von den Generationen der Schriften die es auf Erden gibt
werde ich einige wenige gelesen haben,
die welche ich im Gedächtnis weiterlese,
lese und verwandle.
Aus Süden, aus Osten, aus Westen, aus Norden
laufen die Wege zusammen, die mich
zu meiner geheimen Mitte geführt haben.
Diese Wege waren Echolaute und Schritte,
Frauen, Männer, Todeskämpfe, Auferstehungen,
Tage und Nächte,
Halbträume und Träume,

cada ínfimo instante del ayer
y de los ayeres del mundo,
la firme espada del danés y la luna del persa,
los actos de los muertos,
el compartido amor, las palabras,
Emerson y la nieve y tantas cosas.
Ahora puedo olvidarlas. Llego a mi centro,
a mi álgebra y mi clave,
a mi espejo.
Pronto sabré quién soy.

Invocación a Joyce

Dispersos en dispersas capitales,
solitarios y muchos,
jugábamos a ser el primer Adán
que dio nombre a las cosas.
Por los vastos declives de la noche
que lindan con la aurora,
buscamos (lo rucuerdo aún) las palabras
de la luna, de la muerte, de la mañana
y de los otros hábitos del hombre.
Fuimos el imagismo, el cubismo,
los conventículos y sectas
que las crédulas universidades veneran.
Inventamos la falta de puntuación,
la omisión de mayúsculas,
las estrofas en forma de paloma
de los bibliotecarios de Alejandría.
Ceniza, la labor de nuestras manos
y un fuego ardiente nuestra fe.
Tú, mientras tanto,
en las ciudades del destierro,
en aquel destierro que fue
tu aborrecido y elegido instrumento,

jeder winzige Augenblick vom Gestern
und alle Gestern der Welt,
der feste Degen des Dänen und der Mond des Persers,
die Taten und die Toten,
die geteilte Liebe, die Wörter,
Emerson und der Schnee und so viele Dinge.
Nun kann ich sie vergessen. Ich gelange zu meiner Mitte,
zu meiner Algebra und meinem Schlüssel,
zu meinem Spiegel.
Bald werde ich wissen wer ich bin.

Joyce anrufend

Zerstreut in zerstreuten Hauptstädten,
einsam und vielsam,
spielten wir den ersten Adam
der den Dingen ihren Namen gab.
Durch die weiten Hänge der Nacht
die den Tagesanbruch säumen,
suchten wir (ich erinnere mich noch daran) die Wörter
für den Mond, den Tod, den Morgen
und die anderen Bräuche des Menschen.
Wir waren Imagismus, Kubismus,
die Konventikel und Sekten
welche die leichtgläubigen Universitäten verehren.
Wir erfanden das Fehlen der Interpunktion,
das Weglassen der großen Anfangsbuchstaben,
die Strophen in Form des Stehkragens
von Alexandrias Bibliothekaren.
Asche die Mühe unserer Hände
und ein glühendes Feuer unser Glaube.
Währenddessen errichtetest du
in den Städten der Verbannung,
in jener Verbannung die
dein langweiliges erwähltes Werkzeug war,

el arma de tu arte,
crigías tus arduos laberintos,
infinitesimales e infinitos,
admirablemente mezquinos,
más populosos que la historia.
Habremos muerto sin haber divisado
la biforme fiera o la rosa
que son el centro de tu dédalo,
pero la memoria tiene sus talismanes,
sus ecos de Virgilio,
y así en las calles de la noche perduran
tus infiernos espléndidos,
tantas cadencias y metáforas tuyas,
los oros de tu sombra.
Qué importa nuestra cobardía si hay en la tierra
un solo hombre valiente,
qué importa la tristeza si hubo en el tiempo
alguien que se dijo feliz,
qué importa mi perdida generación,
ese vago espejo,
si tus libros la justifican.
Yo soy los otros. Yo soy todos aquellos
que ha rescatado tu obstinado rigor.
Soy los que no conoces y los que salvas.

die Waffe deiner Kunst,
deine mühseligen Labyrinthe,
infinitesimal und infinit,
bewunderungswürdig dürftig,
bevölkerter als die Geschichte.
Wir werden gestorben sein ohne das zweiförmige Raubtier
wahrgenommen zu haben oder die Rose
die der Mittelpunkt deines Irrgartens sind,
aber die Erinnerung besitzt ihre Talismane,
ihre Echotöne Vergils,
und darum überdauern in den Straßen der Nacht
deine prächtigen Höllen,
so viele von deinen Kadenzen und Metaphern,
das Gold deines Schattens.
Was liegt an unserer Feigheit wenn es auf Erden
einen einzigen mutigen Mann gibt,
was liegt an unserer Trauer wenn es in der Zeit
einen gab der sich glücklich nannte,
was liegt an meiner verlorenen Generation,
diesem vagen Spiegel,
wenn deine Bücher sie rechtfertigen.
Ich bin die anderen. Ich bin alle jene
die deine hartnäckige Strenge freigekauft.
Ich bin die die du nicht kennst und die die du erlöst.

Buenos Aires

¿Qué será Buenos Aires?

Es la Plaza de Mayo a la que volvieron, después de haber guerreado en el continente, hombres cansados y felices.

Es el creciente laberinto de luces que divisamos desde el avión y bajo el cual están la azotea, la vereda, el último patio, las cosas quietas.

Es el paredón de la Recoleta contra el cual murió, ejecutado, uno de mis mayores.

Es un gran árbol de la calle Junín que, sin saberlo, nos depara sombra y frescura.

Es una larga calle de casas bajas, que pierde y transfigura el poniente.

Es la Dársena Sur de la que zarpaban el Saturno y el Cosmos.

Es la vereda de Quintana en la que mi padre, que había estado ciego, lloró, porque veía las antiguas estrellas.

Es una puerta numerada, detrás de la cual, en la oscuridad, pasé diez días y diez noches, inmóvil, días y noches que son en la memoria un instante.

Es el jinete de pesado metal que proyecta desde lo alto su serie cíclica de sombras.

Es el mismo jinete bajo la lluvia.

Es una esquina de la calle Perú, en la que Julio César Dabove nos dijo que el peor pecado que puede cometer un hombre es engendrar un hijo y sentenciarlo a esta vida espantosa.

Es Elvira de Alvear, escribiendo en cuidadosos cuadernos una larga novela, que al principio estaba hecha de palabras y al fin de vagos rasgos indescifrables.

Es la mano de Norah, trazando el rostro de una amiga que es también el de un ángel.

Es una espada que ha servido en las guerras y que es menos un arma que una memoria.

Es una divisa descolorida o un daguerrotipo gastado, cosas que son del tiempo.

Buenos Aires

Was ist Buenos Aires?

Es ist die Plaza de Mayo zu der sie zurückkehrten, nachdem sie auf dem Kontinent Krieg geführt hatten, müde und glückliche Männer.

Es ist das wachsende Labyrinth aus Lichtern das wir vom Flugzeug aus unterscheiden und unter dem der Erker ist, der Gehsteig, der letzte Innenhof, die stillen Dinge.

Es ist die hohe Mauer von Recoleta an der einer meiner Vorfahren den Erschießungstod starb.

Es ist ein großer Baum der Calle Junín der ohne es zu wissen uns Schatten spendet und Kühle.

Es ist eine breite Straße mit gedrungenen Häusern die den Westwind vernichtet und verklärt.

Es ist der südliche Binnenhafen von der die *Saturn* auslief und die *Cosmos*.

Es ist die Quintana-Gasse in der mein Vater, der blind gewesen war, weinte, weil er die alten Sterne sah.

Es ist eine numerierte Tür, hinter der ich im Dunkeln zehn Tage und zehn Nächte verbrachte, regungslos, Tage und Nächte die in der Erinnerung ein Augenblick sind.

Es ist der Reiter aus schwerem Metall der aus der Höhe seine kreisförmige Schattenreihe wirft.

Es ist derselbe Reiter im Regen.

Es ist eine Ecke der Calle Perú in der Julio César Dabove uns sagte, die schlimmste Sünde die ein Mensch begehen kann sei einen Sohn zu zeugen und ihn zu diesem entsetzlichen Leben zu verurteilen.

Es ist Elvira de Alvear, in geordneten Heften einen langen Roman schreibend, der anfangs aus Wörtern bestand und schließlich aus vagen unentzifferbaren Umrissen.

Es ist Noras Hand, das Antlitz einer Freundin zeichnend, das auch das eines Engels ist.

Es ist ein Degen der in den Kriegen gedient hat und der weniger eine Waffe ist als eine Erinnerung.

Es el día en que dejamos a una mujer y el día en que una mujer nos dejó.

Es aquel arco de la calle Bolívar desde el cual se divisa la Biblioteca.

Es la habitación de la Biblioteca, en la que descubrimos, hacia 1957, la lengua de los ásperos sajones, la lengua del coraje y de la tristeza.

Es la pieza contigua, en la que murió Paul Groussac.

Es el último espejo que repitió la cara de mi padre.

Es la cara de Cristo que vi en el polvo, deshecha a martillazos, en una de las naves de la Piedad.

Es una alta casa del Sur en la que mi mujer y yo traducimos a Whitman, cuyo gran eco ojalá reverbere en esta página.

Es Lugones, mirando por la ventanilla de tren las formas que se pierden y pensando que ya no lo abruma el deber de traducirlas para siempre en palabras, porque este viaje será el último.

Es, en la deshabitada noche, cierta esquina del Once en la que Macedonio Fernández, que ha muerto, sigue explicándome que la muerte es una falacia.

No quiero proseguir; estas cosas son demasiado individuales, son demasiado lo que son, para ser también Buenos Aires.

Buenos Aires es la otra calle, la que no pisé nunca, es el centro secreto de las manzanas, los patios últimos, es lo que las fachadas ocultan, es mi enemigo, si lo tengo, es la persona a quien le desagradan mis versos (a mí me desagradan también), es la modesta librería en que acaso entramos y que hemos olvidado, es esa racha de milonga silbada que no reconocemos y que nos toca, es lo que se ha perdido y lo que será, es lo ulterior, lo ajeno, lo lateral, el barrio que no es tuyo ni mío, lo que ignoramos y queremos.

Es ist ein entfärbter Wappenspruch oder ein abgenutzter Daguerrotyp,
Dinge die der Zeit gehören.

Es ist der Tag an dem wir eine Frau verließen und der Tag an dem
uns eine Frau verließ.

Es ist jener Bogen der Calle Bolívar von dem man die Bibliothek
unterscheiden kann.

Es ist die Wohnung der Bibliothek in der wir um das Jahr 1957
die Sprache der rauhen Saxonen entdeckten, die Sprache des
Muts und der Traurigkeit.

Es ist der angrenzende Raum, in dem Paul Groussac starb.

Es ist der letzte Spiegel der das Gesicht meines Vaters wiederholte.

Es ist das Gesicht Christi das ich im Staub sah, von Hammerschlägen
zerstückelt, in einem Seitenschiff der *Piedad.*

Es ist ein hohes Haus in Sur in dem meine Frau und ich Whitman
übersetzten dessen starkes Echo vielleicht von diesem Blatt
widerhallt.

Es ist Lugones, durchs Fenster des Zugs die Formen betrachtend,
die sich verlieren und dabei denkend, daß ihn schon nicht
mehr die Pflicht bedrängt, sie für immer in Worte zu übersetzen, weil diese Reise die letzte sein wird.

Es ist in der unbewohnten Nacht eine bestimmte Ecke von Once
an der Macedonio Fernández, der tot ist, mir immer wieder
erklärt der Tod sei Trug.

Ich will nicht fortfahren; diese Dinge sind allzu persönlich, sie
sind allzu sehr was sie sind, um auch Buenos Aires zu sein.

Buenos Aires ist die andere Straße, die ich nie betreten
habe, ist die geheime Mitte der Häuserblocks, die letzten
Innenhöfe, ist was die Fassaden verbergen, ist mein Feind,
sofern ich ihn habe, ist die Person, der meine Verse mißfallen (mir mißfallen sie auch), ist der bescheidene
Buchladen in den wir zufällig eintraten und den wir vergessen haben, ist dieser Fetzen einer gepfiffenen Milonga
die wir nicht erkennen und die uns berührt, es ist das was
sich verloren hat und das was sein wird, es ist das Sonstige,
das Fremde, das Abseitige, der Stadtteil der nicht der
deine ist noch der meine, den wir nicht kennen und
doch lieben.

Eberhard Horst
Ravenna

Ungut ist es, während der Saison nach Ravenna zu fahren. Der Jahr-
tausendschlaf der Pineta ist gestört, und die »süße tote Stadt«, Byrons
dolce morta, trägt den Touristen zuliebe ein aufgeputztes Allerwelts-
gesicht. Die schweren Wagen der Romagna, die gemächlich daher-
kommen, gezogen von weißen Ochsen mit leierförmigen Hörnern,
bleiben vor den Toren. Nur der kräftige Geruch der Äcker dringt
herein. Wenn man von Süden kommt, hat man den üblen Geruch des
Hanfröstens in der Nase. Manchmal wittert man Sumpfland, obwohl
der weite Sumpf, der Ravenna vor fünfzehnhundert Jahren zur unein-
nehmbaren Festung machte, längst ausgetrocknet ist und nur noch im
vorgelagerten Flachland das Schachbrett der Entwässerungsgräben
und ein paar Moorbäder, wenige Tümpel, zurückblieben.

Wenn im Herbst die Felder abgeerntet sind und der Wein gekeltert
wird, wenn die Sonnenstunden auf der Piazza del Popolo gezählt sind
und die Fremden abreisen, besinnt sich die Stadt auf sich selbst und
zeigt ihr wahres Gesicht. Man sagt, im Gesicht eines Schlafenden ent-
hülle sich sein Wesen. Das wahre Gesicht Ravennas ist das Gesicht
einer Schlafenden, *dolce morta*. Gewiß, wie in jeder italienischen Stadt
stehen mittags die Männer auf der Piazza herum, und die enge Ge-
schäftsstraße, die zur Zona Dantesca führt, hat zahlreiche Schaufenster.
Aber selbst hierher dringt die Stille, die zu manchen Stunden von Öde
und Traurigkeit durchsetzt ist und den Randbezirken der Stadt etwas
Starres und Unfrohes gibt. Es ist keine moderne Tristesse, sondern
die Stille einer Stadt, die in das Ausgedinge der Geschichte geriet. Die
Paläste der Kaiser und Exarchen sind zerfallen, die alten Kirchen und
Taufkapellen um einiges in den Boden eingesunken.

Unter der Kruste glühen Macht und Reichtum der großen Stunde
Ravennas, von der sich ein Schimmer mitteilt, wenn man in die Kirchen

eintritt, deren Backsteinmauern von einundeinhalbtausend Jahren ausgetrocknet sind. Ravenna ist »gegenwärtig wie der nie verblichene Tag einer alten großen Erzählung« (Konrad Weiß). Doch kein Zauber kann die lebendige Gegenwart anders wiederherstellen als eben in der Erzählung.

Selbst die Natur hat sich zurückgezogen. Der natürliche Schutzwall des Sumpfes und die Lage Ravennas am Meer bestimmten zwei Jahrhunderte lang einen politischen Aufstieg ohnegleichen. Der Sumpf trocknete aus, das Meer ließ die Stadt kilometerweit zurück, der Hafen versandete. Wenn heute ein Steinwurf weit hinter dem Bahnhof Fischkutter und größere Frachter am Kai liegen, so nahmen sie den Weg durch den zehn Kilometer langen Kanal, der an Pinienwäldern vorbei zum Meer führt.

Man sucht Gründe für die Weltverlassenheit. Denn auch die lange schnurgerade Via Emilia, die Apennin und Po-Ebene scheidet, und die großen Städte Piacenza, Parma, Modena, Bologna verbindet, läßt Ravenna abseits liegen. Sie mündet in Rimini, wo sie auf die gedrungene Brücke des Tiberius stößt, deren verwitterte Steinbögen zweitausend Jahre dem Wasser und dem Verkehr standhielten.

Waren die vitalen Kräfte der Stadt in zwei Jahrhunderten verbraucht, daß nur noch ein langes Ausruhen, ein langer Schlaf folgen konnte? Welche Zusammenkunft in der kleinen Hafenstadt, nachdem Kaiser Honorius im Jahre 403 die Metropole des weströmischen Reiches nach Ravenna verlegte. Noch einmal lebt in Ravenna das alte Rom auf. Aber schon drängt die Völkerwanderung gegen das Imperium. Auf ravennatischem Boden setzt der germanische Söldnerführer Odoaker den Knaben Romulus Augustulus ab und löscht die stolze Reihe der weströmischen Kaiser aus. Der Ostgote Theoderich, der Dietrich von Bern der Sage, belagert Ravenna drei Jahre und errichtet dort schließlich die mächtige Bastion der Ostgoten. Theoderich, der Odoaker bei einem Gastmahl umbringen ließ, war als Herrscher gerecht und milde und brachte Wohlstand. Doch mit seinem Tod zerfällt das Reich. Noch nicht dreißig Jahre später vernichtet das Heer Ostroms den kläglichen Rest der Ostgoten unter Teja. Der oströmische Feldherr zieht als Exarch in Ravenna ein. Die Stadt wird Enklave von Byzanz.

Das alte Rom, die germanischen Goten und der Orient stoßen aufeinander, bekämpfen, ergänzen, verraten oder fördern einander. Nirgendwo sonst treffen in so räumlicher und zeitlicher Nähe Antike, Byzanz und Germanentum, beginnendes Mittelalter zusammen. Von dieser Zusammenkunft erzählen die Kunstwerke. Sie wiederholen das Einmalige der geschichtlichen Verflechtung in ihrer Sprache, die ihresgleichen nicht hat, weder in Rom noch in Saloniki, noch in Konstantinopel, und die in den leuchtenden Mosaiken an die Wände und in die Gewölbe der Kirchen, Taufkapellen und Grabstätten von Ravenna geschrieben ist.

Wo wird das Paradoxe und Vergängliche der Menschengeschichte deutlicher als in Ravenna? Die Zeugnisse seiner Kunst überdauerten Aufstiege und Untergänge, Herrscherglanz und Verfall, Macht, Größe, Feindschaft und feigen Verrat. Welch ein vergänglicher Prozeß, wenn man bedenkt, daß es der gleiche Christus ist, der im Apsismosaik von San Vitale (unter byzantinischer Herrschaft gebaut) jung und gebieterisch auf der Weltkugel sitzt, — der gleiche, der im Mosaik über dem Eingang von Galla Placidias Grabmal (noch unter weströmischer Herrschaft gebaut) auf dem Felsen sitzt, — und der gleiche, dessen Leben und Leiden auf den herrlichen Mosaiktafeln von Sant' Apollinare Nuovo (aus der Zeit Theoderichs) dargestellt wurde.

Warum nicht das vergängliche Auf und Ab der Geschichte lassen und einfach den Augen trauen, dem Augenschein, einfach sagen: dies war schön, das hat mich ergriffen und in Bann geschlagen? Viele Bilder wirken in der Erinnerung nach, haben sich eingegraben in eine Gestimmtheit, die ebensosehr von umfassender Beglückung wie von atemloser Stille und immer auch von Abschied erfüllt war.

Am liebsten ist mir der kleine kreuzförmige Bau, außen nahezu dürftig, aus kleinen dicken Backsteinen gefügt, innen erfüllt von der gedämpften Glut der rundum gesetzten Mosaiken: das Mausoleum der Galla Placidia, der Schwester des Kaisers Honorius. Das Außenlicht fließt durch dünn geschliffene Alabasterplatten in den Grabraum und taucht ihn in Dämmerung. Die schönen Gold-, Blau- und Grünfarben wirken um einiges dunkler. Soll Harmonie nach der Irritation der Geschichte das letzte Wort haben? Nach der Verschleppung durch den Goten Alarich, nach der erzwungenen Vermählung mit Athaulf, nach Schrecken und Flucht, nach der glücklichen Vermählung mit dem Römer Konstantius und der Regentschaft für ihren Sohn, fand Galla Placidia hier ihren Platz.

Der Grabraum ist das älteste Bauwerk Ravennas. Die verhaltene, strenge Bildersprache seiner Mosaiken ist römischen Ursprungs. Aber nur wenige Schritte entfernt, in dem achteckigen Bau von San Vitale, entfaltet ein Jahrhundert später Byzanz seinen ganzen Reichtum an Formen und Farben. Die architektonischen Elemente, die marmorgeäderten und alabasternen Säulen stimmen in die Farbensymphonie mit ein. Einzigartig sind die Mosaikfelder mit dem byzantinischen Kaiserpaar: die prunkvoll gekleidete Theodora mit ihren Hofdamen, Justinian, der eine goldene Schale hält, mit seinen Männern und Ratgebern. Neben dem Kaiser steht Erzbischof Maximian, herausragend durch die individuelle Prägung seines asketischen Kopfes und den Rhythmus seiner Haltung.

Man begreift die Größe und den Anspruch jener Zeit, wenn man vor der noch erhaltenen Kathedra Maximians steht. Sie ist ganz aus Elfenbein gefertigt. In winzigen Tafeln reiht sich Erzählung an Erzählung. Welch eine Zeit. 547 weihte Bischof Maximian die byzantinische Hofkirche San Vitale und nur zwei Jahre danach — vor den Toren der Stadt — Sant'Apollinare in Classe, deren basilikaler Innenraum zu den schönsten Zeugnissen der jungen Christenheit gehört. Wenige Jahre später entstehen in der anderen dem heiligen Apollinaris geweihten Kirche, Sant'Apollinare Nuovo, die Prozessionen der weißgekleideten Märtyrer und der prächtig geputzten Jungfrauen mit den gabenbringenden Drei Königen. Große lichtvolle und wie nach einer Musik rhythmisierte Mosaikflächen an den Innenwänden beiderseits des Längsschiffs. Es sind die größten aus dem Altertum erhaltenen Mosaikarbeiten. Sie wurden in der zweiten Hälfte des sechsten Jahrhunderts eingesetzt, nachdem die ursprünglich arianische Kirche dem katholischen Gottesdienst geweiht wurde.

Die alte arianische Kirche hatte der Ostgote Theoderich neben seinem Palast errichten lassen. Die Mauerreste der Residenz stehen noch. Viele Zeugnisse in Ravenna sprechen von Theoderich, der gläubiger Arianer und Beschützer der römischen Christen war. Das eindrucksvollste Denkmal des Ostgoten, dessen Geschichte begann, als die Römerin Galla Placidia schon in ihrer Grabkammer ruhte, ist wiederum eine Grabstätte. Er ließ sie vor den Mauern, im offenen Land bauen. Ein germanisches Steinwerk, rund und kantig, von gedrungener Wucht, das merkwürdig fremd unter dem heiteren Himmel, in der Nähe des südlichen Meeres steht. Man könnte viel erzählen, vielleicht von dem mörtellosen Steingefüge sprechen, vielleicht von der monumentalen Kuppel, deren Durchmesser zehn Meter und deren Gewicht sechstausend Zentner beträgt. Ein einziger gewaltiger Steinblock, der aus Istrien herbeigeschafft, behauen und ausgehöhlt wurde. Es gibt kein zwingenderes Dokument der einsamen Macht des Goten als diese Grabkammer. In ihr spiegelt sich die geballte, ausweglose Tragik der Germanen unter fremdem Himmel. Eine *fremde Größe*, die sich noch heute dem Betrachter verschließt.

Wenn man auf der anderen Seite der Stadt die Tore verläßt und zur Basilika Sant'Apollinare in Classe hinausfährt, sieht man zur Seite Äcker und Rübenfelder. Die Kirche steht verlassen dort, seitdem sich das Meer auch von Classe zurückgezogen hat und den römischen Kriegshafen versanden ließ. Doch hier ist die tragische Einsamkeit des germanischen Grabmals aufgehoben. Hinter den Feldern, auf dem von Meer verlassenen Boden längs der Küste, kilometerweit nach Süden und Norden, wächst die berühmte Pineta. Die Dichter haben den tausendjährigen Pinienwald geliebt, Boccacio, Byron und vor allen Dante: *La divina foresta spessa e viva.* Der göttliche Hain, so dicht und lebendig.

Der Geist des alten Ravenna, der in den bildhaften Ordnungen seiner Mosaiken sichtbar ist, findet achthundert Jahre später in der Dichtung Dantes eine Fortführung und ebenbürtige Ergänzung. Als Verbannter fand Dante hier am Hof der Polenta seine Zuflucht. Die Tochter des Guido da Polenta ist Francesca da Rimini, deren verzehrendes Liebesschicksal mit Paolo Malatesta der Dichter überliefert hat. »Liebe, die den Geliebten zwingt zu lieben, / ließ mich an seiner Schönheit so entzünden, / daß sie, wie du ersiehst, mir noch geblieben. / Liebe ließ uns das gleiche Sterben finden: / Caina harret des, der uns erstach.«

In Ravenna schrieb Dante am dritten Teil seiner Divina Commedia. Wenn der Dichter in den letzten Gesängen des Paradiso so häufig Licht und Farbe zusammenbringt, wenn er vergleichsweise an das Bild der »von Gold umfaßten Rubine« erinnert (»*Quasi rubin che oro circoscrive*«), so möchte man annehmen, daß er die leuchtenden Mosaiken Ravennas vor Augen hatte.

Je nach dem Einfallen des Lichts spiegeln die Mosaikfelder einen Farbenglanz und Lichtzauber, der den Raum verklärt. In San Vitale und Sant'Apollinare Nuovo, im Mausoleum der Galla Placidia und den Baptisterien gewinnen die Mosaiken eine solche Macht über den

Raum, daß die Architektur fast ins Ungreifbare, Unwirkliche zurück-
gedrängt wird. Das Spiel der Helligkeiten, die Färbungen, der Linien-
zug, aber auch die einzelnen frontal gerichteten Gestalten, Gesichter
und Gewänder, die Gesten, sammeln sich in dem einen gleichmäßigen
Rhythmus, den ein ravennatischer Kunstkenner »psalmodierend«
nannte. Die Flächen scheinen zu atmen, zu leben, denn die zahllosen
kleinen, verschieden geschnittenen und verschieden geneigten Steine
spiegeln das aufgenommene Licht so variabel, daß der Betrachter mit
jedem veränderten Standort ein verändertes Bild wahrzunehmen
glaubt.

Wenn im Herbst das Meer stürmischer gegen den menschenleeren
Strand mit den nahen Pinienwäldern anrennt, scheint es, als wolle die
Natur das von ihr verlassene Land zurückgewinnen. Aber das Meer
kehrt nicht zurück. Und auch die weltumstürzende Zusammenkunft
der Geschichte ist unwiederholbar. In den Straßen Ravennas spürt
man die Verlassenheit und Stille. Man wird angerührt vom leisen
Atem des großen Schlafs, der die *dolce morta* überfiel. Unter diesem
Schlaf leben die Zeugnisse der Kunst und verleihen der Stadt eine
neue Gegenwart. Jeder Stein ist ein Wort. In der Bildsprache der
Mosaiken wird die große Stunde Ravennas so unwiderruflich dem
Gedächtnis der Zeiten überliefert, daß die Stadt die Glückliche genannt wird, felix Ravenna.

Thrasybulos G. Georgiades
Musik und Nomos

Ein Fragment des chorischen Dichters Alkman, der im 7. Jahrhundert v.Chr. in Sparta gewirkt hat, lautet: ›Ich kenne die Nomoi aller Vögel‹, *οἶδα δ'ὀρνίχων νόμως πάντων.* Nomos ist hier etwa mit ›Weise‹, ›Sangesweise‹ wiederzugeben. Aber die Hauptbedeutung von Nomos ist ›Gesetz‹, ein Begriff, der dem Bereich des Rechts und des Staates angehört. Was hat die Weise, die Melodie, mit dem Gesetz zu tun?

Das Wort Nomos begegnet uns zum erstenmal bei Hesiod, im 7. Jahrhundert. In dieser frühen Zeit bedeutete es ›Brauch‹, ›Gewohnheit‹, ›Sitten und Gebräuche‹. Etwa um die gleiche Zeit wurde aber Nomos auch schon in musikalischem Zusammenhang verwendet. Von Terpander, der in Sparta um die Mitte des 7. Jahrhunderts, kurz vor Alkman, wirkte, ist überliefert, daß er musikalische ›Nomoi‹ geschaffen hat, Weisen, die als Vorbilder angesehen wurden. Genannt werden z. B. der Boiotische, der Aiolische, der Trochaische, der Orthios (›stehende‹) Nomos. Es gab rein instrumentale Nomoi und Nomoi mit Gesang. Aber auch bei diesen dürfte sich die Bestimmung Nomos primär auf die spezifisch musikalische und nicht auf die sprachliche Seite bezogen haben.

Die Anwendung von Nomos in Alkmans Fragment ›Ich kenne die Nomoi aller Vögel‹ setzt die Kenntnis der musikalischen Wortbedeutung voraus. Es ist der älteste uns überlieferte Beleg für das Vorkommen des Wortes Nomos in einem musikalischen Zusammenhang — ›musikalisch‹ freilich in einem weiteren Sinn, denn es handelt sich hier nicht direkt um Musik, sondern eben um Vogelgesang.

In der Bedeutung ›Gesetz‹ bürgerte sich das Wort Nomos erst im Verlauf des späteren 6. und des 5. Jahrhunderts ein; aber auch danach blieb die musikalische Verwendung weiter bestehen. Platon spricht ausführlich über die musikalischen Nomoi und zugleich — ja oft in einem Atem — über die Nomoi als Gesetze. Und es gibt eine Stelle in den ›Fröschen‹ des Aristophanes, in der Nomos ›Sangesweise‹ bedeutet und sich wie bei Alkman auf Vogelgesang bezieht: ›Sie (die Schwalbe) singt (zwitschert, läßt erklingen) den klagenden Nachtigallen-Nomos‹, auf griechisch: (χελιδών) κελαδεῖ δ'ἐπίκλαυτον ἀηδόνιον νόμον (V. 684).

Was sind die Nomoi der Vögel? Die Amsel singt, und Alkman erkennt den Nomos der Amsel. Aber was Alkman Nomos nennt, ›ist‹ nicht ›da‹, ist nicht vorhanden. Was die Amsel jeweils singt, ist nie genau dasselbe. Doch kann er unterscheiden: Das ist der Nomos der Amsel oder der Nomos der Nachtigall. Insofern ›sind‹ die Nomoi der Vögel ›da‹, unabhängig von ihrer Aktualisierung, von ihrem jeweiligen Hörbarwerden. Was Alkman kennt und Nomos nennt, ›ist‹ also nicht ›da‹ und doch ›da‹, nämlich die für ihn als Vorstellung reale Weise der Amsel, nicht das, was im nächsten Augenblick eine Amsel hervorbringen wird.

Analog — auf den Menschen bezogen — haben wir auch den musikalischen Nomos zu verstehen: er ›ist da‹, aber nur im jeweiligen Vollzug nimmt er konkrete Gestalt an, wird er konkret formuliert, tritt er als Tun hier und jetzt in Erscheinung. Diese Umschreibung erfaßt zugleich den Sinn des Nomos überhaupt. Nomos ist etwas Geltendes und insofern gleichsam Immerwährendes, das aber nur in der jeweiligen Anwendung volle Realität erlangt. Er ist nichts Sichtbares, Vorhandenes, sondern etwas, das eine Weisung setzt, eine Richtung weist, dem Menschen anzeigt, was zu tun ist: was er tun soll, tun darf — oder auch, was man zu tun pflegt.

Es hilft, Nomos ein anderes griechisches Wort gegenüberzustellen: μοῖρα, Moira, ›Anteil‹, ›das beschiedene Los‹, ›Schicksal‹, von μείρομαι, ›ich erhalte als Anteil (μέρος)‹. νόμος, Nomos, dagegen — von νέμω, nemō, ›austeilen‹, aber auch zugleich ›sich aneignen‹ — bedeutet etwa ›das Gegebene anwenden, verwenden‹. In beiden, Moira und Nomos, steckt die Bedeutung ›austeilen‹, doch während Moira nur passivisch verstanden wird — man erleidet sie —, enthält nemō, und so auch Nomos, das Aktivische, das Moment des Sich-Aneignens. Wird der Nomos durch die Spannweite zwischen Austeilen und Sich-Aneignen, Allgemein-Gegebenem und besonderer Ausführung, Geltendem und Sich-danach-Richten, immerwährendem Sinn und jeweiliger Verwirklichung, also durch das Moment des Anwendens gekennzeichnet, so ist die Moira geradezu das Unabwendbare.

Der Rechtsphilosoph Eric Wolf[1]) umschreibt den Nomos als das dem Seienden wesensgemäß Zukommende, Selbstverwirklichung, Grundverfassung, das In-Ordnung-Halten, In-Ordnung-Sein; und zusammenfassend: Weisung. Nomos als das dem Seienden wesensgemäß Zukommende und als Selbstverwirklichung läßt an ein von Pindar mit Gewicht verwendetes Wort denken: φυά, Phyá[2]), ›Ursprung‹, ›Herkunft‹, ›Geblüt‹, ›Wesen‹. Einzig das Tun, das sich nach der Phyá richtet, sei wesentlich. ›Was durch Phyá gegeben wird, ist das stärkste überall‹ (9. Olymp. Ode). Nomos und Phyá ergänzen sich. Beide stellen durch ihr bloßes Dasein eine Forderung. Beide beleuchten das Wirkliche: Phyá von seinem Ursprung her, aufgrund gleichsam seiner Imperfekt-Struktur, Nomos dagegen als ein Zutuendes, im Hinblick auf seine Soll-Struktur.

Um zu veranschaulichen, was die Alten unter dem Nomos im Bereich der Musik verstanden, möchte ich den Inhalt der 12. Pythischen Ode von Pindar angeben. Die Stadt Agrigent soll Midas empfangen, der im Aulosspiel, einer von Athena erfundenen Kunst, siegte. Als nämlich Perseus Medusa enthauptete, hörte Athena das Klagen der Schwestern. Und nachdem sie Perseus von seinen Mühen erlöst hatte, erfand sie das Aulosspiel, und zwar eine bestimmte Weise (Nomos), um jenes herzzerreißende, lauttönende Wehklagen darzustellen. Sie übergab den Menschen diese Modellweise, die als ruhmvolle Mahnerin das Volk zu Wettkämpfen zusammenführte, und nannte sie die Vielhäupterweise (Polyképhalos Nomos), — dies wohl in Anspielung auf die vielen Köpfe der Schlangenhaare der Medusa und ihrer Schwestern. — Pindar beschreibt das Aulosspiel als eine göttliche Erfindung. Weiter wird gesagt, daß eine Weise göttlichen Ursprungs, ein Nomos, zum Vorbild wird, nach dem die menschlichen musikalischen Nachbildungen entstehen. Dieser Urtyp, dieser Nomos, ist wie der Ahnherr einer bestimmten musikalischen Gattung, oder auch: eines ›Stücks‹, das freilich jeweils, je nach der Wiedergabe, verschieden ausfällt.

Der göttliche Nomos wird also zu den Menschen, zum menschlichen musikalischen Tun in Beziehung gesetzt. Athena hat den Polyképhalos

---

[1]) Griechisches Rechtsdenken I, Frankfurt/Main 1950, S. 268–280.
[2]) Trotz derselben Wurzel nicht zu verwechseln mit Physis. Das später aufkommende Gegensatzpaar Nomos-Physis im Sinn von Satzung (Konvention)-Natur gehört nicht hierher.

Nomos geschaffen, gestiftet und den Menschen übergeben zur jeweiligen Ausführung, zur jeweiligen Anwendung. – Von hier aus haben wir ein Fragment des Pindar zu verstehen (Frgm. 178): *νόμων ἀκούοντες ϑεόδματον κέλαδον* (›Sie hörten den von dem Gott gebauten Klang – kélados[3]) – der Nomoi‹). Dieser wunderbare Spruch kann für die Musik, aber auch allgemein gelten; für die Musik: ›Sie hörten die von dem Gott gebauten Nomoi — Weisen — erklingen‹; im allgemeinen Sinn: ›Sie vernahmen die von dem Gott gestifteten Nomoi — Gesetze‹. – Bei Hesiod, nun nicht auf Musik bezogen, heißt es: ›Zeus hat diesen Nomos (›Brauch‹) verordnet‹. Und Heraklit spricht vom theios Nomos, vom göttlichen Nomos, der über den menschlichen Nomoi steht. Nach Pindars berühmtem Spruch, ›Nomos, König von allen, der Sterblichen und der Unsterblichen‹[4]) haben der Gott und die Menschen dem Nomos, somit zugleich ihrem Wesen, ihrem Ursprung — ihrer Phyá — zu gehorchen, auf ihn zu horchen, und sich, ihr Tun danach zu richten oder ihre Entscheidungen zu treffen.

Außer Nomos gibt es auch andere der allgemeinen Sprache entlehnte Worte, die, in musikalischem Zusammenhang als Fachwörter verwendet, den durch Nomos belegten musikalischen Sachverhalt jeweils von ihrer Seite her beleuchten: das deutsche ›Weise‹ bedeutet ›Art und Weise‹ und ›Sangesweise‹; das entsprechende griechische Wort *τρόπος,* Tropos, und das lateinische modus. *οἶμος,* Oimos, ›Weg‹, bedeutet, besonders in der Form *οἴμη,* Oimē, auch ›Sangesweise‹, also etwa ›Gang des Gesanges‹ (vgl. z. B. Pindar, 9. Olymp. Ode: *οἶμον λιγύν,* ›den klingenden Pfad des Gesanges‹); *κέλευϑος,* kéleuthos, (›Bahn‹) verwendet Pindar in ähnlichem Sinn: ›(Der Aulos) beschritt die dorische kéleuthos der Hymnen‹ (Frgm. 191). In allen diesen Ausdrücken schwingt der Sinn ›Anweisung‹ oder ›Wegweiser‹ mit. Im Mittel- und Neugriechischen bedeutet *σκοπός,* Skopós (›Ziel, wonach man schießt‹, ›Zweck‹, ›Absicht‹) auch die Sangesweise. Das Wort *τεϑμός,* Tethmós (›Sitte‹, ›Brauch‹), älter als Nomos, erscheint

[3]) ›kélados‹ bedeutet ›helles (auch lautes) Rauschen oder Klingen‹; aber auch ›silbriges Plätschern oder Zwitschern‹. Wie bei Aristophanes (s. S. 217) wird bis auf den heutigen Tag in Griechenland das Vogelsingen ›keladō‹ genannt.

[4]) Vgl. dazu Orphiker, Hymnus 64: ›Ich nenne den König der Unsterblichen und der Sterblichen, den himmlischen Nomos‹. – Pindar nennt den Nomos auch Tyrannos, Despotēs, etwa ›Herr‹, ›Herrscher‹.

bei Pindar auch in der Bedeutung ›Sangesbrauch‹. Bei Aischylos, Hike-
tiden, V. 1034, bedeutet $\vartheta\varepsilon\sigma\mu\acute{o}\varsigma$[5]) ($= \tau\varepsilon\vartheta\mu\acute{o}\varsigma$) soviel wie musikalischer
Nomos.

Die Verflochtenheit der allgemeinen und der musikalischen Bedeutung von Nomos zeigt sich ausdrücklich bei Platon. Ein Beispiel (Gesetze 700^{a-b}): ›Zur Zeit der alten Nomoi war das Volk über keinen
einzigen der Herr, sondern es war gewissermaßen freiwillig der
Knecht seiner Nomoi. — Welche meinst du? — Vor allem die, welche
die damalige Mousikē betrafen.‹ Zur Erläuterung folgt die Benennung
mehrerer Gesangsgattungen, und anschließend wird noch eine weitere
Gattung von spezifisch als Nomoi bezeichneten Gesängen eingeführt. —
So kann das Wort Nomothetēs, ›Gesetzgeber‹, auch den Stifter — den
›Komponisten‹ — von musikalischen Nomoi bezeichnen (Dialog Mi-
nos 318^b). Beide geben eine bleibende Weisung, die es jeweils zu befolgen, jeweils auszuführen gilt.

Die Beobachtung, daß zur Benennung musikalischer Sachverhalte
Wörter der allgemeinen Sprache verwendet werden, läßt sich über
den Nomos und die oben erwähnten Benennungen hinaus verallge-
meinern. Die Sprache hält keine Wörter bereit, die ursprünglich oder
direkt, ohne Umbiegen, spezifisch Musikalisches bedeuten. Die Musik
und die sie ausmachenden konstitutiven Momente lassen sich offenbar
nicht unmittelbar benennen.

Diese merkwürdige Erscheinung nimmt ihren Anfang beim ein-
fachsten musikalischen Element, beim einzelnen Ton. Er verschließt
sich jedem Benennungsversuch. Wir können ihn nur bezeichnen, mit
willkürlichen Zeichen bezeichnen, z. B. c, d, e ... oder do, re, mi ...
Aber Worte, wie bei den Farben ›rot‹, ›gelb‹, ›blau‹, stellen sich nicht
ein, ja wir spüren, daß es sinnlos ist, an den einzelnen Ton eine solche
Erwartung zu knüpfen. Nun, das hat seinen Grund: c ist nur scheinbar ein isolierbares musikalisches Element; es wird musikalisch rele-
vant, wird bestimmt erst durch seine Beziehung zu einem anderen
Ton, z. B. zu g; und umgekehrt habe ich das g erst als Relation zum c.
Sie bestimmen sich gegenseitig. Das die Musik Konstituierende ist
die Ton*relation*, sind die Höhen- und Zeitverhältnisse, und zwar werden beide als *Zahlen*verhältnisse bestimmt. ›Genannt‹ werden sie

[5]) So Murray, 1938. Weil, 1907, liest: $\dot{\varepsilon}\sigma\mu\acute{o}\varsigma$.

daher in Anlehnung an Zahlen: für die Höhenverhältnisse der Töne z. B. ›Quart‹ (vier Stufen) oder, als das ihr zugrundeliegende Zahlenverhältnis (der Saitenlängen oder der Frequenzen), griechisch ›epítriton‹ = ›Verhältnis 4 : 3‹; für die Zeitverhältnisse z. B. Halbe, Viertel; 3/4 (-Takt). Darüber hinaus werden musikalische Sachverhalte in Anlehnung an Sichtbar-Räumliches, Dinghaftes oder deren Eigenschaften benannt. Beispiele: Intervall (Diastema = ›Abstand‹), Melos (›Glied‹), Takt (tactus, von tangere, ›berühren‹), Ton (›Spannung‹, etwa der Saite), hoch-tief (für Töne).

Mousikē, das Wort, das später die Bedeutung ›Musik‹ angenommen hat, ist der Form nach ein Adjektiv, auf die Musen bezogen, zu ergänzen etwa ›Betätigung‹ oder ›Vermögen (der Musen)‹. Mousikē – die Benennung finden wir zum erstenmal bei Pindar – nannten die Griechen der älteren Zeit die unlösliche Einheit von Musik und Wort im Vers, also von Musik und bleibend gebändigtem Sinn. Für ›Musik‹ hatten sie keinen Namen. Erst nach Platon wird Mousikē auch für die – von der Sprache entblößte – Musik verwendet.

Auch für Harmonía und Rhythmós gilt die Feststellung, daß die Benennung von musikalischen Sachverhalten in Anlehnung an Nicht-Musikalisches entsteht. Harmonía, ›Zusammenfügung‹, z. B. von Holzkonstruktionen, so bei Homer, wurde später auf das Zusammenfügen von Tönen übertragen; es bedeutet, etwa seit Pythagoras, deren wechselseitige Bindung, deren festes Relationsgefüge[6]). Und zwar weist von jetzt an Harmonía zugleich auf die den Tonverhältnissen zugrundeliegenden Zahlenrelationen. Sie hat eine musikalische und zugleich eine mathematische Seite. In dem durch die Harmonía belegten Sachverhalt wird angezeigt, daß die Musik nicht identisch ist mit dem empirischen Naturbereich, mit Nur-Hörbarem, nur als Empfindung Wahrgenommenen, sondern daß sie ein von der Empirie unabhängiges Substrat hat: die als Zahlenrelation erfaßte Harmonía, die als Harmonía einleuchtende Zahlenrelation[7]). Sie ist etwas ›Immer-

---

[6]) Harmonía ist also nicht mit dem neuzeitlichen musikalischen Terminus ›Harmonie‹ – etwa in ›Harmonielehre‹ – gleichzusetzen.

[7]) Benennungen wie Stimme (oder Stimmung – eines Instrumentes), vox, sonus, phōnē, Klang, und davon abgeleitete Zusammensetzungen (ein-, mehrstimmig, Konsonanz, Dissonanz, Symphonia, Diaphonia, Zusammenklang) haben nur scheinbar einen spezifisch musikalischen Ursprung. In Wirklichkeit kommen sie von dem oben erwähnten Nur-Hörbaren her; sie sind nicht im spezifisch musi-

währendes‹ (und so ermöglicht sie die Vorstellung von der unhörbaren Sphärenharmonie). Sie geht nicht in dem auf, was jeweils als Erklingen hörbar wird. Insofern erinnert sie an den Nomos. Freilich bekundet sich bei Harmonía das musikalische Phänomen nicht sub specie der Verknüpfung von Weisung und Tun, sondern von Zahlenrelation und in ihr gründender, jeweils wahrnehmbarer Tonrelation.

Auch das Wort Rhythmós[8]) bedeutete ursprünglich nicht, was wir heute unter Rhythmus verstehen. Es bedeutete etwa ›(menschliche) Haltung‹, ›Verfassung‹; im Bereich des Räumlichen etwa ›Gestalt‹, ›Ordnung‹. Bei Leukipp und Demokrit, den Philosophen der Atomlehre, bedeutet Rhythmós soviel wie $\sigma\chi\tilde{\eta}\mu\alpha$, schēma: etwa ›Form‹, ›Struktur‹. Bei Pindar stieß ich auf eine Stelle, in der Rhythmós im Zusammenhang mit Architektur steht[9]): ›Und dieser (einer der Delphischen) Tempel, der durch die kunstvollen Hände des Hephaistos und der Athena gebaut wurde, was für einen Rhythmós zeigte er?‹ (Päan 8, Frgm.). Hier ist mit Rhythmós wohl das ›Gepräge‹, die ›Ordnung‹, ›Verfassung‹ einer Architektur gemeint. Rhythmós hat hier eine sinnverwandte Seite mit Pindars Phyá und Nomos. Doch wie Harmonía hebt er weder die Seite der Herkunft (Phyá) noch die des Sich-Danachrichtens (Nomos) hervor, sondern er weist auf das Phänomen selbst (hier die Architektur) hin. — Erst später wird Rhythmós im Bereich der Musik angewandt (frühester Beleg bei Aristophanes,

kalischen Phänomen – und das ist die mit ›Harmonía‹ belegte konstitutive Verknüpfung von Zahlen- und Tonrelation – sondern in seiner es mit dem empirisch Hörbaren, dem ›Geräusch‹ verknüpfenden Seite beheimatet. – Und mit ›Klangfarbe‹ wird im Bereich des Musikalischen nicht eine spezifisch musikalische, sondern eine dem ›Geräusch‹ verwandte, auf das den Klang erzeugende Instrument – ein Ding im Raum – hinweisende Seite benannt: *Trompeten*schall, *Streicherklang.*

Musik unmittelbar einbeziehende Wörter sind die ›Singen‹ bedeutenden: canto, cantus, griechisch aeidō, Odē (in ›Mel-odie‹ enthalten). Aber bedenken wir: Gesang enthält Sprache, ist gesungene *Sprache* – und deswegen ist auch das gesamte Phänomen, das Singen, direkt nennbar. – Analoges gilt für Mousikē: einen Namen – wenn auch indirekt, über die Musen – erhielt nur die Einheit von Musik und Vers.

[8]) Die Ableitung von rheō, ›fließen‹, muß abgelehnt werden. Auch die Verknüpfung von Rhythmós mit dem Heraklit zugeschriebenen ›panta rhei‹ ist abwegig. Es besteht kein Anlaß, die Sinnbereiche des Heraklitischen ›Alles fließt‹ und des Wortes Rhythmós – das übrigens in den überlieferten Heraklit-Texten überhaupt nicht vorkommt – in Beziehung zueinander zu setzen.

[9]) Das Wort Rhythmós kommt sonst in den überlieferten Pindartexten nicht vor.

gegen Ende des 5. Jahrhunderts). Aber noch Platon, der das Wort in musikalischem Zusammenhang verwendet, setzt es in Beziehung zu Schēma: ›In der Mousikē haben wir Schēmata und Melodien (›Melē‹), weil die Mousikē aus Rhythmós und Harmonía besteht‹ (Gesetze 655ª). Also wird Schēma dem Rhythmós, Melos der Harmonía zugeordnet. Und selbst noch Aristoxenos, ein Schüler des Aristoteles, veranschaulicht das Verhältnis von — musikalischem — Rhythmós und rhythmisiertem Stoff (rhythmizómenon) durch das Verhältnis von Schēma und in Schēma gefaßtem Stoff (schēmatizomenon).

Warum läßt sich das spezifisch musikalische Phänomen von keiner Seite her direkt benennen? Die Musik ist nichts Sichtbares, nichts Vorhandenes, worauf ich zeigen kann, auch kein Bild oder Abbild; nichts Widerstand Bietendes wie die Plastik oder meinen Ort Bestimmendes wie die Architektur. Die Musik ›ist‹ nicht ›da‹. Nicht einmal als Bewegung; denn es fehlt das Räumliche. Der musikalische Rhythmus ist nicht eine auf Räumliches bezogene Zeitrelation. Was er in Relation setzt, hat *selbst* Zeitbeschaffenheit. Die Musik ist ein sich *als* Zeit Meldendes, eine mit dem genuinen *Zeit*-Etwas, den sich hervorbringenden Tonrelationen, erfüllte Zeit. Da sich die Töne erst in der Relation zum Sinnelement integrieren, vermögen sie — als Tonrelationen, also rein musikalisch, und nicht auch als Geräusche erfaßt — nicht, etwas außerhalb ihrer selbst anzuzeigen, wie z. B. ein Gelb dort die Blume anzeigt. Sie sind ausschließlich auf ihresgleichen gerichtet, sie zeigen ausschließlich sich selbst gegenseitig an; sie haben ihr eigenes Reich, in dem sie unter sich verkehren. Und so lassen sie sich auch nicht ›hineinreden‹: Ich glaube, der Grund, weshalb die Musik dem Menschen nichts direkt Nennbares bietet, ist eben darin zu suchen, daß sie selbst nichts anzeigt — oder, wie die Sprache, benennt. Und doch ist die Musik etwas Reales; es ist immer etwas Reales gemeint, wenn wir ›Musik‹ sagen oder die anderen musikalischen Wörter verwenden. Aber etwas Reales, das immer wieder neu in Erscheinung treten muß. Und zwar dann nicht hypostasiert, nicht als Vorhandenes, sondern als Hervorbringen, als *Tun*. Wir haben also hier ein Verhältnis zwischen etwas, das ›da ist‹, aber nicht verwirklicht, und Tun, das wirklich geschieht, aber nicht ›da ist‹. Wir haben den Sachverhalt, der den musikalischen Nomos bestimmt.

Die meisten spezifisch musikalischen Bezeichnungen neigen mehr oder weniger nach der Seite der Fachtermini. Harmonía, Rhythmós,

Nomos dagegen haben die Würde echter Namen. Zusammengenommen umschreiben diese drei Worte das, was wir als Musik in uns tragen. Alle drei wurden, wie ich sagte, ursprünglich nicht in musikalischem Zusammenhang verwendet. Aber während Harmonía und Rhythmós von dem Augenblick an, da sie eine musikalische Bedeutung erhalten hatten, zu primär musikalischen Wörtern geworden sind, ging Nomos seine eigenen Wege. Wir wundern uns heute, wenn wir von einer musikalischen Bedeutung des Wortes Nomos erfahren; sie lebt nicht mehr. Die Beschränkung auf die Bereiche des Rechts, des Gesetzes, hängt wohl damit zusammen, daß Nomos, im Gegensatz zu Harmonía und Rhythmós, außer dem allgemein-musikalischen Sinnbezug keine spezifisch fachlich-musikalischen Momente erfaßt. Die Forderung, das Tun nach dem, was ›da ist‹, zu richten, gilt gleichermaßen für den allgemeinen wie für den musikalischen Nomos.

Versuchen wir, den musikalischen Nomos als das Verhältnis zwischen dem, was ›da ist‹ und dem, wie es sich jeweils hier und jetzt, aber nur flüchtig verwirklicht, den anderen Künsten gegenüberzustellen. In der bildenden Kunst habe ich ein Vorbild im wörtlichen Sinn, oder allgemein das Sichtbare, Räumliche, Körperhafte, ich habe das dinghaft Bestehende als die letzte Instanz. Welt, Mensch erscheinen hier sub specie von Seiendem — anders ist bildende Kunst nicht denkbar —, das Reale kann sich hier nur hypostasiert (›verdinglicht‹) bekunden. ›Vorbild‹ im weiteren Sinn ist hier das Hypostasierte. In der Musik aber gibt es den Sinnbezug, die Polarität Nomos-Tun; den Nomos, der analog dem Vorbild immerwährend ›da ist‹, aber nicht wie dort als dinghaft Bestehendes, sondern als Weisung, die nur im jeweiligen Tun verwirklicht wird. Sollte ich die oft gestellte Frage, ob die Musik abbilde, beantworten, so würde ich sagen: Ja — nun im übertragenen Sinn —, sie bildet den Nomos ab.

Wichtig, ja konstitutiv für das Werk der bildenden Kunst, die Architektur inbegriffen, ist, daß es dem Betrachter das *Verweilen* erlaubt. Er kann, ja soll verweilen. Dabei mag er sich vergegenwärtigen, daß das Werk auch nach gewissen Regeln gemacht ist, daß es einen ›Kanon‹ befolgt. Wir erinnern uns an den Kanon des Polyklet, wonach das Standbild gebaut wurde. Aber dieser Kanon könnte nicht Nomos heißen. Das Bild, die Statue, das Gebäude, ein Gefäß befolgen zwar gewisse Regeln. Real ist aber allein das Werk. Und ich verweile bei dem Werk *selber*.

Aber eine Musik zieht als Erklingen an uns vorüber, sie erlaubt kein Verweilen. Und doch ›ist‹ sie etwas: der ihr zugrundeliegende Nomos. Hier haben wir also zweierlei, das beides Realität hat, den Nomos und das Tun, jedes aber eine Realität sui generis. Aus diesem Grund erlangte das Musiktheoretische, das Erfassen der Möglichkeiten musikalischen Zusammenfügens, die große Bedeutung, die es innerhalb der Musik hat. Das Moment des Musiktheoretischen ist in der Musik — wie der Nomos, und anders als der Kanon — unmittelbar gegenwärtig. Ich sagte: ›Vorbild‹ der Musik ist der Nomos. Ich füge jetzt hinzu: Eng verknüpft mit dem musikalischen Nomos ist der Bereich des Musiktheoretischen. ›Vorbild‹ der Musik ist der das Musiktheoretische einschließende Nomos. Aber im Gegensatz zur bildenden Kunst, bei der das ›Vorbild‹ — im engeren oder weiteren Sinn — durch das Werk getilgt wird, weil das Werk selbst ein Dinghaftes ist, ist der Nomos in der erklingenden Musik präsent. Denn Nomos und musikalisches Tun bedürfen einander; sie verhalten sich komplementär. Erst als ihr Zusammenwirken entsteht Musik. Ist in den bildenden Künsten das — eigenständige — Werk das einzig Reale, so lebt die Musik aus der Polarität Nomos-Tun[10]).

Mit der Dichtung und allgemein mit der Sprache hat es seine eigene Bewandtnis. Die Sprache ist ein Reales für sich. Sie bedeutet, indem sie präformiert Bedeutendes, Wörter, zusammenfügt. Ein Wort ist ein zentripetales Gebilde, eine sich um das Bedeuten, gleichsam einen zeitlosen Punkt, bildende Artikuliertraube. Und auch der Satz, der Sprachzusammenhang, wird durch das Bedeuten zusammengehalten. Die artikulierte Sprachlautfolge, das Sprechen, vollzieht sich in der Zeit. Aber das Bedeuten *selbst* hat keine Zeitbeschaffenheit, keine Zeitdimension. Beim Bedeuten, beim Nennen wird stets, gleichsam als Substrat, ›ES IST‹ vernommen, ›Es ist, so wahr ich bin‹. Dieses ›IST‹ läßt sich weder als Verb (›Zeitwort‹) noch als Substantiv festlegen; es geht ihnen voraus, es ermöglicht erst beide. Analog geht Sprache weder in Tun (Hervorbringen) noch in Hypostasiertem auf. Doch das

---

[10]) Über die musikalische Schrift und den Begriff der Komposition im Hinblick auf den Nomos vgl. Thr. Georgiades, Musik und Schrift, hg. von der Bayerischen Akademie der Schönen Künste, München, 2. Aufl. 1964.

›IST‹, das sie sagt, verleiht ihr das Merkmal des Bleibenden, Beharrenden. Sehe ich bei der Sprache von der Zeit ab, so bleibt der als *Bedeuten*, als Nennen gebannte Sinn übrig. Sehe ich aber bei der Musik von der Zeit ab, so bleibt nichts übrig; denn als Musik gebannter Sinn ist als Zeit gebannter Sinn. Die Sprache ist also ein Reales lediglich *in* der Zeit. Die Musik aber ist das Reale *der* Zeit, die Zeit selbst als Reales. Sprache geht nicht in Sprechen auf — wiewohl sie darauf nicht verzichten kann —, denn sie *sagt* etwas, sie ist ein *Sagen*. Musik aber sagt nichts — ich nehme das ›sagt‹ wörtlich —, sie bändigt Sinn auf andere Weise. Von unserem Gesichtspunkt her gesehen, zeigt also Dichtung eine den bildenden Künsten verwandte Seite. Auch sie ›ist da‹; sie *besteht;* zwar nicht dinghaft, aber doch als Präformiertes, als Worte, und als zusammenhängend Bedeutend-Bedeutetes. Daher erlaubt, ja erwartet sie Verweilen. Sie tilgt ihr ›Vorbild‹, die allgemeine Sprache, weil sie selbst Sprache ist. (Und analog tilgt die Sprache den von ihr eingefangenen anonymen Rohstoff, indem sie ihn bedeutet, ihn in Nennen verwandelt.) So ist auch in der Dichtung das eigenständige *Werk,* und nicht eine dem Nomos-Tun analoge Polarität, bestimmend.

Das Werk der bildenden Künste schließt, als Bestehendes, die Vorstellung des Vollbrachten, Vollzogenen ein. Es schwingt das ›Perfektische‹ mit, das Präfix ›ge-‹. Bildende Kunst ist das *Ge*bildete oder *Ab*gebildete, Architektur ist das Hin*ge*stellte, *Ge*baute. Selbst für die Dichtung ist diese Komponente bestimmend; Dichtung impliziert zwar die ›Gesprochenheit‹[11]), doch als Sagen ist sie ein Bleibendes, ein Mal, ein ›*Ge*sagtes‹. Aber die Musik enthält dieses Substantivisch-Perfektische nicht; sie ist nicht das *Ge*tane. Sie hat eine ausschließliche Verbstruktur: sie *tönt,* sie ist ein Tun, Präsens, das Ausführen des Nomos[12]).

Wir dürfen sagen: Der Mensch als Sinn verwirklichendes, Sinn verantwortendes Wesen bekundet sich in zweierlei Strukturen — andere stehen ihm nicht zur Verfügung. Die eine ist die des — dinghaft oder als Sagen — Bestehenden, die Struktur des ›Sehens‹ im engeren

---

[11]) Selbst Martin Buber, der die ›Gesprochenheit‹ des Wortes hervorhebt, sieht die Sprache als ›Bestehendes‹ an; und die Gesprochenheit als dasjenige, das ›Leben‹ hineinbringt (Das Wort, das gesprochen wird, in: Wort und Wirklichkeit, 6. Folge des Jahrbuches ›Gestalt und Gedanke‹, hg. von der Bayerischen Akademie der Schönen Künste, München 1960, S. 27).

[12]) Auch das sogenannte ›innere Hören‹ (etwa beim Lesen von Musik) ist ein — ideelles — Tun; es bringt das reale ›*Zeit*-Etwas‹, die Tonrelation hervor.

und weiteren Sinn. Die andere ist das ›Horchen auf den Klang der Nomoi‹, die Struktur Soll-Tun. Die Struktur Soll-Tun gilt sowohl für den musikalischen Nomos als auch für den Nomos allgemein. Entspricht aber der allgemeine Nomos dem Bereich des menschlichen Verhaltens, des Handelns, der praktischen Vernunft, des Rechts, der Politik, so stellt sich die Nomos-Struktur in der Musik — und nur in ihr — anhand eines uns entgegentretenden Phänomens ein, und zwar als für dieses Phänomen wesensnotwendig, als konstitutives Moment. Nur hier hat der Nomos den Charakter des sich an einem realen ›Etwas‹ — und nicht unmittelbar am Menschen — Bekundenden. Der musikalische Nomos, diese Verknüpfung von Sinn als Sollen und als Tun im Bereich der Musik, entspringt der ›Natur der Sache‹: der ›Phýá‹ — dem Wesen, der Herkunft — der Musik. Für den allgemeinen Nomos könnten wir aber nicht sagen, er entspringe dem Wesen einer ›Sache‹, eines uns entgegentretenden Phänomens, sondern wir müssen sagen: er entspringt der Phýá unseres Selbst.

Daß aber die Griechen gerade die Musik mit dem Ethischen — ›Ethos‹ bedeutete, wie ursprünglich auch Nomos, ›Sitte, Brauch‹ — in Verbindung brachten, daß Platon die sogenannte musikalische Ethoslehre so sehr in den Mittelpunkt rückte, hat seinen Grund in dem der Musik und dem menschlichen Handeln gemeinsamen, sie beide prägenden Nomos.

Werner Heisenberg
Die Bedeutung des Schönen
in der exakten Naturwissenschaft

Wenn ein Vertreter der Naturwissenschaft bei einer Veranstaltung der Akademie der Schönen Künste das Wort nehmen soll, so kann er es kaum wagen, zum Thema Kunst Meinungen zu äußern; denn die Künste liegen ja seinem eigenen Arbeitsgebiet fern. Aber vielleicht darf er das Problem des Schönen aufgreifen. Denn das Epitheton ›schön‹ wird hier zwar zur Charakterisierung der Künste verwendet, aber der Bereich des Schönen reicht ja über ihr Wirkungsfeld weit hinaus. Er umfaßt sicher auch andere Gebiete des geistigen Lebens; und die Schönheit der Natur spiegelt sich auch in der Schönheit der Naturwissenschaft.

Vielleicht ist es gut, wenn wir zunächst ohne jeden Versuch einer philosophischen Analyse des Begriffs ›schön‹ einfach fragen, wo im Umkreis der exakten Wissenschaften uns das Schöne begegnen kann. Hier darf ich vielleicht mit einem persönlichen Erlebnis beginnen. Als ich als kleiner Junge die untersten Klassen des Max-Gymnasiums hier in München besuchte, interessierte ich mich für Zahlen. Es machte mir Freude, ihre Eigenschaften zu kennen, z. B. zu wissen, ob sie Primzahlen seien oder nicht, und zu probieren, ob sie vielleicht als Summen von Quadratzahlen dargestellt werden können, oder schließlich zu beweisen, daß es unendlich viele Primzahlen geben muß. Da mein Vater nun meine Lateinkenntnisse viel wichtiger fand als meine Zahleninteressen, brachte er mir einmal von der Staatsbibliothek eine lateinisch geschriebene Abhandlung des Mathematikers Kronecker mit, in der die Eigenschaften der ganzen Zahlen in Beziehung gesetzt wurden zu dem geometrischen Problem, einen Kreis in eine Anzahl gleicher Teile zu teilen. Wie mein Vater gerade auf diese Untersuchung aus der Mitte des vorigen Jahrhunderts verfallen ist, weiß ich nicht. Aber das Studium der Kroneckerschen Abhandlung machte mir einen tiefen Eindruck; denn ich empfand es ganz unmittelbar als schön, daß man aus dem Problem der Kreisteilung, dessen einfachste Fälle uns ja aus der Schule bekannt waren, etwas über die ganz andersartigen Fragen der elementaren Zahlentheorie lernen konnte. Ganz in der Ferne glitt wohl auch schon die Frage vorbei, ob es die ganzen Zahlen und die geometrischen Formen gibt, d. h. ob es sie außerhalb des menschlichen Geistes gibt, oder ob sie nur von diesem Geist als Werkzeuge zum Verständnis der Welt gebildet worden sind. Aber über solche Probleme konnte ich damals noch nicht nachdenken. Nur der Eindruck von etwas sehr Schönem war ganz direkt, er bedurfte keiner Begründung oder Erklärung.

Aber was war hier schön? Schon in der Antike gab es zwei Definitionen der Schönheit, die in einem gewissen Gegensatz zueinander standen. Die Kontroverse zwischen diesen beiden Definitionen hat besonders in der Renaissance eine große Rolle gespielt. Die eine bezeichnet die Schönheit als die richtige Übereinstimmung der Teile miteinander und mit dem Ganzen. Die andere, auf Plotin zurückgehend, ohne jede Bezugnahme auf Teile, bezeichnet sie als das Durchleuchten des ewigen Glanzes des ›Einen‹ durch die materielle Erscheinung. Wir werden uns bei dem mathematischen Beispiel zunächst an die erste Definition halten müssen. Die Teile, das sind hier die Eigenschaften der ganzen Zahlen, Gesetze über geometrische Konstruktionen, und das Ganze ist offenbar das dahinterstehende mathematische Axiomensystem, zu dem die Arithmetik und die euklidische Geometrie gehören; also der große Zusammenhang, der durch die Widerspruchsfreiheit des Axiomensystems garantiert wird. Wir erkennen, daß die einzelnen Teile zusammenpassen, daß sie eben als Teile zu diesem Ganzen gehören, und wir empfinden die Geschlossenheit und Einfachheit dieses Axiomensystems ohne jede Reflexion als schön. Die Schönheit hat also zu tun mit dem uralten Problem des ›Einen‹ und des ›Vielen‹, das — damals in engem Zusammenhang mit dem Problem von ›Sein‹ und ›Werden‹ — im Mittelpunkt der frühen griechischen Philosophie gestanden hat.

Da auch die Wurzeln der exakten Naturwissenschaft eben an dieser Stelle liegen, wird es gut sein, die Denkbewegungen jener frühen Epoche in groben Umrissen nachzuzeichnen. Am Anfang der griechischen Naturphilosophie steht die Frage nach dem Grundprinzip, nach dem ›Einen‹, von dem aus die bunte Vielfalt der Erscheinungen verständlich gemacht werden kann. Die bekannte Antwort des Thales »Wasser ist der materielle Urgrund aller Dinge« enthält, so seltsam sie uns anmutet, nach Nietzsche drei philosophische Grundforderungen, die in der späteren Entwicklung wichtig geworden sind; nämlich erstens, daß man nach einem solchen einheitlichen Grundprinzip suchen solle, zweitens, daß die Antwort nur rational, d. h. nicht durch den Hinweis auf einen Mythos gegeben werden dürfe, und schließlich drittens, daß die materielle Seite der Welt hier eine entscheidende Rolle spielen müsse. Hinter diesen Forderungen steht natürlich unausgesprochen die Erkenntnis, daß Verstehen immer nur heißen kann: Zusammenhänge, d. h. einheitliche Züge, Merkmale der Verwandtschaft in der Vielfalt zu erkennen.

Wenn es aber einen solchen einheitlichen Urgrund aller Dinge gibt, so wird man unweigerlich zu der Frage gedrängt — und das war der nächste Schritt auf diesem Denkwege —, wie denn aus ihm die Veränderung verständlich gemacht werden kann. Die Schwierigkeit ist besonders in der berühmten Paradoxie des Parmenides zu erkennen. Nur das Seiende ist; das Nichtseiende ist nicht. Wenn aber nur das Seiende ist, so kann es auch nichts außerhalb des Seienden geben, das dieses Seiende gliedert, das Veränderungen veranlassen könnte. Also müßte das Seiende ewig, einförmig, zeitlich und räumlich unbegrenzt gedacht werden. Die Veränderungen, die wir erleben, könnten also nur Schein sein.

Bei dieser Paradoxie konnte das griechische Denken nicht lange stehen bleiben. Der ewige Wechsel der Erscheinungen war unmittelbar gegeben, ihn galt es zu erklären. Bei dem Versuch, diese Schwierigkeit zu überwinden, wurden von verschiedenen Philosophen verschiedene Richtungen eingeschlagen. Ein Weg führte zur Atomlehre des Demokrit; auf den wollen wir aber nur ganz kurz einen Blick werfen. Neben dem Seienden kann es das Nichtseiende doch als Möglichkeit geben, nämlich als Möglichkeit zu Bewegung und Form, und das heißt: als leeren Raum. Das Seiende ist wiederholbar, und so kommt man zu dem Bild der Atome im leeren Raum — dem Bild, das später als Grundlage der Naturwissenschaft so unendlich fruchtbar geworden ist. Aber von diesem Weg soll hier nicht weiter die Rede sein. Vielmehr soll der andere Weg genauer geschildert werden, der zu den Ideen Platos geführt hat und der uns unmittelbar an die Probleme des Schönen heranbringt.

Dieser Weg beginnt in der Schule des Pythagoras. In ihr soll der Gedanke entstanden sein, daß die Mathematik, die mathematische Ordnung, das Grundprinzip sei, von dem aus die Vielfalt der Erscheinungen verständlich gemacht werden könnte. Von Pythagoras selbst ist nur wenig bekannt. Sein Schülerkreis scheint eher eine religiöse Sekte gewesen zu sein, und mit Sicherheit läßt sich nur die Lehre von der Seelenwanderung und die Aufstellung gewisser religiös-sittlicher Gebote und Verbote auf Pythagoras zurückführen. In diesem Schülerkreis aber spielte — und das war für die spätere Zeit das entscheidende — die Beschäftigung mit Musik und Mathematik eine wichtige Rolle. Hier soll von Pythagoras die berühmte Entdeckung gemacht worden sein, daß gleichgespannte schwingende Saiten dann harmonisch zusammenklingen, wenn ihre Längen in einem einfachen rationalen Zahlenverhältnis stehen. Die mathematische Struktur, nämlich das rationale Zahlenverhältnis als Quelle der Harmonie — das war sicher eine der folgenschwersten Entdeckungen, die in der Geschichte der Menschheit überhaupt gemacht worden sind. Das harmonische Zusammentönen zweier Saiten ergibt einen schönen Klang. Das menschliche Ohr empfindet die Dissonanz durch die aus den Schwebungen entstehende Unruhe als störend, aber die Ruhe der Harmonie, die Konsonanz, als schön. Die mathematische Beziehung war damit auch die Quelle des Schönen.

Die Schönheit ist, so lautete die eine der antiken Definitionen, die richtige Übereinstimmung der Teile miteinander und mit dem Ganzen. Die Teile sind hier die einzelnen Töne, das Ganze ist der harmonische Klang. Die mathematische Beziehung kann also zwei zunächst unabhängige Teile zu etwas Ganzem zusammenfügen und damit Schönes hervorbringen. Es war diese Entdeckung, die in der Lehre der Pythagoreer den Durchbruch zu ganz neuen Formen des Denkens bewirkt und dazu geführt hat, daß als Urgrund alles Seienden nicht mehr ein sinnlicher Stoff — wie das Wasser bei Thales — sondern ein ideelles Formprinzip angesehen wurde. Damit war ein Grundgedanke ausgesprochen, der später das Fundament aller exakten Naturwissenschaften gebildet hat. Aristoteles berichtet in seiner Metaphysik über die Pythagoreer: »Sie beschäftigten sich zuerst mit der Mathematik, förderten sie, und, in ihr aufgezogen, hielten sie die mathematischen Prinzipien für die Prinzipien alles Seienden. Und in den Zahlen die Eigenschaften und Gründe der Harmonie erblickend, faßten sie die

Elemente der Zahlen als die Elemente aller Dinge auf, und das ganze Weltall als Harmonie und Zahl.«

Das Verständnis der bunten Mannigfaltigkeit der Erscheinungen soll also dadurch zustandekommen, daß wir in ihr einheitliche Formprinzipien erkennen, die in der Sprache der Mathematik ausgedrückt werden können. Damit wird auch ein enger Zusammenhang zwischen dem Verständlichen und dem Schönen hergestellt. Denn wenn das Schöne als Übereinstimmung der Teile untereinander und mit dem Ganzen erkannt wird, und wenn andererseits alles Verständnis erst durch diesen formalen Zusammenhang zustandekommen kann, so wird das Erlebnis des Schönen fast identisch mit dem Erlebnis des verstandenen oder wenigstens geahnten Zusammenhangs.

Der nächste Schritt auf diesem Wege ist bekanntlich von Plato durch die Formulierung seiner Ideenlehre getan worden. Plato stellt den unvollkommenen Gebilden der körperlichen Sinneswelt die vollkommenen mathematischen Formen gegenüber, etwa den unvollkommenen Kreisbahnen der Gestirne den vollkommenen mathematisch definierten Kreis. Die materiellen Dinge sind die Abbilder, die Schattenbilder der idealen wirklichen Gestalten; und, so wären wir heute versucht fortzusetzen, diese idealen Gestalten sind wirklich, weil und insofern sie im materiellen Geschehen ›wirk‹sam werden. Plato unterscheidet also hier in voller Klarheit ein den Sinnen zugängliches körperliches Sein und ein rein ideelles Sein, das nicht durch die Sinne sondern nur in geistigen Akten erfaßbar wird. Dabei bedarf dieses ideelle Sein keineswegs des menschlichen Denkens, um von ihm hervorgebracht zu werden. Es ist im Gegenteil das eigentliche Sein, dem die körperliche Welt und das menschliche Denken erst nachgebildet sind. Das Erfassen der Ideen durch den menschlichen Geist ist, wie schon ihr Name sagt, mehr ein künstlerisches Schauen, ein halbbewußtes Ahnen, als ein verstandesmäßiges Erkennen. Es ist eine Wiedererinnerung an Formen, die dieser Seele schon vor ihrem Erdendasein eingepflanzt worden sind. Die zentrale Idee ist die des Schönen und Guten, in der das Göttliche sichtbar wird, und bei deren Anblick die Flügel der Seele wachsen. An einer Stelle im Phaidros wird der Gedanke ausgesprochen: Die Seele erschrickt, sie erschauert beim Anblick des Schönen, da sie spürt, daß etwas in ihr aufgerufen wird, das ihr nicht von außen durch die Sinne zugetragen worden ist, sondern das in ihr in einem tief unbewußten Bereich schon immer angelegt war.

Aber kehren wir wieder zum Verstehen und damit zur Naturwissenschaft zurück. Die bunte Vielfalt der Erscheinungen kann verstanden werden, so sagen Pythagoras und Plato, weil und insofern hier einheitliche Formprinzipien zugrundeliegen, die einer mathematischen Darstellung zugänglich sind. Damit ist eigentlich schon das ganze Programm der heutigen exakten Naturwissenschaft vorweggenommen. Aber es konnte im Altertum nicht durchgeführt werden, da die empirische Kenntnis der Einzelheiten im Naturgeschehen weitgehend fehlte.

Der erste Versuch, sich auch in diese Einzelheiten zu vertiefen, ist bekanntlich in der Philosophie des Aristoteles unternommen worden. Aber bei der unendlichen Fülle, die sich dem beobachtenden Naturforscher hier zunächst darbot, bei dem völligen Fehlen irgendwelcher Gesichtspunkte, von denen aus eine Ordnung hätte erkennbar werden können, mußten die einheitlichen Formprinzipien, nach denen Pythagoras und Plato gefragt hatten, jetzt gegenüber der Beschreibung der Einzelheiten zurücktreten. So tut sich schon in jener Zeit der Gegensatz auf, der sich bis heute etwa in der Diskussion zwischen der experimentellen und der theoretischen Physik gehalten hat; der Gegensatz zwischen dem Empiriker, der durch sorgfältige und gewissenhafte Kleinarbeit erst die Voraussetzungen für ein Verständnis der Natur schafft, und dem Theoretiker, der mathematische Bilder entwirft, nach denen er die Natur zu ordnen und damit zu verstehen sucht – mathematische Bilder, die sich nicht nur durch die richtige Darstellung der Erfahrung, sondern vor allem auch durch ihre Einfachheit und Schönheit als die wahren, dem Naturgeschehen zugrundeliegenden Ideen erweisen. Schon Aristoteles sprach als Empiriker kritisch über die Pythagoreer, die , wie er sagte, »nicht im Hinblick auf die Tatsachen nach Erklärungen und Theorien suchten, sondern im Hinblick auf gewisse Theorien und Lieblingsmeinungen an den Tatsachen zerrten, und sich, man möchte sagen, als Mitordner des Weltalls aufspielten.« Rückblickend auf die Geschichte der exakten Naturwissenschaft kann man vielleicht feststellen, daß sich die richtige Darstellung der Naturerscheinungen gerade aus der Spannung zwischen den beiden gegensätzlichen Auffassungen entwickelt hat. Die reine mathematische Spekulation wird unfruchtbar, weil sie aus einem Spiel mit der Fülle der möglichen Formen nicht mehr zurückfindet zu den ganz wenigen Formen, nach denen die Natur wirklich gebildet ist. Und die reine

Empirie wird unfruchtbar, weil sie schließlich in endlosen Tabellenwerken ohne inneren Zusammenhang erstickt. Nur aus der Spannung, aus dem Spiel zwischen der Fülle der Tatsachen und den vielleicht dazu passenden mathematischen Formen können die entscheidenden Fortschritte kommen.

Aber diese Spannung konnte in der Antike nicht mehr aufgenommen werden, und so trennte sich der Weg zur Erkenntnis für lange Zeit von dem Weg zum Schönen. Die Bedeutung des Schönen für das Verständnis der Natur wurde erst wieder deutlich sichtbar, als man mit dem Beginn der Neuzeit von Aristoteles zu Plato zurückgefunden hatte. Und erst durch diese Wendung offenbarte sich die ganze Fruchtbarkeit der von Pythagoras und Plato eingeleiteten Denkweise.

Schon die berühmten Fallversuche, die Galilei am schiefen Turm zu Pisa ausgeführt haben soll, zeigen das aufs deutlichste. Galilei beginnt mit sorgfältigen Beobachtungen ohne Rücksicht auf die Autorität des Aristoteles; doch er versucht, den Lehren des Pythagoras und Platos folgend, mathematische Formen zu finden, die den empirisch gewonnenen Tatsachen entsprechen, und so gelangt er zu seinen Fallgesetzen. Aber er muß, und das ist ein entscheidender Punkt, um die Schönheit mathematischer Formen in den Erscheinungen wiederzuerkennen, die Tatsachen idealisieren oder, wie Aristoteles tadelnd formuliert hatte, sie verzerren. Aristoteles hatte gelehrt, daß alle bewegten Körper ohne Einwirkung von äußeren Kräften schließlich zur Ruhe kommen, und das war die allgemeine Erfahrung. Galilei behauptet im Gegenteil, daß die Körper ohne äußere Kräfte im Zustand gleichförmiger Bewegung verharren. Galilei konnte diese Verzerrung der Tatsachen wagen, weil er darauf hinweisen konnte, daß bewegte Körper ja stets einem Reibungswiderstand ausgesetzt sind, und daß die Bewegung in der Tat um so länger bestehen bleibt, je besser die Reibungskräfte ausgeschaltet werden können. Er gewann für diese Verzerrung der Tatsachen, für diese Idealisierung, ein einfaches mathematisches Gesetz, und das war der Anfang der neuzeitlichen exakten Naturwissenschaft.

Einige Jahre später gelang es Kepler, in den Ergebnissen seiner sehr sorgfältigen Beobachtungen über die Planetenbahnen neue mathematische Formen zu entdecken und seine berühmten drei Keplerschen Gesetze zu formulieren. Wie nahe sich Kepler bei diesen Entdeckungen den alten Gedankengängen des Pythagoras fühlte und wie sehr die Schönheit der Zusammenhänge bei ihrer Formulierung ihn leitete, geht schon daraus hervor, daß er die Umschwünge der Planeten um die Sonne mit Schwingungen einer Saite verglich und von einem harmonischen Zusammenklang der verschiedenen Planetenbahnen sprach, von der Harmonie der Sphären, und daß er schließlich am Ende seines Werkes über die Weltharmonie in den Jubelruf ausbricht: »Dir sage ich Dank, Herrgott unser Schöpfer, daß Du mich die Schönheit schauen läßt in Deinem Schöpfungswerk«. Kepler war zutiefst ergriffen davon, daß er hier auf einen ganz zentralen Zusammenhang gestoßen war, der nicht von Menschen erdacht und den zum ersten Mal zu erkennen ihm vorbehalten war, einen Zusammenhang von höchster Schönheit. Einige Jahrzehnte später hat Isaac Newton in England diesen Zusammenhang vollends freigelegt und in seinem großen Werk ›Philosophiae Naturalis Principia Mathematica‹ im einzelnen beschrieben. Damit war der Weg der exakten Ntaurwissenschaft für fast zwei Jahrhunderte vorgezeichnet.

Aber handelt es sich hier nicht doch nur um Erkenntnis oder auch um das Schöne? Und wenn es sich auch um das Schöne handelt, welche Rolle hat es beim Aufdecken der Zusammenhänge gespielt? Erinnern wir uns wieder an die eine antike Definition »Die Schönheit ist die richtige Übereinstimmung der Teile miteinander und mit dem Ganzen«. Daß dieses Kriterium auf ein Gebilde wie die Newtonsche Mechanik in höchstem Maße zutrifft, braucht kaum erklärt zu werden. Die Teile, das sind die einzelnen mechanischen Vorgänge; jene, die wir durch Apparate sorfältig isolieren ebenso wie jene, die im bunten Spiel der Erscheinungen unentwirrbar vor uns ablaufen. Und das Ganze ist eben das einheitliche Formprinzip, dem sich alle diese Vorgänge fügen und das von Newton in einem einfachen System von Axiomen mathematisch festgelegt worden ist. Einheitlichkeit und Einfachheit sind zwar nicht genau dasselbe. Aber die Tatsache, daß in einer solchen Theorie dem Vielen das Eine gegenübergestellt wird, daß in ihm das Viele vereinigt wird, hat doch wohl von selbst zur Folge, daß sie von uns auch als einfach und schön empfunden wird. Die Bedeutung des Schönen für das Auffinden des Wahren ist zu allen Zeiten erkannt und hervorgehoben worden. Der lateinische Leitsatz »simplex sigillum veri«, »Das Einfache ist das Siegel des Wahren«, steht in großen Lettern im Physikhörsaal der Universität Göttingen als Mahnung für jene, die Neues entdecken wollen, und der andere lateinische Leitsatz »pulchritudo splendor veritatis«, »Die Schönheit ist der Glanz der Wahrheit«, kann auch so gedeutet werden, daß der Forscher die Wahrheit zuerst an diesem Glanz, an ihrem Hervorleuchten erkennt.

Noch zweimal in der Geschichte der exakten Naturwissenschaft ist dieses Aufleuchten des großen Zusammenhangs das entscheidende Signal für den bedeutenden Fortschritt geworden. Ich denke hier an zwei Ereignisse in der Physik unsere Jahrhunderts, die Entstehung der Relativitätstheorie und der Quantentheorie. In beiden Fällen ist eine verwirrende Fülle von Einzelheiten nach jahrelangen vergeblichen Bemühungen um Verständnis fast plötzlich geordnet worden, als ein zwar reichlich unanschaulicher, aber doch in seiner Substanz letzthin einfacher Zusammenhang auftauchte, der durch seine Geschlossenheit und abstrakte Schönheit unmittelbar überzeugte, – alle jene überzeugte, die eine solche abstrakte Sprache verstehen und sprechen können.

Aber wir wollen den historischen Hergang jetzt nicht weiter verfolgen, sondern lieber ganz direkt fragen: Was leuchtet hier auf? Wie kommt es, daß an diesem Aufleuchten des Schönen in der exakten Naturwissenschaft der große Zusammenhang erkennbar wird, noch bevor er in den Einzelheiten verstanden ist, bevor er rational nachgewiesen werden kann? Worin besteht die Leuchtkraft und was bewirkt sie im weiteren Verlauf der Wissenschaft?

Vielleicht sollte man hier zunächst an ein Phänomen erinnern, das man die Entfaltung abstrakter Strukturen nennen kann. Es kann am Beispiel der Zahlentheorie erläutert werden, von der schon am Anfang die Rede war, aber man kann auch auf vergleichbare Vorgänge in der Entwicklung der Kunst hinweisen. Für die mathematische Begründung der Arithmetik, der Zahlenlehre, genügen einige wenige einfache Axiome, die eigentlich nur genau definieren, was zählen heißt. Aber mit diesen wenigen Axiomen ist doch schon die ganze Fülle der Formen gesetzt, die erst im Laufe einer langen Geschichte ins Bewußtsein der Mathematiker getreten sind, die Lehre von den Primzahlen, von den quatdratischen Resten, von den Zahlenkongruenzen usw. Man kann sagen, daß sich die mit dem Zählen gesetzten abstrakten Strukuren erst im Laufe der Geschichte der Mathematik sichtbar entfaltet haben, daß sie die Fülle von Sätzen und Zusammenhängen hervorgebracht haben, die den Inhalt der komplizierten Wissenschaft der

Zahlentheorie ausmachen. In ähnlicher Weise stehen ja auch am Anfang eines Kunststils, etwa in der Architektur, gewisse einfache Grundformen, z. B. der Halbkreis und das Quadrat in der romanischen Architektur. Aus diesen Grundformen entstehen im Laufe der Geschichte neue, kompliziertere, auch veränderte Formen, die doch irgendwie als Variationen zum gleichen Thema aufgefaßt werden können; und so entfaltet sich aus den Grundstrukturen eine neue Weise, ein neuer Stil des Bauens. Man hat das Gefühl, daß diesen ursprünglichen Formen doch die Entfaltungsmöglichkeiten schon zu Beginn angesehen werden können; denn sonst wäre es kaum verständlich, daß viele begabte Künstler sich sehr schnell entschließen, diesen neuen Möglichkeiten nachzugehen.

Eine solche Enfaltung der abstrakten Grundstrukturen hat zweifellos auch in den Fällen stattgefunden, die ich für die Geschichte der exakten Naturwissenschaften aufgezählt habe. Dieses Wachstum, das Entwickeln immer neuer Zweige hat bei der Newtonschen Mechanik bis in die Mitte des letzten Jahrhunderts gedauert. In der Relativitätstheorie und in der Quantentheorie haben wir Ähnliches in diesem Jahrhundert miterlebt, und das Wachstum ist noch nicht abgeschlossen.

Dabei hat dieser Prozeß in der Wissenschaft wie in der Kunst noch eine wichtige soziale und ethische Seite; denn an ihm können viele Menschen aktiv teilnehmen. Wenn im Mittelalter eine große Kathedrale gebaut werden sollte, so waren viele Baumeister und Handwerker beschäftigt. Sie waren erfüllt von der Vorstellung von Schönheit, die durch die ursprünglichen Formen gesetzt war, und sie waren durch ihre Aufgabe gezwungen, im Sinne dieser Formen genaue sorgfältige Arbeit zu leisten. In ähnlicher Weise hatten in den zwei Jahrhunderten nach der Newtonschen Entdeckung viele Mathematiker, Physiker und Techniker die Aufgabe, einzelne mechanische Probleme nach den Newtonschen Methoden zu behandeln, Experimente auszuführen oder technische Anwendungen vorzunehmen, und auch hier wurde stets äußerste Sorgfalt verlangt, um das im Rahmen der Newtonschen Mechanik Mögliche zu erreichen. Vielleicht darf man allgemein sagen, daß durch die zugrundeliegenden Strukturen, in diesem Falle die Newtonsche Mechanik, Richtlinien gezogen oder sogar Wertmaßstäbe gesetzt werden, an denen objektiv entschieden werden kann, ob eine gestellte Aufgabe gut oder schlecht gelöst worden ist. Gerade dadurch, daß hier präzise Forderungen gestellt werden, daß der einzelne durch kleine Beiträge mitwirken kann an dem Erreichen großer Ziele, daß über den Wert seines Beitrags objektiv entschieden werden kann, entsteht die Befriedigung, die von einer solchen Entwicklung für den großen beteiligten Kreis von Menschen ausgeht. Daher darf man auch die ethische Bedeutung der Technik für die heutige Zeit nicht unterschätzen.

Aus der Entwicklung von Naturwissenschaft und Technik ist z. B. auch die Idee des Flugzeugs hervorgegangen. Der einzelne Techniker, der irgendein Teilgerät für das Flugzeug konstruiert, der Arbeiter, der es herstellt, weiß, daß es auf die äußerste Genauigkeit und Sorgfalt bei seiner Arbeit ankommt, daß vielleicht sogar das Leben vieler Menschen von seiner Zuverlässigkeit abhängt. Daher gewinnt er den Stolz, den eine gut geleistete Arbeit gewährt, und er freut sich mit uns an der Schönheit des Flugzeugs, wenn er empfindet, daß in ihm das technische Ziel mit den richtigen angemessenen Mitteln verwirklicht ist. Schönheit ist, so lautet die nur schon mehrfach zitierte antike Definition, die richtige Übereinstimmung der Teile miteinander und mit dem Ganzen, und diese Forderung muß auch in einem guten Flugzeug erfüllt werden.

Aber mit diesem Hinweis auf die Enfaltung der schönen Grundstruktur, auf die ethischen Werte und Forderungen, die im geschichtlichen Verlauf der Entfaltung später auftauchen, ist doch die vorher gestellte Frage noch nicht beantwortet, was denn in diesen Strukturen aufleuchtet, woran der große Zusammenhang erkannt wird, noch bevor er rational im einzelnen verstanden ist. Dabei soll von vornherein die Möglichkeit eingeschlossen werden, daß auch dieses Erkennen Täuschungen unterliegen kann. Aber daß es dieses ganz unmittelbare Erkennen gibt, dieses Erschrecken vor dem Schönen, wie es bei Plato im Phaidros heißt, daran kann wohl nicht gezweifelt werden.

Unter allen denen, die über diese Frage nachgedacht haben, scheint Einigkeit darüber bestanden zu haben, daß dieses unmittelbare Erkennen nicht über das diskursive, d. h. rationale Denken erfolgt. Ich möchte hier zwei Äußerungen etwas ausführlicher zitieren, die eine von Johannes Kepler, von dem vorhin die Rede war, die andere aus unserer Zeit von dem Züricher Atomphysiker Wolfgang Pauli, der mit dem Psychologen C. G. Jung befreundet war. Der erste Text steht in Keplers Werk »Kosmische Harmonie« und lautet: »Jenes Vermögen, das die edlen Maßverhältnisse in dem sinnlich Gegebenen und den anderen außerhalb seiner gelegenen Dinge wahrnimmt und erkennt, ist dem unterem Bezirk der Seele zuzurechnen. Es steht sehr nahe dem Vermögen, das den Sinnen die formalen Schemata liefert oder noch tiefer, also dem bloß vitalen Vermögen der Seele, welches nicht diskursiv, d. h. in Schlüssen denkt, wie die Philosophen, und sich keiner überlegenen Methode bedient, daher nicht bloß den Menschen eigen ist, sondern auch den wilden Tieren und dem lieben Vieh innewohnt ... Nun könnte man fragen, woher jenes Seelenvermögen, das am begrifflichen Denken nicht teil hat und daher auch kein eigentliches Wissen von harmonischen Verhältnissen haben kann, die Fähigkeit haben soll, in der Außenwelt Gegebenes zu erkennen. Denn erkennen heißt, das sinnlich Wahrnehmbare außen mit den Urbildern innen vergleichen und es damit als übereinstimmend zu beurteilen. Proklos hat hierfür einen sehr schönen Ausdruck in den Bildern des Erwachens wie aus einem Traum. So, wie nämlich die in der Außenwelt sinnlich gegebenen Dinge uns diejenigen, die wir vorher im Traum wahrgenommen haben, in Erinnerung bringen, so locken auch in der Sinnlichkeit gegebene mathematische Beziehungen jene intelligiblen Urbilder hervor, die schon von vornherein innerlich gegeben sind, so daß sie jetzt wirklich und leibhaftig in der Seele aufleuchten, während sie vorher nur nebelhaft in ihr vorhanden waren. Wie aber sind sie ins Innere gelangt? Hierauf antworte ich — so fährt Kepler fort —, alle reinen Ideen oder Urformbeziehungen des Harmonischen, wie die bisher besprochenen, wohnen denen inne, die zu ihrer Erfassung fähig sind. Aber sie werden nicht erst durch ein begriffliches Verfahren ins Innere aufgenommen, vielmehr entstammen sie einer gleichsam triebhaften reinen Größenanschauung und sind diesen Individuen eingeboren, wie dem Formprinzip der Pflanzen etwa die Zahl ihrer Blütenblätter oder die Zahl der Fruchtkammern dem Apfel eingeboren ist.«

Soweit Kepler. Er weist uns hier also auf Möglichkeiten hin, die schon im Tier- und Pflanzenreich gegeben sind, auf angeborene Urbilder, die das Erkennen von Formen herbeiführen. In unserer Zeit hat besonders Portmann solche Möglichkeiten geschildert. Er beschreibt etwa bestimmte Farbmuster, die im Gefieder von Vögeln verwirklicht sind, und die doch nur dann einen biologischen Sinn haben können, wenn sie auch von den anderen Vögeln dieser Art wahrgenommen werden. Die Fähigkeit zur Wahrnehmung muß also wohl ebenso angeboren sein wie das Muster selbst. Man kann hier auch an den Gesang der Vögel denken. Zunächst wird hier biologisch wohl nur ein bestimmtes akustisches Signal gefordert sein, das etwa der Partnersuche dient, und das vom Partner verstanden wird. Aber in dem Maße, in dem die unmittelbare biologische Funktion an Wichtigkeit verliert, kann es zu einer spielerischen Erweiterung des Formenschatzes kommen, zu einer Entfaltung der zugrundeliegenden Melodiestruktur, die dann als Gesang auch ein so artfremdes Wesen wie den Menschen entzückt. Die Fähigkeit, dieses Formenspiel zu erkennen, muß jedenfalls der betreffenden Vogelart angeboren sein, sie bedarf sicher nicht des diskursiven rationalen Denkens. Dem Menschen ist, um ein anderes Beispiel zu nennen, wahrscheinlich die Fähigkeit angeboren, gewisse Grundformen der Gestensprache zu verstehen und etwa danach zu entscheiden, ob der andere freundliche oder feindliche Absichten hegt — eine Fähigkeit, die für das Zusammenleben der Menschen von größter Bedeutung ist.

Ähnliche Gedanken wie bei Kepler sind in einem Aufsatz von Wolfgang Pauli ausgesprochen. Pauli schreibt: »Der Vorgang des Verstehens in der Natur sowie auch die Beglückung, die der Mensch beim Verstehen, d. h. beim Bewußtwerden einer neuen Erkenntnis empfindet, scheinen demnach auf einer Entsprechung, einem Zur-Deckung-Kommen von präexistenten inneren Bildern der menschlichen Psyche mit äußeren Objekten und ihrem Verhalten zu beruhen. Diese Auffassung der Naturerkenntnis geht bekanntlich auf Plato zurück und wird ... auch von Kepler in sehr klarer Weise vertreten. Dieser spricht in der Tat von Ideen, die im Geist Gottes präexistent sind, und die der Seele, als dem Ebenbild Gottes, mit eingeschaffen wurden. Diese Urbilder, welche die Seele mit Hilfe eines angeborenen Instinktes wahrnehmen könne, nennt Kepler archetypisch. Die Übereinstimmung mit den von C. G. Jung in die moderne Psychologie eingeführten, als Instinkte des Vorstellens funktionierenden urtümlichen Bilder oder Archetypen ist sehr weitgehend. Indem die moderne Psychologie den Nachweis erbringt, daß jedes Verstehen ein langwieriger Prozeß ist, der lange vor der rationalen Formulierbarkeit des Bewußtseinsinhalts durch Prozesse im Unbewußtsein begleitet wird, hat sie die Aufmerksamkeit wieder auf die vorbewußte archaische Stufe der Erkenntnis gelenkt. Auf dieser Stufe sind an Stelle von klaren Begriffen Bilder mit starkem emotionalem Gehalt vorhanden, die nicht gedacht, sondern gleichsam malend geschaut werden. Als anordnende Operatoren und Bildner in dieser Welt der symbolischen Bilder funktionieren die Archetypen eben als die gesuchte Brücke zwischen den Sinneswahrnehmungen und den Ideen und sind demnach auch eine notwendige Voraussetzung für die Entstehung einer naturwissenschaftlichen Theorie. Jedoch muß man sich davor hüten, dieses a priori der Erkenntnis ins Bewußtsein zu verlegen und auf bestimmte, rational formulierbare Ideen zu beziehen.«

Pauli schildert dann noch im weiteren Verlauf seiner Untersuchungen, daß Kepler die Überzeugung von der Richtigkeit des Kopernikanischen Systems primär nicht aus den einzelnen astronomischen Beobachtungsergebnissen gewonnen habe, sondern aus der Übereinstimmung des Kopernikanischen Bildes mit einem Archetypus, der von C. G. Jung als Mandala bezeichnet wird und der auch von Kepler als Symbol der heiligen Dreieinigkeit gebraucht wird. Gott steht im Zentrum einer Kugel als das primär Bewegende, die Welt, in der der Sohn wirkt, wird mit der Oberfläche der Kugel verglichen und der heilige Geist entspricht den Strahlen, die vom Mittelpunkt zur Kugeloberfläche laufen. Natürlich gehört es zum Wesen dieser Urbilder, daß man sie nicht eigentlich rational beschreiben kann.

Wenn Kepler die Überzeugung von der Richtigkeit des Kopernikanischen Systems also auch aus solchen Urbildern gewonnen haben mag, so bleibt es doch eine entscheidende Voraussetzung jeder brauchbaren wissenschaftlichen Theorie, daß sie hinterher der empirischen Nachprüfung und der rationalen Analyse standhält. Hierüber war sich auch Kepler völlig im Klaren. An dieser Stelle sind die Naturwissenschaften in einer glücklicheren Lage als die Künste, da es für die Naturwissenschaft ein unabdingbares und unerbittliches Wertkriterium gibt, dem sich keine Arbeit entziehen kann. Das Kopernikanische System, die Keplerschen Gesetze und die Newtonsche Mechanik haben sich hinterher bei der Deutung der Erfahrungen, der Beobachtungsergebnisse und in der Technik in einem solchen Umfang und mit einer solch extremen Genauigkeit bewährt, daß an ihrer Richtigkeit seit Newtons ›Principia‹ nicht mehr gezweifelt werden konnte. Aber es handelt sich doch auch hier um eine Idealisierung, so wie Plato es für notwendig gehalten und Aristoteles es getadelt hatte.

Das hat sich in voller Deutlichkeit erst vor etwa 50 Jahren herausgestellt, als man aus den Erfahrungen in der Atomphysik erkannte, daß die Newtonsche Begriffsbildung nicht mehr ausreicht, um an die mechanischen Phänomene im Inneren der Atome heranzukommen. Seit der Planckschen Entdeckung des Wirkungsquantums im Jahre 1900 war in der Physik ein Zustand der Verwirrung entstanden. Die alten Regeln, nach denen man über zwei Jahrhunderte lang die Natur erfolgreich beschrieben hatte, wollten nicht mehr zu den neuen Erfahrungen passen. Aber auch diese Erfahrungen selbst waren in sich widersprüchlich. Eine Hypothese, die sich in einem Experiment bewährte, versagte in einem anderen. Die Schönheit und Geschlossenheit der alten Physik schien zerstört, ohne daß man aus den oft divergierenden Versuchen einen wirklichen Einblick in neue und andersartige Zusammenhänge hätte gewinnen können. Ich weiß nicht, ob es erlaubt ist, den Zustand der Physik in jenen 25 Jahren nach Plancks Entdeckung, die ich als junger Student noch miterlebt habe, mit den Zuständen der heutigen modernen Kunst zu vergleichen. Aber ich muß gestehen, daß sich mir dieser Vergleich immer wieder aufdrängt. Die Ratlosigkeit bei der Frage, was man mit den verwirrenden Erscheinungen tun solle, die Trauer über die verlorenen Zusammenhänge, die doch immer noch so überzeugend aussehen, all dieses Unbefriedigende hat doch das Gesicht der beiden so verschiedenen Bereiche und Epochen in ähnlicher Weise bestimmt. Dabei handelt es sich offenbar um ein notwendiges Zwischenstadium, das nicht übersprungen werden kann und das die spätere Entwicklung vorbereitet. Denn, so hieß es bei Pauli, jedes Verstehen ist ein langwieriger Prozeß, der lange vor der rationalen Formulierbarkeit des Bewußtseinsinhalts durch Prozesse im Unbewußten eingeleitet wird. Die Archetypen funktionieren als die gesuchte Brücke zwischen den Sinneswahrnehmungen und den Ideen.

In dem Moment aber, in dem die richtigen Ideen auftauchen, spielt sich in der Seele dessen, der sie sieht, ein ganz unbeschreiblicher Vorgang von höchster Intensität ab. Es ist das staunende Erschrecken, von dem Plato im Phaidros spricht, mit dem die Seele sich gleichsam an etwas zurückerinnert, was sie unbewußt doch immer schon besessen hatte. Kepler sagt »geometria est archetypus pulchritudinis mundi«, »Die Mathematik«, so dürfen wir wohl verallgemeinernd übersetzen, »ist das Urbild der Schönheit der Welt«. In der Atomphysik ist dieser Vorgang vor nicht ganz fünfzig Jahren erlebt worden und hat die exakte Naturwissenschaft wieder in den Zustand harmonischer Geschlossenheit unter ganz neuen Voraussetzungen zurückgebracht, der für ein Vierteljahrhundert verlorengegangen war. Ich sehe keinen Grund, warum Ähnliches nicht auch eines Tages in der Kunst geschehen sollte. Aber man muß wohl warnend hinzufügen: so etwas kann man nicht machen, es muß von selbst geschehen.

Verehrte Anwesende, ich habe Ihnen diese Seite der exakten Naturwissenschaft geschildert, weil an ihr die Verwandtschaft zu den Schönen Künsten am deutlichsten sichtbar wird und weil hier dem Mißverständnis vorgebeugt werden kann, es handele sich in Naturwissenschaft und Technik nur um die genaue Beobachtung und um das rationale, diskursive Denken. Zwar gehört dieses rationale Denken und das sorgfältige Messen zur Arbeit des Naturforschers so wie Hammer und Meißel zur Arbeit des Bildhauers. Aber sie sind in beiden Fällen nur Werkzeug, nicht Inhalt der Arbeit.

Vielleicht darf ich ganz am Schluß noch einmal an die zweite Definition des Begriffs ›Schönheit‹ erinnern, die von Plotin stammt, und in der von den Teilen und vom Ganzen nicht mehr die Rede ist: »Die Schönheit ist das Durchleuchten des ewigen Glanzes des ›Einen‹ durch die materielle Erscheinung«. Es gibt wichtige Epochen der Kunst, zu denen diese Definition besser paßt als die erstgenannte, und oft sehnen wir uns nach solchen Epochen zurück. Aber in unserer Zeit ist es schwer von dieser Seite der Schönheit zu sprechen, und vielleicht ist es eine gute Regel, sich an die Sitten der Zeit zu halten, in der man zu leben hat, und über das schwer Sagbare zu schweigen. Eigentlich sind die beiden Definitionen ja auch nicht allzu weit voneinander entfernt. Lassen wir es also bei der ersten mehr nüchternen Definition der Schönheit bewenden, die sicher auch in der Naturwissenschaft verwirklicht wird, und stellen wir fest, daß sie in der exakten Naturwissenschaft ebenso wie in den Künsten die wichtigste Quelle des Leuchtens und der Klarheit ist.

Die Autoren

Gennadij Ajgi
Geboren 1934 in Schajmurshino, Kreis Batyrjew im Tschuwaschenland. Lebt in Moskau
Ort — Bierstube / Dornrose in der Blüte / Nacht auf den Frühling zu
Aus dem Russischen von Karl Dedecius.

Rafael Alberti
Geboren 1902 in Puerto de Santa María (Spanien). Lebt in Buenos Aires
Retornos de un poeta asesinado / Rückkehr des ermordeten Dichters
Der in diesen Versen angesprochene Dichter ist Albertis ›Rivale‹, Federico García Lorca.
© Losada, Buenos Aires
Aus dem Spanischen von Erwin Walter Palm

Paul Alverdes
Geboren 1897 in Straßburg. Lebt in München
Schulweg / Romanfragment 1931

George Awoonor-Williams
Geboren 1935 in Wheta (Ghana). Lebt in Stonybrook (USA)
My God of Songs was ill / Mein Liedergott war krank
I heard a bird cry / Ich hörte einen Vogel schreien
Aus *Rediscovery* © Mbari Publications, Ibadan 1964
Aus Présence Africaine Nr. 57 © Présence Africaine, Paris
Aus dem Englischen von Janheinz Jahn

Jorge Luis Borges
Geboren 1899 in Buenos Aires. Lebt in Buenos Aires
Aus meinem fünften Versbuch
Aus dem Spanischen von Curt Meyer-Clason
Die Gedichte erscheinen demnächst in einem vom Carl Hanser Verlag,
München, vorbereiteten Band.

Kwesi Brew
Geboren 1928 in Cape Coast (Ghana). Lebt in Dakar
Ancestral Faces / Ahnengesichter
Aus dem Englischen von Janheinz Jahn

Jossif Brodskij
Geboren 1940 in Leningrad. Lebt in Leningrad
Der Rappe / Etüde / Denkmal für Puschkin
Aus dem Russischen von Karl Dedecius

Elias Canetti
Geboren 1905 in Rustchuk (Bulgarien). Lebt in London
Aufzeichnungen

Karl Dedecius
Geboren 1921 in Lódz (Polen). Lebt in Frankfurt/Main
Neueste slawische Lyrik

Marieluise Fleißer
Geboren 1901 in Ingolstadt. Lebt in Ingolstadt
Aus der Augustenstraße

Walter Helmut Fritz
Geboren 1929 in Karlsruhe. Lebt in Karlsruhe
Neue Gedichte

Gerd Gaiser
Geboren 1908 in Oberriexingen/Württemberg. Lebt in Reutlingen
Um einen Teich herum

Thrasybulos G. Georgiades
Geboren 1907 in Athen. Ordinarius für Musikwissenschaft an der Universität München
Musik und Nomos
Gekürzte und umgearbeitete Fassung des vor den Mitgliedern der Bayerischen Akademie der Schönen Künste am 10. 6. 1969 gehaltenen Vortrags.

Werner Heisenberg
Geboren 1901 in Würzburg. Lebt in München
Die Bedeutung des Schönen in der exakten Naturwissenschaft
Festvortrag in der öffentlichen Jahressitzung der
Bayerischen Akademie der Schönen Künste am 9. 7. 1970

Eberhard Horst
Geboren 1924 in Düsseldorf. Lebt in Gröbenzell bei München
Ravenna

Peter Huchel
Geboren 1903 in Lichterfelde. Lebt in Potsdam-Wilhelmshorst
Drei Gedichte

Obotunde Ijimere
Geboren 1930 in Otan Aiyegba (Nigeria). Lebt in Oschogbo
Die Gefangenschaft des Obatalla
© Ulli Beier, University of Papua & New Guinea, Boroko, der das als musikalisches Theater gedachte Stück aus dem Yoruba ins Englische übersetzt hat
Aus dem Englischen von Janheinz Jahn

Janheinz Jahn
Geboren 1918 in Frankfurt/Main. Lebt in Messel bei Darmstadt
Afrikanische Dichtung heute

Erhart Kästner
Geboren 1904 in Augsburg. Lebt in Staufen/Breisgau
Das gibt nie einen Lehrstuhl

Wolfgang Koeppen
Geboren 1906 in Greifswald. Lebt in München
Thanatalogie / für Max Tau

Günter Kunert
Geboren 1929 in Berlin. Lebt in Berlin
Suchen und Nichtfinden

Federico García Lorca
Geboren 1898 in Fuentevaqueros (Spanien). Ermordet 1936 bei Granada
Divan del Tamarit / Divan des Tamarit
Einem aus dem Nachlaß Lorcas stammenden Zyklus entnommen
© Aguilar, Madrid 1955
Aus dem Spanischen von Erwin Walter Palm

Robert Lowell
Geboren 1917 in Boston. Lebt in New York
Four Poems / Vier Gedichte
Aus *Notebook 1967/68*
© Farrar, Straus and Giroux, New York
Aus dem Englischen von Curt Meyer-Clason

André Malraux
Geboren 1901 in Paris. Lebt in Paris
Saint-Just und die Macht der Dinge
Aus *Le triangle noir*
© Editions Gallimard, Paris 1970
Aus dem Französischen von Clemens Podewils

Edouard Maunick
Geboren 1931 in Mauritius. Lebt in Paris
Neige en ce lieu de l'été du soir et du sang / Schnee hier im Sommer am Abend und Blut
Aus *Mascaret*
© Présence Africaine, Paris 1966
Aus dem Französischen von Janheinz Jahn

Agnes Nemes Nagy
Geboren 1922 in Budapest. Lebt in Budapest
Und dennoch sehen
Aus dem Ungarischen von Gabor Kocsis

Gabriel Okara
Geboren 1921 in Bumodi (Nigeria). Lebt in Enugu
The Gambler / Der Spieler
Aus dem Englischen von Janheinz Jahn

Christopher Okigbo
Geboren 1932 in Ojoto bei Onitscha (Nigeria). Gefallen 1967
Death lay in ambush / Tod lag im Hinterhalt
Aus Transatlantic Review Nr. 24, © Cambridge University Press,
London 1967
Aus dem Englischen von Janheinz Jahn

János Pilinszky
Geboren 1921 in Budapest. Lebt in Budapest
Apokryph
Aus dem Ungarischen von Clemens Podewils und ungarischen Mit-
arbeitern

Heinz Piontek
Geboren 1925 in Kreuzburg/Oberschlesien. Lebt in München
Totenlitanei für von der Vring

Clemens Graf Podewils
Geboren 1905 in Bamberg. Lebt in München
Namen / Ein Vermächtnis Paul Celans

Alexander Solschenizyn
Geboren 1918 in Kislowoda. Lebt in Rjasan (UdSSR)
Szenen aus »Hirsch und Hure«
Das Stück erscheint demnächst im
© Luchterhand Verlag, Neuwied

Wole Soyinka
Geboren 1934 in Isara (Nigeria). Lebt in Ibadan
Civilian and Soldier / Zivilist und Soldat
Malediction / Verfluchung
Kongis Ernte

Wisława Szymborska
Geboren 1923 in Kórnik bei Posen. Lebt in Krakau
Monolog für Kassandra / Kurzfassung
Aus dem Polnischen von Karl Dedecius

Tchicaya U Tam'si
Geboren 1931 in M'pili (Kongo-Brazzaville). Lebt in Paris
Sous le ciel de soi / Unter eigenem Himmel
Aus *Le Ventre*
Aus dem Französischen von Janheinz Jahn

Gabriele Wohmann
Geboren 1932 in Darmstadt. Lebt in Darmstadt
Nette arme und gerechte Kreaturen

William Butler Yeats
Geboren 1865 in Dublin. Gestorben 1939, Cap Martin, französische
Riviera
Last Poems / Späte Gedichte
Aus dem Englischen von Heinz Piontek
Die Werke des Dichters erscheinen erstmals auf Deutsch in einer
fünfbändigen Ausgabe ab 1971 im Luchterhand Verlag, Neuwied.